ヴィクトリア朝の毒殺魔

殺人医師対スコットランドヤード

ディーン・ジョーブ
安達眞弓──訳

THE HUNT FOR A VICTORIAN ERA
SERIAL KILLER

DEAN JOBB

AKISHOBO

JN022483

ヴィクトリア朝の毒殺魔

THE CASE OF
THE MURDEROUS DR. CREAM
by DEAN JOBB

Copyright © 2021 by Dean Jobb
Japanese translation rights arranged with Algonquin Books of Chapel Hill,
a division of WORKMAN PUBLISHING CO., INC.
through Japan UNI Agency, Inc., Tokyo

1874年撮影のトマス・ニール・クリーム。
当時モントリオールのマギル大学医学部に在籍していた（マッコード美術館／I-99949）

医師が悪の道に走ると、
最悪の犯罪者になる傾向がある。
なにしろ度胸もあり、
知識にも事欠かないからね。

シャーロック・ホームズの言葉。『まだらの紐』
（一八九二年、コナン・ドイル作）

トマス・ニール・クリームは、
今世紀最悪の
忌まわしき怪物に相違ない。

ニューズ・オブ・ザ・ワールド紙
一八九二年一〇月二三日付

ケリーへ

◉読者諸姉諸兄へ

本書はおよそ百年前、ロンドン、シカゴ、カナダで女たちを次々とえじきにした連続殺人犯《シリアルキラー》の物語である。会話、場面、詳細についてはねつ造や潤色をいっさい加えていない。裁判所記録、警察の捜査記録、新聞記事、回顧録、歴史研究、公文書館、博物館から採取したデータは「　」におさめている。「　」内の言葉遣いや綴りは当時のまま修正を加えていないため、過去の事実は現在のものとして言及している。

＊本文中の〔　〕は訳註を表す

もくじ

第II部 ランベスの毒殺魔

ロンドン、ケベックシティ、ニューヨーク州・一八九一～九二年

第III部 頼れる男

ニューヨーク市、ケベック州、オンタリオ州、イギリス、スコットランド・一八五〇年～一八七九年

153

第V部

罪と罰

イリノイ州、カナダ、ニューヨーク州・一八八〇年〜一八九二年

第VI部 毒盛りジャック

ロンドン・一八九二年一〇月〜一一月

プロローグ——幽霊たち

イリノイ州ジョリエット

一八九一年七月

イリノイ州ジョリエット。州立刑務所の鉄扉がきしむ音を上げながら開き、やつれ果てた男を表の世界へと吐き出した。男にとって、ほぼ十年ぶりの娑婆《しゃば》である。一八九一年七月最後の日、晴れわたった金曜日だった。見上げると、シカゴの中心部から六四キロメートルほど南東にある刑務所の灰色をした石灰岩造りの刑務所の壁がある。その上で、青い外套《がいとう》を着た守衛たちがウィンチェスター・ライフルを携え、男が出て行くのを見張っていた。これが脱走なら、守衛全員が男の背中に銃弾を一六発ずつ一気に撃ち込んでもおかしくはない。

トマス・ニール・オニールの痩《こ》けた頰、研ぎ澄まされた顔立ちは、長年にわたる重労働と精神を粉々にするような独房での不自由な生活によるものだった。ニールはすでに縦縞の囚人服を新品のスーツに着替え、ポケットにはイリノイ州から支給された一〇ドルのささやかな出所祝いが入っていた。数少ない身の回り品は枕カバーに押し込めて所持した。有罪判決を受けた場所まで列車で戻る片道切符も受け取る権利があったが、クリームがイリノイ州北部の都市ベルヴィディアに戻りたいと望んだわけではない。同刑務所、通称〝ジョリエット〟の刑務官は、出所を数週間後に控えた受刑者が外の生活になじむよう、髪にはバリカンを当てず、口ひげやあごひげを蓄えることも許していた。とはいえ、毛髪がないも同然のクリームには、こんな習慣があってもなくても構わなかった。その上、仲間の受刑者らと足並みそろえ、来る日も来る日も、一列縦隊で押し合いへし合い、縞模様の巨大な芋虫のようにじわりじわりと進む軍隊式行進を続けていると、その多くが小股歩きになり、服役していたことがばれてしまう。ジョリエット刑務所の看守、ロバート・マクラウリーは言う。「前科者は、たとえ一般人と同じ格好をしていても、着る服から縞柄の囚人服が透けて見える」

クリームは九年と二七三日を刑務所で送った。クリームの刑が確定した一八八一年一一月、ジェイムズ・ガーフィールド大統領暗殺の後任としてチェスター・アーサーが大統領に就任した。服役中、グロバー・クリーブランドが大統領に就任して退陣し、ベンジャミン・ハリソンが次期大統領職に就いた。それより二週間ほど前にお披露目した、エジソン発明のキネトスコープ試作機の接眼レンズをのぞき込んだ人々は動く画像を目にして仰天した。一八八〇年代初期には目新しい存在だった電話はこのころすでに、全米のほぼ二五万世帯の家庭や企業に普及していた。マサチューセッツ州スプリングフィールドのチャールズ・デュリアとJ・フランク・デュリア兄弟

イリノイ州立ジョリエット刑務所(著者所蔵)

は、アメリカ初のガソリン駆動の車、いわゆる「モーターワゴン」試作機に手を入れているところだった。

クリームの服役中、犯罪の取り締まりも変わった。クリーム釈放からさかのぼること二年前、一見して奇妙なノギスや定規がジョリエット刑務所にお目見えした。アメリカではあまり使われない長さの単位、センチメートル、ミリメートルの目盛りが振られ、身体の特定部位の長さを正確に計測するための道具だった。犯罪者特定の先駆けとなる画期的な測定法だが、この奇妙な道具にふさわしい、耳慣れない名が付けられた。ベルティヨン式人体測定法である。

ベルティヨン式人体測定法は、被

疑者の身長、頭部周長、耳、左足、手首から肘《ひじ》までの寸法、中指と薬指の長さなど一一か所を測定することになっている。座位で両腕を伸ばした状態で測定することも決まっていた。二名を測定した結果、左足のサイズが同じ、複数の測定部位も一致する可能性はきわめて低く、被疑者二名が一一か所の測定部位すべて同じ長さである確率は四〇〇万分の一とみなされている。誤認識の確率をさらに低くするため、被疑者の顔面写真を撮影し、目の色やタトゥー、傷跡を記録した。この測定法は「犯罪者や法律違反を繰り返す者たちを実に正確に特定できる」と、ジョリエット刑務所の記録官、シドニー・ウェットモアは語る。「だから間違いが起こるはずがない」

累犯を特定し、初犯の犯罪者のような寛大な措置が下らないようにする。ベルティヨン式人体測定法は、警察と裁判所が長く抱えてきた課題を科学的に解明する待望の手段としてもてはやされた。そのころ警察や刑務所職員の間で、逮捕者や収監者の写真による記録の保管がすでにはじまっていた。イギリスバーミンガム警察は一八五〇年代から写真撮影を導入し、被疑者を撮影スタジオに連れていってはポーズを取らせて撮影した。これがのちのマグショットである。この習慣はクリームが入獄した一八八一年にはジョリエット刑務所で普及しており、凶悪犯が絶えず増えていく同刑務所のギャラリーに彼の写真も加わることになった。イリノイ州法では、特に常習犯をしかるべき厳罰に処するよう定めており、重罪を二度犯した者には最低でも一五年の懲役刑を、三度の重犯者には最低二〇年の懲役刑を科すことになっていた。だが写真は犯罪者を特定する上で鉄壁の信頼を寄せられる手段とはいかなかった。加齢とともに犯罪者の容貌は変わり、あごひげや口ひげが伸びれば変装も可能であるため、人物の同定が困難になる。マグショットは犯罪者名で保管されるが、犯罪者の多くが偽名を騙《かた》った。

パリ警察本部の事務官、アルフォンス・ベルティヨンは、犯罪者の外見に関する記述が曖昧で不十分な報告書を管理することに疑問を感じていた。著名な人類学者を父に持つベルティヨンは、科学的な所見で人体を測定し、比率を割り出す人体測定学に明るかった。一八七九年、書類整理をしていた彼は、あることに気付く。犯罪者を人体測定学に則《のっと》って測定した記録を残せば、再犯者が簡単に特定できる。だがベルティヨンの上司は、犯罪の取り調べに科学の目を取り入れたいという彼の構想を鼻で笑った。この理論の正当性を立証するため、彼は被疑者の身体を測定したいと上司に持ちかけた。許可が下りたのは三年後だった。ベルティヨンはそれから一年も経たぬ間に十分な数の再犯者を集め、自説を立証した。一八八五年、フランスの国家刑務所制度はベルティヨン式人体測定法を公式に採用、間もなくほかの欧州諸国でも警察や刑務所で同測定法の採用が決まる。

ジョリエット刑務所のロバート・マクラウリーは、ベルティヨン式人体測定法をアメリカの犯罪捜査に導入しようとした、先見の明がある刑務官である。同刑務所では一八八七年の新規受刑者より、入所時の必須事項に身体部位の測定記録を加え、マクラウリーはこの測定法で再犯者情報を捕捉するようほかの刑務所にも勧めた。「ベルティヨン式人体測定法は不確実な要素を確実にする」彼は断言する。「写真による証言にはやや劣るが、刑事の鋭い勘に匹敵する、実に信頼できる特定法である」アメリカ各地の警察や刑務所当局は、この新しい犯罪捜査技術を支持した。アメリカでは一〇年以内で一五〇もの警察と刑務所が同測定法を導入している。アメリカのとある犯罪学者は、ベルティヨン式人体測定法の測定器一式を所持する警察は「最先端組織の証と認められるようになった」と述べている。

とはいえベルティヨン式人体測定法にも欠点があり、疑問視する声もあった。トマス・ニール・オニールのような犯罪者の足や耳や指を慎重に測定するのには時間を要し、正確な測定値を確保するには経験を積んだ、腕の良い技師が必要だった。測定器を使い続けていると、やがて摩耗や変形を起こし、似たような体格の人物を誤認してしまうおそれがある。ベルティヨン式人体測定法では、骨の寸法は変わらないとの前提で身体を測定して記録するので、成長期にある犯罪者の体格を記録する目的では利用できない。またアメリカには戸籍制度がないため、逮捕前の住所や勤務地を明かすのを拒まれると、被疑者の追跡が困難になった。刑務所の当局の間では、刑期を全《まっと》うし、二度と犯罪に手を染めないかもしれない受刑者の身体記録を詳細に残すことの正当性を疑問視する者もいた。記録の確認は元受刑者が再犯を起こした場合にかぎるとマクラウリーは反論したが、この測定法が抱える重大な欠点をかえってあぶり出す結果となる。被疑者と一致する値を探すのは、すなわち当該人物に前科があるのを認めることになるからだ。法医学上の判断基準として実績がある指紋と異なり、ベルティヨン式人体測定法の値は犯行現場と未知の犯罪者を結び付けることはできない。一八九〇年、マクラウリーは全米刑務所長会議の場で不備を認めた。「本測定法により、警察や刑事に追い回されることがあってはならない」

一八九一年夏、ジョリエット刑務所の塀の外に出たクリームにとって、殺人者としての暗い過去と結び付くものは、もはやないも同然だった。彼はカナダ出身の医師で、世界有数の医科大学で医師免許を取得している。獲物を無作為に選び、良心の呵責《かしゃく》もなく人を殺す、これまでにないタイプの殺人者でもあった。シカゴ・デイリー・トリビューン紙はそのあと、信じられないといわんばかりに「人を殺したいがために殺す」血も涙もない冷血漢と彼を評した。歴史上まれに見るほどの残酷な手口で、多くの人の命を奪った連続殺人犯である。

医師のハーマン・ウェブスター・マジェットはH・H・ホームズという名を騙り、判明しただけでも九名を殺害し、のちに米国初の連続殺人鬼に名を連ねることになる。ホームズが殺しにはじめて手を染めたのは一八九一年、ロンドンを震撼させたかの切り裂きジャックの連続殺人が一八八八年だ。そしてクリームは同時期までに、六名もの人々を殺した罪に問われた。その大半が、毒物を含んだ薬剤を故意に被害者に服用させ、死にいたらしめるという手口によるものだ。愛人関係が疑われた女性の夫を殺害した罪に問われ、クリームはついに、ジョリエット刑務所のうらぶれた独房に収監されることになる。初期の犯行の被害者――カナダではクリーム自身の妻を含めて二名。シカゴではさらに三名――は、予期せぬ妊娠で途方にくれ、中絶を望む若い女性だった。堕胎医を信じたあまり命を失うという、過った人生を選んでしまったのだ。

そんざいな犯罪捜査、犯罪科学など夢のまた夢という時代、刑事たちには、かくも許しがたき殺人者を追い詰める手段も専門的知識も欠けていた。怪物のような殺人者の存在にすら、たどり着くことはできなかった。だがクリームがジョリエット刑務所に収監されるまで、二か国で殺害容疑を切り抜けてきた理由はこれだけではなかった。人から尊敬される医師という身分と経歴、お粗末な犯罪捜査、汚職と腐敗にまみれた警察と法曹界、訴追にいたらず、機会を逃し、クリームはその間、殺害を繰り返した。何度も、何度も。

クリームの衝撃的な犯罪を綴った証拠はカナダの小さな町からイリノイ州へと広がっていくが、その間に記憶は薄れ、法廷記録は忘れ去られ、途切れた足跡《そくせき》をつなぐ新聞記事の切り抜きは黄ばんでいく。亡霊のごとく姿を消す被疑者の前には、当時の最新鋭技術、ベルティヨン式人体測定法も無力だった。クリームがその最たる例だが、出所後に一度姿を消してしまえば、名前を変えるだけで過去を隠蔽できた時代だった。

1891年、出所直後のトマス・ニール・クリーム
(サイエンス&ソサエティ・ピクチャーライブラリー／画像番号10658277)

第1部

初期の殺人

ロンドン
一八九一年

1 罪深き巨大都市

ランベス・パレス・ロード103番地の町屋敷、小雨に備えてゴム引きの雨外套を羽織り、禿《は》げ頭にトップハットをかぶった紳士が戸口に立った。トマス・ニールと名乗り、下宿屋のおかみに賄《まかな》い付きの部屋を探していると言った。彼は裏手二階の部屋に住むことになる。一八九一年一〇月七日、テムズ川沿いの薄汚い貧民街と煙った工場が迷路のように続く、虐げられた町、ランベスに彼は帰ってきた。ランベスはロンドンの中心部からほど近く、十年以上も前、医学生として在籍した聖トマス病院の向かいに建つ下宿屋に間借りしていたクリームにとって、なじみの町だ。イギリス国会議事堂の時計塔、通称ビッグベンの川下に、前回の来訪時に建設中だった新しい建物が完成したと、すぐ気付いた。建物正面は赤レンガとホワイトストーンを帯状に配し、ダートムア刑務所などの受刑者らが切り出した花崗岩《かこうがん》を基礎に用いたこの建物は、新設されたロンドン警視庁本部、またの名を、スコットランドヤードという。

クリームは大英帝国の頂点に立つ世界最大の都市のただ中にいた。地球儀や地図には大英帝国が領土や植民地と主張する地域が赤い線で縁取られ、数千万人もの人々がヴィクトリア女王の統治下にあった。人口五百万人超と名実ともに大都市であり、ロンドンは貧困と犯罪、絶望を踏み台にして立つ派手やかな富と権力が集まる場所であった。スレート葺《ぶ》きの屋根、空に向かって石炭の黒煙を吐く煙突が並ぶ海のような街の中から顔を出すように立っているのが、セントポール大聖堂の尖塔《ミナレット》とティーポット形のドームだ。目抜き通りは四輪馬車に貨車、馬に引かれた乗合馬車でふさがれ、足の踏み場もない。夜にもなると、ゆらめくガス灯の光、邪悪な霧が立ち込めるあの世をさまよう幽霊のごとく、ボウラーハットや羽根飾りが付いた広つばの帽子をかぶった男女が舗道を行き交う。掏摸《スリ》たちは腕時計や二つ折りの財布を狙い、肩を切って人混みを進む。売春婦らはウエストエンド劇場やミュージックホールの観客を品定めして自分の客を探し、近隣のストランド街をそぞろ歩く。この通りも賑やかな歓楽街に変貌を遂げつつあり、通りすがりの男が嘆く。「ストランドもロンドンの不正にまみれるのか」と。裕福な特権階級の居住区と肩が触れ合うほど近くに、下卑た危険な貧民窟《くつ》が点在する。そのひとつ、ホワイトチャペルでちょうど三年前、かの悪名高き切り裂きジャックが五人の女性を残虐な手口で殺している。ロンドンのデ

1890年のストランド通り。この賑やかな通りはクリームがロンドンで獲物を探す場のひとつとなった

イリー・クロニクル紙の編集者は、ロンドンは現代のソドムとゴモラであるとし、〝罪深き巨大都市〟と称した。

貧困と荒廃、多発する犯罪という面では、ランベスはホワイトチャペルに匹敵する地域だった。警察も身の安全が脅かされていた。警邏《けいら》初体験の新人巡査がランベスのならず者たちに立ち向かったはいいが、厚板ガラスを閉めたまま窓から投げ出され、割れガラスにまみれたという。一九世紀ロンドンの裏社会を暴く取材に出たジャーナリストのヘンリー・メイヒューは、「ロンドンの若き泥棒たちが住まう場所として知られる貧民窟」へと向かった。みすぼらしい身なりの、五つになろうかという子どもたちが通りをうろつき、生き延びるため盗みを重ねる姿がそこにあった。「フェイギン、ビル・サイクス、オリヴァー・ツイストは皆、ヴィクトリア期のランベスを根城にしていたに違いない」名著作家のサイモン・ウィンチェスターはこう書き残している。「これはディケンズの時代のロンドン社会にも当てはまる」

ランベスの工場は煙と煤《すす》で空気を汚す。モーズリーの鋳物工場では、ヴィクトリア期の産業を牽引する蒸気機関やポンプのほか、機械仕掛けの製品に使用する、驚くべき部品が鍛造される。陶器の水差し、煙突、配水管は、ヘンリー・ドルトン卿が営む名高い陶磁器工房で火入れがなされる。界隈の中枢を細かく切り裂くように高架が築かれ、その上を列車が煙を吐きながら走る。高架はロンドンの主要ターミナルのひとつ、ウォータールー駅へと続く。ロンドン市内で働く人々、南イングランドの拠点に向から旅人、海外からサウサンプトン港に蒸気船で訪れ、列車で来た乗客と、ウォータールー駅のドアを数多くの乗降客が毎日行き交っていた。その中にはすみかを失った死者もいた。ロンドン市内の墓地はパンク状態にあったため、〝墓地の町《ネクロポリス》〟鉄道は、地元駅から遺体だけを乗せ、ロンドン南部の墓地へと運ぶ特別路線だった。ロンドンの歴史家ピーター・アクロイドは、ランベスを評して「あらゆる意味でゴミ捨て場だった」と述べている。

またロンドンの赤線区域であることから「実に忌むべきけがらわしい」場所ともみなされていた。ウォータールー駅周辺は街娼たちを引き寄せ、娼婦（Whore）をもじって「フォータールー（Whoreterloo）駅」という二つ名が知られるようになる。同駅のレンガ造りの高架は「暗くて湿気の多いアーチ構造」で、いかがわしい商売にもってこいの人目に付きにくい場所が点在したため、ある住民は「この町の評判をさらにおとしめる」存在だと不満を述べている。

新聞は娼婦を「不憫《ふびん》な者たち」と書き立てたが、娼館に身を置いたり、街角で男性に声をかけたり、カンタベリーやガッティスといった大衆演劇の劇場に集う客を迎えに行くような女性たちは、自分らは恵まれた境遇にあると考えていた。生活苦にあえぐ貧困層出身の女性は、いつ命を落としてもおかしくはなかった。男親や夫の死、結婚や恋愛関係の破綻、メイドや工場の下働きなどの低賃金労働での失業など、突如として不運に見舞われた女性は、自分の力で生計を立てることになる。労働者階級の女性の一部は春をひさぐ職業に転じた。ヴィクトリア期の生活と行動様式が専門のイギリス人学者、キャスリーン・ヒューズは、「女性が自らの身体を使って収入を得る定番の職業に帽子職人、家事労働者、工場労働者があったが、当時は求人数が少なかった」点に注目している。たとえ数週間、数か月でも、体を売ることが唯一の選択肢となりえたし、ヴィクトリア期の女性の多くが享受できなかった収入と経済的自立が約束されたのだ。メイヒューによると、ランベスのとある娼婦は、バーミンガムで召使いとして「奴隷のように働かされて」手にした給金よりもはるかに高い、週四ポンドも稼いだと語ったという。

売春はランベスのほぼ全域で行われていたようだ。「以前より増して女たちが通りにはびこり、その恥知らずぶりとしつこさたるや」と、イギリス国教会のG・E・アスカー牧師が嘆く。牧師たるアスカー師ですら娼婦から誘われた。「売春宿はまったくひどいところだ」アスカー師はさらに語った。「嬌声とすすり泣き、〝殺し〟など、さまざまな雑音が耳に入ってくる」

ランベスに越してきたばかりのクリームには格好の狩り場だったのだろう。

＊＊＊

長兄が実家を出てメディカルスクールに進んだころ、メアリ・クリームはまだ一四歳だった。兄の悪行は断片的に記憶している——兄からは、オンタリオ州とシカゴで医師として従事していると聞いていた。一八九一年夏、ケベックシティで兄と二〇年ぶりに再会した際、メアリは兄がここまで変貌しているとは思いもよらなかった。「兄はすぐ興奮して手が付けられなくなり、正気とは思えませんでした」

ジョリエット刑務所を出所して間もない八月二日、トマス・ニール・クリームはケベックシティを訪ねた。クリームが四歳になると、一家はスコットランドからカナダに移住し、ケベックシティに定住した。父親のウィリアム・クリームは大規模な木材輸出業を営み、一八八七年に他界した際には巨額の資産を遺した。クリームはケベックシティに六週間ほど滞在しており、その際は弟ダニエルの自宅に厄介になった。親戚は彼をトマス・ニールと呼ぶようになる。「親族のごたごたに巻き込まれたため、自分から望んでクリームを名乗るのをやめました」と語るのは、家族ぐるみで付き合いのあった、ケベックの実業家、トマス・クリームだ。同姓同名では耐えられないだろうと、トマス・ディヴィッドソンの改名には皆が納得したようだ。

「クリームにはときおり、常軌を逸した振る舞いが見受けられました」ダニエル・クリームの妻、ジェシー・リードはこう述懐する。「表情が一変し、別人のようになったりもしました」激高していきり立ったかと思うと、口数が少なく、目に力がないときもあった。トマスの「精神錯乱」と「情緒不安定」は長期にわたる服役生活にあると考えていたデイヴィッドソンも、そのクリームが「きわめてけしからぬ様子で」自分の妹、おそらくメアリ・クリームを淫売、嘘つきと罵倒したときには言葉を失った。トマス・ニールは「耳をふさぎたくなる中傷」を書き連ねた書簡を何度となく妹の友人たちに送っていたと、デイヴィッドソンはその後に語っている。

デイヴィッドソンとダニエルは、トマスをうまく海外に送り出す計画を練った。心機一転を図れば心身の健康を取り戻すだろうと考えての決断だった。そうすれば、こちらも奇矯で人を不快にさせるトマスの面倒を見ずに済む。このふたりはウィリアム・クリームの遺言執行人でもあり、トマスが自活する足しになるようにと、ある程度の金額（現在の二万三〇〇〇ドル相当）を遺産から供与した。ダニエルは、兄が生まれたバロニーに近いグラスゴーに送り込めば、現地の親類を頼りにできるとも考えた。結局クリームは、聖トマス病院勤務時代の一八七〇年代後期に住んだことがあるロンドンで心機一転、新生活のスタートを切ることにした。大西洋横断蒸気船なら一週間ほどでリヴァプールに到着できたが、ダニエルらは時間のかかる帆船で手を打った。デイヴィッドソンは後日、その理由を述べている。「海の長旅を経験させ、生活環境を一新させれば、トマスは心身の健康を取り戻すだろうと考えたからです」

イギリスに船出する前夜の九月九日、クリームは遺言状を書いた。自分は「健全な精神の持ち主」だと主張する一方、義弟のジェシー・リードをなぜか遺言執行人として、また、唯一の遺産相続人として指名した。万一クリームが死んだ場合、現在所有するあらゆる資産とともに、亡き両親から相続する予定の地所すべてをジェシーに譲るとも記した。クリームは自分がもう長くはなく、イギリスから故郷に戻ってはこられまいと考えたのだろうか。整然とした縦長の文字で書かれた、二項から成る遺言状は、間もなくロンドン警視庁の刑事らの目に触れることになるわけだが、ここからクリームが連続殺人を犯した動機に結び付く事実は得られなかった。

クリームは翌朝ケベックシティを発つ。船旅も二〇日目にあたる一〇月一日、彼はイギリスへの到着を告げる手書きの書簡をダニエル・クリームに送った。

＊＊＊

クリームはストランド通りにある、ガティーズ・アデレード・ギャラリー・レストランの常連になった。アーチ形の天井、ステンドグラス、凝った意匠の漆喰《しっくい》仕上げ、ブルーとゴールドを基調とした色使いと、上品なたたずまいの店で、演劇鑑賞を終えた客たちがひいきにしていた。近隣の劇場から俳優や脚本家が大勢来店しては、大理石のテーブルを囲んで食事をするような店である。ある日のこと、ほぼ満席となった店内で、クリームは見ず知らずの客と相席になった。

彼はトマス・ニールと自己紹介した。クリームは趣味の良いいでたちで学識が高く、「紳士として世事に長け、世界各地を回った経験の持ち主」と、別の常連が語っている。店の常連客はクリームと何度も食事を共にしており、彼は好物のパンやチーズをビールやジンで流し込む一方、メニューにあるチドリの卵といった珍味も楽しんでいたという。ロンドン市内のミュージックホール通いの楽しさや金のことをよく話題にし、毒物に傾倒している様子だった。とはいえ話題の大半が女性のことだった。

「女性に対し、とにかく耐えがたく、同意しがたい物言いでして」クリームの食事仲間も認めざるを得なかった。彼は卑猥な写真を何枚も持ち歩き、知り合ったばかりの友人やほかの食事客に見せては歓心を買っていた。レストランのバーカウンターで酒を飲む間もそわそわと落ち着きがなく、かたときもじっとしていられなかった。また、ガム、噛みタバコ、葉巻の吸い口と、四六時中何かを噛んでおり、「反芻《はんすう》した消化物を食《は》む牛のように規則正しく口を動かしていた」らしい。彼は自分がいるテーブルに近づいてくる客やウエイターを警戒していたようだ。滅多に笑わず、たとえ笑っても、本心からではなく、メロドラマの悪役のようにわざとらしい声を出して笑った。彼の左目が内斜視なのは誰の目にも明らかで、腹黒く、何を考えているのかわからないという印象を与えた。のちにクリームは、ロンドンに来たのは眼科専門医の診療を受けるためだと述懐しており、ロンドンに着くや、フリート・ストリートの眼科医を最初に訪ねている。ドクター・ジェイムズ・エイチソンの見立ては遠視だったが、クリームは目の焦点が合わないせいで視界がぼやけ、ひどい頭痛に悩まされていた。またエイチソンは、クリームは幼少期から目の不調をきたしており、長年眼鏡を愛用していたとの記録を残している。ドクター・エイチソンはクリームに視力矯正用として眼鏡を二本処方した。

クリームの人となりがわかるにつれ、レストランの常連とのトラブルが増えていった。「彼は度を超えて悪辣《あくらつ》で、感情の赴くままに行動していました」常連のひとりが当時を振り返る。「趣味も性癖も下劣の極み」で薬物の濫用についても公言していた。クリームはひっきりなしに、一度に三錠も四錠も錠剤を服用し、コカインやモルヒネを嗜《たしな》んだほか、こうした薬物の効力を高める理由で、致死性の薬物、ストリキニーネを少量服用していると吹聴していた。薬物を何種類かカクテルした錠剤を飲むと頭痛が緩和するというのだ。薬物には催淫性があると、うれしそうに付け加えていたという。

ロンドンではいとも簡単に麻薬や毒物中毒になるのだと、クリームは実感した。ロンドン警視庁新本部棟のすぐそば、パーラメント・ストリートにある薬局を訪ねた彼は、自分は聖トマス病院の講座を受講するためアメリカから来た医師だと言った。店主のジョン・カークビーが薬局に登録されている医師名簿を調べたところ、トマス・ニールの名はなかった。「登録名簿に名前がない方に毒物を売ったことはありません」カークビーはのちにこう語っている。毒物の使用は法で規制されており、クリームが医師だと立証できなければ、彼の身柄を保証する人物が求められたはずだ。しかしカークビーの口利きでクリームは例外として新規顧客となった。この年の秋、カークビーはクリームから、アヘンとストリキニーネを注文された。空《から》のゼラチンカプセルがほしいと注文があると、指定されたものがイギリスでは規格外だったため、カークビーはわざわざ伝手《つて》をたどって用立てていた。この時代、苦すぎてそのままでは服用できない薬があると、医師と薬剤師とでカプセルに詰めて飲めるようにしていた。ストリキニーネや入手困難なカプセルの用途について、クリームは何も言わなかった。カークビーもあえて問わなかった。

2 「探偵熱」

「みぞおちのあたりに、いやな熱をお感じになりませんか？　それから、頭のてっぺんがガンガン鳴るような感じは？」一八六八年の小説『月長石』で、ヴェリンダー家の執事、ウィリアム・ベタレッジが別の登場人物に尋ねる。「あなたさまもそいつに取り憑《つ》かれますよ……私はそれを探偵熱と呼んでおりますが」（『月長石』ウィルキー・コリンズ・作、中村能三・訳、創元推理文庫）

本の題名でもある、きわめて高価なダイヤモンド『月長石』をめぐる謎解き物語に登場するのが、イギリス文学初の職業探偵、ロンドン警察のカッフ部長刑事である。「謎解きの妙たるや、イギリスで並ぶものなし」と読者も納得のカッフ部長刑事の初仕事は、ダイヤモンドが眠る部屋をくまなく検分することだった。「このけがらわしい世界でも、一番けがらわしい犯罪を扱ってきた私の経験からして」ある証拠の信頼性を疑う仲間の刑事に向かって、カッフはきつい口調で言い渡す。「まだ、取るに足らない些細《ささい》なことというものにお目にかかったことはありませんよ」別の場面ではカッフが自信満々に「疑っているんじゃないんだ」、「知っているんだ」と言う。カッフ部長刑事の尋問を受けたベタレッジは、あっという間に謎解きウイルスに感染してしまう。

ヴィクトリア期の市民も探偵熱に浮かされた。一九世紀、犯罪と殺人は何度となく繰り返し起こった。ロンドンの新聞売りはこんな口上を述べている。「ひとつだってありゃしないさ。ぞくぞくするような殺しに勝るものはね」と。読者らは「興奮」を強く追い求め、悪徳とスキャンダルうごめく深淵を一歩引いた場所からのぞき込むことで、ハラハラ、ドキドキのスリルを追体験する。イギリスのとある社会歴史家は、新聞や書物、演劇に没頭すると疚《やま》しい歓びを得ることから、探偵小説のスリルはポルノグラフィーのようだと述べている。作家は直近の騒動を下敷きにした小説を急ごしらえで書き上げ、ロンドンの劇場では、実在する犯人が法廷で裁判にかけられる前から、興行主が事件を舞台化して上演していた。土産物のコレクターは殺人犯や犠牲者をかたどった陶器の人形を買いあさった。大手新聞社はイラストレイテッド・ポリス・ニュース紙など、犯罪記事が満載の出版物からネタを拾い、残虐な殺人事件とその後の裁判に関するセンセーショナルな記事を新聞に載せた。「ありふれた殺人事件」を埋め草にし、読者をがっかりさせたときには謝罪記事が載ることもあった。一八六一年、ロンドンの週刊誌、ザ・スペクテイターは前の週にあった裁判のハイライトをこんな風に掲載している。わが子を毒殺した女性ふたりの報告、下宿の女主人を殺害した下宿人、中絶手術で患者を死にいたらしめた医師、家督相続をめぐる紛争により、息子の殺害を企てたとして告発された男性。裁判がなければ、こんなひと言が載る。「退屈な一週間でした」

殺人事件は一個人が快楽を得る娯楽でもあった。殺しがあった場所や通りをひと目見ようと、犯行現場に集まる野次馬たち。裁判や判決の一部始終を目撃しようと、ロンドンの中央刑事裁判所、通称オールドベイリーに押しかけ、座席をめぐって争う始末。風刺雑誌のパンチ誌は審議中の裁判を模した記事を載せ、こうした物見高い世情を皮肉っている。ある婦人が友人に向かって叫ぶ。「何をおっしゃるの！　裁判がオペラよりつまらないなら、何だったら満足なさるの、すべてほんとうにあったことですのに」

大勢の人々が悲劇のクライマックスを目撃する――犯人が死刑に処される瞬間だ。人の不幸が蜜の味という人たちは、公の場での死刑執行が禁止された一八六八年以降でさえ、裁判所へ熱心に足を運んでいた。死刑執行の日になると民衆が刑務所の外に集まって騒々しくなり、殺人犯の死が確認されたところで歓声が上がる。ロンドンのマダム・タッソーろう人形館、悪名高き殺人鬼が並ぶ恐怖の部屋で、死刑執行反対派は被告が絞首刑に処される場面を見ることができる。イギリスのエッセイスト、トマス・ド・クインシーが『芸術の一分野として見た殺人』という挑発的な題名のエッセイで、血に飢えた野次馬を皮肉っている。「純然たる殺人の手口は、ふたりの阿呆《あほう》がうす暗い界隈で、ナイフやハンドバッグをめぐって殺し、殺されるというものだけではない」と、クインシーはブラックウッド誌にも寄稿した。一般市民は「大量にあふれ出る血液」に満足するのではなく、「分別のある粋人が教養人としてのプライドをくすぐられている」のだ、と。

＊＊＊

一八二九年にロンドン警視庁《スコットランドヤード》が発足し、一八四〇年代になると、胸躍る犯罪と刑罰ドラマにあらたな登場人物が誕生する。警察官として犯罪を捜査する刑事だ。チャールズ・ディケンズは、ロンドン警視庁所属の刑事たちの活躍をいち早く社会に広めた。一八五〇年に寄稿した雑誌記事で、彼は刑事らの「非凡な才能」と「鋭い観察眼と飲み込みの早さ」を褒《ほ》め称えた。そのひとり、チャールズ・フィールド刑事は、ディケンズが二年後に発表した小説『荒涼館』に登場するバケット刑事のモデルとなった。「眼光鋭く、真面目そうな」バケット刑事が状況を判断し、その場の人々の心を難なく読み取る。ディケンズはバケット刑事をこう描写している。「彼の目をすり抜けるものは何ひとつない」

ウィルキー・コリンズも刑事課の面々から創作の着想を得た。カッフ部長刑事のモデルはロンドン警視庁のジョナサン・ウィッチャー警部で——庭いじりが趣味であることまで同じだ——『月長石』のプロットは、一八六〇年にロード・ヒル・ハウスという田舎屋敷で少年が殺害され、ウィッチャー警部が捜査にあたった有名な難事件を下敷きにしている。だが探偵小説となると、ディケンズもコリンズも後発組である。このジャンルをエドガー・アラン・ポーが確立したのが一八四〇年代で、最初の探偵がロンドンの街角に姿を現す。『モルグ街の殺人』などの作品に登場する名探偵、オーギュスト・デュパンは論理的思考と推理で謎や犯罪を解決する。ところが一八八〇年代、心機一転、作家への転身を図ったエディンバラ出身の医師によって、探偵小説不朽の傑作が発表された。アーサー・コナン・ドイルは、ポーが生み出した探偵デュパンの論理的思考に、自分が医学校に通っていたころに師事した講師のひとり、ジョセフ・ベルという実在の医師の観察眼や、矢継ぎ早に繰り出す推理の才能を組み合わせたキャラクターを作り出した。ドイルによる「あらたな発想の探偵像」が、シャーロック・ホームズというキャラクターとして登場するのは、これから間もなくのことであった。

探偵ホームズと一緒に犯罪の謎を解く相棒のドクター・ジョン・ワトスンのデビューは一八八七年の『緋色の研究』で、雑誌『ビートンのクリスマス年鑑』に掲載されたのちに書籍化された。エディンバラのザ・スコッツマン紙の書評子は「本物の探偵は観察眼と推理で事件を解決する」ことを立証し、お見事としか言いようがない——と称賛した。ホームズとワトスンの物語は、多くの読者から親しまれる世界観を構築している。主人公ホームズと語り手のドクター・ワトスンは、ベーカー街221bのフラットで共同生活をはじめ、この部屋でふたりは悩める相談者の話を聞き、ロンドン警視庁の刑事たちを煙に巻く。ホームズは超人的な観察眼を開陳し、本人が口を開く前から、依頼人についての詳しい情報を明らかにしていく。ホームズは自らを「私立探偵コンサルタント」と呼ぶ。犯罪解決のため奔走する警察が彼に助けを求めるからだ。「彼らが集めた証拠は、ぜんぶ提示してもらう」彼はワトスンに断言する。「その上で僕は、これまでに起きた犯罪の歴史に関する知識を駆使して、連中を正しい軌道に乗せてやる」

ホームズが登場する二作目の冒険譚『四人の署名』(The Sign of the Four から The Sign of Four に改題)は、殺人と裏切りと失われた宝物をめぐる物語で、一八九〇年にイギリスとアメリカで刊行された。「あまたある探偵小説の中でも、本書は不朽の名作となる運命にある」と、アメリカの書評家はその後を予言するような感想を残している。ホームズが化学と毒物学の権威であること、葉巻の灰から原料の葉の品種を割り出すという難解なテーマの本を出版していること、彼が百科事典級の犯罪や犯罪者目録を作成していたことは、現代の読者なら皆知っている。ホームズが拡大鏡を手に、足跡や泥の跡、血痕、その他の手がかりを探すたび、読者は彼の相棒になった気分を味わう。何より読者は、不憫なレストレード警部やロンドン警視庁の間抜けな刑事らに向かって尊大な口を利くホームズを間近で見守っているのだ。ロンドン警察が「行き詰まる」と――『四人の署名』でのホームズは「連中が行き詰まるのは毎度のことなんだが」と、見下すような物言いだ――彼は援軍として姿を現す。『緋色の研究』でワトスンはこう述べる。「君は推理法というものを、今のこの世界において可能なかぎり、厳密な科学そのものに近づけているんじゃないか」(『四人の署名』アーサー・コナン・ドイル・作、深町眞理子・訳、創元推理文庫)

トマス・ニール・クリームがロンドンに到着する直前にあたる一八九一年の夏、『ストランド・マガジン』に短篇小説六篇が掲載され、コナン・ドイルはホームズとワトスンのコンビを復活させた。短篇をシリーズで発表したことで読者層が拡大し、ホームズ人気は世間を騒がせた。殺人事件や探偵小説を読みたいという世論の高まりについて、犯罪小説の専門家であるジョン・カランは、ブームが「とどまるところを知らないと言っていいほど高まった」と述べている。六ペンスを払ってでも『ストランド・マガジン』最新号を手に入れ、最新のホームズ冒険譚を読もうと、読者らは駅の新聞・雑誌売り場や書店を取り囲んだ。その様子を目撃した人物は当時を振り返り、「本や雑誌を扱う駅

医師から作家に転じたアーサー・コナン・ドイルは1880年代、「新時代の探偵」の象徴シャーロック・ホームズを世に送り出した（著者所蔵）

の売店周辺は、バーゲンセールでもあったかのようにひどい騒ぎだった」と述べている。増え続けるホームズファンに対応し、ホームズ愛好家が最新の冒険を思う存分読めるようにと、図書館は『ストランド・マガジン』発売日の毎月第三木曜日に合わせて開館時間を延長した。ある統計では、当時のイギリスの読書人口一七〇〇万人中『ストランド・マガジン』読者は概算で二〇〇万人とある。全米の主要紙がホームズの短篇を一話ずつ再版したため、ファン層はアメリカにも拡大した。

犯罪に胸をときめかせることの疚しさを感じつつ、謎の解明を楽しむ人が増えたこの時代、ホームズはうってつけの主人公だった。イギリス人歴史家で文学評論家でもあるジュディス・フランダースは、読者の関心は「ホームズが関わった犯罪ではなく、解決までの過程にあった」と述べている。その後間もなくロンドンの刑事たちの仕事に並々ならぬ関心を抱くことになるクリームも、『月長石』や『荒涼館』、ポーの短篇小説のページを繰り、「探偵熱」に浮かされた多くの読者のひとりだったのかもしれない。こうした小説は皆、イリノイ州立刑務所の図書室にも所蔵されていた。

＊＊＊

ディケンズとコリンズがロンドン警視庁の刑事らを聡明なキャラクターとして描いたのに対し、コナン・ドイルが創作したレストレード警部のキャラクターから、刑事とは、失敗ばかり繰り返す無能というイメージが定着した。レストレード警部は毎度のごとく手がかりを見逃し、見当違いの被疑者を追うが、「最終かつ最高の上訴裁判所」を自称するホームズに、不可解な事件の解決に手を貸してほしいと頼む。『ストランド・マガジン』初出の短篇『ボスコム渓谷の惨劇』には、被害者の遺体のまわりを野次馬たちが「バッファローの群れよろしく」ドタバタと歩いたせいで、犯人の足跡がもう少しで台無しになるところだったと、ホームズが警部を叱責するシーンがある。事件を解決するホームズの邪魔をしたのに「ロンドン警視庁きっての頭脳集団に盾突いたとする――ホームズはその『頭脳集団』にことごとく侮辱されてきたわけだが」という『ストランド・マガジン』の広告も「公僕たる警察」が無能であるというイメージ作りに拍車をかけた。民衆の間では警察を軽く見る傾向も高まった。ロンドンのミュージックホールで上演される芝居では、警官は悪役か、軽口を叩いてばかりという役柄だった。新聞報道は大半が警察に敵意をむき出しにし、耳目を集めた事件が迷宮入りしそうな場合は特に手厳しかった。社説欄は強い怒りをにじませ、逮捕を求め、警察の手腕を疑問視する怒りの投書が記者のもとに届く。パンチ誌はロンドン警視庁の「刑事部」を揶揄する記事を書き、ペルメル・ガゼット紙は刑事や「間抜け頭の」巡査たちのおつむは大丈夫だろうかといぶかしんだ。（『ボスコム渓谷の惨劇』アーサー・コナン・ドイル作、深町眞理子訳、創元推理文庫）

ロンドン警視庁の刑事らはシャーロック・ホームズの名を見聞きするたびに苛立ちをあらわにした。当時第一線級の歴史家らは「諮問探偵の助け舟が来るのを四六時中当てにしている、要領が悪くて無能な連中」と苦言を呈したが、世間の目には「ロンドン警視庁にゴマをする間抜けたち」と映った。警察に好意的な業界紙のザ・ポリス・レビューは、コナン・ドイルがしきりに「ロンドン警視庁を大々的にこき下ろす」さまを憂い、刑事たちの捜査方法や力量については「質《たち》の悪い通俗的な虚偽の情報を垂れ流している」と批判した。一方コナン・ドイルは、自作の小説が社会に与える影響を実感し、あくまでも一個人としてロンドン警視庁の擁護に回った。彼はこのように述べている。「私見ではあるが、イギリス警察は傍目で見るよりはるかに優秀な組織である」

ホームズとワトスンの冒険譚が浸透すると、犯罪捜査は誰にでもできる小粋な室内ゲームぐらいに身近なものという認識が広まった。ただし、現実社会では「筋の通った動機」や「冴えた推理」だけでは犯罪者を逮捕できないのだと、一八八〇年代末にイギリス警察にランベス担当の巡査として奉職し、警部補まで出世したフレデリック・ウェンズリーは不満げに綴っている。法廷で戦えるだけの証拠を集めて立件するには、労力と忍耐力、そして情報収集能力が求められた。ウェンズリーは力説する。「あらゆる事実を検討し尽くしたところで、はじめて刑事の本領が発揮されるのだ」

＊＊＊

ある医師がアメリカを離れ、ロンドンのなじみの界隈に活動の場を移してすぐ、虚構の世界は現実と衝突する。トマス・ニール・クリームは、一九世紀末のロンドンを騒がした張本人となり、ロンドン警視庁の刑事たちの捜査力に挑戦することとなる。『ストランド・マガジン』では一八九一年から九二年の冬にかけて、シャーロック・ホームズものの短篇がいくつか紹介されたが、その中の一篇、『まだらの紐』では、グリムズビー・ロイロット博士が黄色い肌に茶色の斑点がある（『まだらの紐』の由来）毒ヘビを鍵のかかった部屋に入らせ、義理の娘を殺してから形跡を残さず逃げるよう仕込んだ。人を死にいたらしめる毒物の知識を持つ医師でなければ、ほぼ完全犯罪に近い犯行を企て、実行することはできないとホームズは考えた。「医師が悪の道に走ると、最悪の犯罪者になる傾向がある。なにしろ度胸もあり、知識にも事欠かないからね」と、彼はワトスンに言う（『まだらの紐』アーサー・コナン・ドイル作、深町眞理子訳、創元推理文庫）。

医師の殺人者は「最悪の犯罪者」というホームズの見解が恐ろしい予言となるできごとが、これから起ころうとしていた。

3 エレン・ドンワース

ロンドン

一八九一年一〇月一三日

ウォータールー・ロードに面したパブ、ウェリントン。彼女は赤レンガ造りのやぐらと対面の壁にもたれていた。ウォータールー駅で降りた人々、これから電車に乗ろうと駅に急ぐ人々がある程度の数、彼女の前を行き交っていた。骨まで凍る、じめじめとした一〇月の夜。ロンドンは一日中、テムズ川に沿って舫《もや》った小舟を引き離し、市内の公園に植えられた木々を根こそぎ倒すほどの強風と大雨に見舞われた。エレン・ドンワースはそんな悪天候も気にせず、そこにいた。男たちが立ち止まっては彼女に声をかけ、数歩先の横町に建つ家に連れていく。一五分程度でドンワースはまた同じ場所に戻る。

午後八時一五分、ジェイムズ・スタイルズがパブの外に立っていると、ドンワースが石畳の道に倒れ込んだ。スタイルズは駆け寄って助けようとする。彼女は転倒時に顔を打ち、切り傷と内出血を起こしていた。そこを通りかかった巡査が足を止め、傷の手当てが必要かと尋ねた。「家に帰りたい」とドンワースが言った。デューク・ストリート8番地にある彼女の家まではスタイルズが送り届けた。彼女は苦痛に顔をゆがめ、よろめきながら五百メートル弱歩き、スタンフォード・ストリートの下宿街を通り過ぎた。ドンワースの体は震え、顔はけいれんを起こしていた。

けいれんの発作はベッドに寝かせてもおさまらなかった。ドンワースが部屋を借りている下宿屋の女主人と、同じく下宿人のアニー・クレメンツが介抱に来た。ときおり「正気になる」ことがあったとスタイルズは述懐する。ただ、ひきつけを起こすと三人がかりで押さえ付けなければいけないほど体が震えた。

「長身で浅黒い肌、内斜視の男から飲み薬をもらった」ドンワースがクレメンツに言った。その薬瓶には「白い薬」が入っていたと。

付近の診療所から呼び出された医療助手のジョン・ジョンソンは、ひどいけいれんが断続して起こる症状に見覚えがあった。ストリキニーネを服毒したときの症状だ。「彼女の症状すべてが当てはまりました」ジョンソンは後日、そのときのことを語っている。病院に連れていかなければ命の危険があった。一刻の猶予もない。「ここで死なせて」ドンワースは懇願した。彼女を無

テムズ川のランベス側から見た国会議事堂とウエストミンスター・ブリッジ。
聖トマス病院は右側にある(著者所蔵)

理やり乗せると、馬車は約八〇〇メートル先の聖トマス病院に向かった。ドンワースはその途中で命を落とした。

二日後の一〇月一五日、検視陪審のため、ロンドン州とサリー州の担当監察医、ジョージ・パーシヴァル・ワイアットが同病院に召還された。ドンワースの短くも過酷な一生がつまびらかになった。死亡時の年齢はわずか一九歳、労働者の娘と陪審員に伝えられた。一六歳で子を身ごもり、実家を出たドンワースは、子どもの父親でやはり一〇代のアーネスト・リンネルと同棲する。赤ん坊は生後すぐ亡くなった。リンネルは雑用夫として働き、ドンワースはランベスの工場で瓶にラベルを貼る仕事で生計を立てた。だが一八九一年の秋、ふたりそろって職を失い、数か月間収入が絶たれた。

どうやって暮らしを立てていたんです? 事情を説明するリンネルにワイアットが尋ねた。リンネルは正直に答えた。「妻は街角に立ち、稼いだ金を家計の足しにしていました」聴聞室にいたリンネルはつぶやくような声で告白した。ある新聞は見下すように書き立てた。ドンワースは売春行為に手を染め、さらにはリンネルも「年若き娘たちを堕落の道へと追いやる仕事で得た金で」生活をしていたのだ――と。検視の結果、明らかに死因といえるものは判明しなかった。検視陪審はいったん休廷し、聖トマス病院の外科医トマス・ケロッグにドンワースの胃の内容物を検査するよう要請した。

＊＊＊

ランベス地区所轄のロンドン警視庁のL部門は一〇月一九日に同事件の捜査本部を開いた。ドンワースが倒れる前、ウォータールー駅付近で彼女が三人の男性と家に入るのを見たという娼婦たちを取り調べた。三人とも商人のような外見だったが、薬を飲まされたとドンワースが述べた男とは似ていなかった。「ドンワース嬢が家を出てからウォータールー・ロードで目撃されるまで、彼女が長身で肌の浅黒い男性と同伴したはずがないのは警察も確認済みだ」と、コリン・チザム警部は指摘している。

検視陪審が再開した一〇月二二日、ドクター・ケロッグはドンワースの服毒を認めた。胃の内容物を分析した結果、ストリキニーネと少量のモルヒネが検出されたのだ。長身で内斜視の男に関する詳細も明らかになった。アニー・クレメンツの証言によると、ドンワースはこの男から書簡を二通受け取っており、彼女が亡くなった夜に会う約束をしていた。その書簡は見つからなかった――男は書簡の返事を書くようドンワースに頼んでいたはずだとクレメンツは語った。封筒の宛名はきれいな字だったとクレメンツは証言した「紳士ではなく淑女《レディ》が書いたようでした」断言はできなかったが、ワイアット検視官は数日前に同じ筆跡を見た記憶があった。ドンワースは殺されたと主張する、不思議な書簡を受け取っていたのだ。

検視官、G・P・ワイアット机下

デューク・ストリート8番地で死亡した、エレン・ドンワースこと、エレン・リンネル殺害犯に正義が下されなかったときのため、書状を差し上げた次第です。必ずや殺害犯に法の裁きが下されるよう、かかる支援を惜しみなく提供いたします。つきましては、イギリス政府は、私に三〇万ポンドを報酬として支払う義務があります。私に支払わないかぎり、成功は約束されません。

A・オブライエン、探偵、と署名があった。当時の三〇万ポンドは、現在の価値にして数千万ドルに相当する法外な金額である。ワイアットは質《たち》の悪いいたずらに違いないと取り合わなかった。手紙を紙ばさみにしまい込み、検視陪審でも言及しなかった。

宣誓証言が終わり、陪審員が評決に合意した。「被害者の死因はストリキニーネとモルヒネの服毒によるものである」陪審員長が評決を読み上げる。「ただし毒物を投与した手段については、指摘できる証拠がない」

ロンドン警視庁は、これだけは自信を持って弁明できた。「ドンワース嬢が毒物と認識した上で服用したとみて間違いない」と、チザム警部は上司に報告した。ドンワースはわが子を失ってからうつ状態にあり、春をひさぐ生活をはじめたことが「間違いなく彼女の精神をむしばんでいった」と、警部は述べた。検視陪審が終わり、チザム警部は一部の陪審員と話をしたが、結論は同じだった――ドンワースに希死念慮がある、だから毒をあおって自死を遂げたのだとの結論を下した。長身で内斜視の男など存在しなかった。L部門のジェイムズ・ブラナン警視も同意見だった。チザム警部の報告書を再検討した彼は「殺人とみなす証拠が少しもあったとは思わない」と述べた。

ロンドン警視庁のロバート・アンダーソン副総監がロンドン警視庁でファイルを検討の上、承認した。「どう考えても自殺である」と副総監は述べた。だが答えがまだ出ていない疑問があるとも語った。では、医師でなければ入手できないストリキニーネを、ドンワースはどうやって手に入れたのだろうか。

＊＊＊

あれは冗談だったとウィリアム・スレーターは言い張った。当時四五歳の宝石商、スレーターは知人のアニー・ボウデンを連れ、ランベスから三キロメートル弱北に位置するキングスクロス駅近くのパブに酒を飲みに来ていた。エールをグラスで数杯飲んだあと、ポケットから瓶を取り出した。白い液体が入った瓶だった。「今飲もうとしているのは毒物だ。これだけの量で五〇人殺せる」男は豪語した。「飲んでみたいかい?」と言って、蓋を取った瓶の口を唇に押し当ててから、ボウデンのグラスの上に掲げた。冗談では済まされないと憤慨したボウデンは警察に苦情を提出した。この苦情に目を留めたのが、L部門のジョージ・ハーヴェイ警部補だ。ドンワースの死が自殺として記録されてからわずか三日後、女性の飲み物に毒物とおぼしき白い液体を入れようとした男が逮捕された。ハーヴェイは捜査を再開し、一一月三日には、亡くなった晩にドンワースが男性三人と一緒にいたのを目撃した数名を呼び、スレーターの罪状認否を行った。その中のひとり、コンスタンス・リンフィールドは警察が連れてきた被疑者の列からスレーターを指して言った。「この人です」彼女は言った。「この人だと思います」

スレーターはエレン・ドンワース殺害の罪に問われた。ある新聞は「ランベスの毒殺魔、逮捕のもよう」との見出しを掲げたが、彼を疑うほどの根拠に欠けていた。事件当日にドンワースが客と一緒にいるところを目撃した別の女性は、そこにスレーターがいたとは断言できなかった。一一月二一日、検察官は治安判事のホレス・スミスに殺人容疑を棄却するよう要請した。申し立てはリンフィールドの証言のみとなり、警察はスレーターとドンワースとの関係を裏付ける証拠を提示できなかった。検察側は敗北を認めながら「この女性の証言により、陪審員が被疑者を有罪と判断すると見られる嫌疑は多々ある」と語っている。ドンワース殺害容疑は撤回されたものの、彼がキングスクロスのパブで見せびらかした白色の液体が、たとえ毒物であると立証できなくとも、スレーターはアニー・ボウデン殺害未遂の嫌疑により法廷に立つよう命じられた。スレーターの弁護士は「こんな浅はかな行為で有罪になるとは思えない」と主張。数週間後に陪審がスレーターの無罪を宣言すると、裁判長は「愚かしい訴追」を執拗に続けた検事当局を厳しい口調で諌《いさ》めた。

そしてエレン・ドンワース殺害についての取り調べは、またしても打ち切られた。

4 マチルダ・クローヴァー

ロンドン

一八九一年一〇月二二日

夜の静寂を破る叫び声が、ルーシー・ローズの夢の中へと分け入ってくる。彼女はすぐさま目を覚ました。叫び声は夢ではなく、上の階――マチルダ・クローヴァーの部屋から聞こえてくる。住み込みメイドのローズは下宿屋の女主人、エマ・フィリップスから呼び出され、ふたりは急ぎ上の階へと向かった。クローヴァーはベッドの足側に横たわり、身をよじらせながら叫んでいた。ローズはその後、「全身を震わせていた」と証言している。クローヴァーは茶色の瞳を「不自然なほど回し」、濃い茶色の髪はもつれて塊《かたまり》と化していた。ひどいけいれんを起こし、硬直した体を震わせていた。

「あの男、フレッドが毒を飲ませたのよ」何度か正気を取り戻すと、クローヴァーはあえぎながら言った。「あいつが錠剤をくれたの」男はベッドに入る前に四錠飲むようにと言った。「病気にかからなくて済むって」――性感染症のこととみて間違いない。

ローズはクローヴァーのベッド脇で付き添って介抱した。発作は断続的で、短時間落ち着くとまた次の発作がはじまった。「発作が落ち着くと穏やかになりました」と、ローズ。クローヴァーには二歳になる息子がいた。「坊やを連れてきて」あるとき彼女はローズに頼んだ。「あたし、もうすぐ死ぬだろうから」

フィリップスはその場を離れて医者を呼びに行った。ランベス・ロード27番地の玄関口の鍵を開け、大雨に備えて支度を調えると、不規則に曲がりくねった暗い道を急いだ。クローヴァーの主治医、ロバート・グラハム宅のドアをノックしたころ、時刻は午前四時半を回っていた。医師は往診に出ていて留守だと言われた。二時間後にもう一度尋ねたフィリップスは、今度は出産に立ち会うため出かけるところだったドクター・グラハムを捕まえた。

「別の医師に頼んだらどうかね、私は行けないよ」グラハムは言った。彼の助手、フランシス・コピンがやっと往診を引き受けた。すでに午前七時になろうとしていた。クローヴァーは三時間以上も痛みに身をよじらせていたのだ。

コピンはクローヴァーの寝室に通された。「彼女は頻脈で、ひどく汗をかき震えていました」と、彼はのちに語っている。コピンは一回分の発作にあたるほんの一〇分ほど、激しい「全身性けいれん」を見届けた。ひっきりなしに続く嘔吐を止める止瀉薬《ししゃやく》を持ってこさせると約束した。「アルコール中毒からてんかんが誘発され、クローヴァーはけいれん発作を起こしたと診断しました」のちにコピンはこう説明している。ランベスで一〇年以上医療助手の経験を積んだ彼は、「程度の差こそあれ、さまざまな酒飲みを相手にしてきました」とも語った。「この女性は酒を飲み過ぎたと考えて間違いありません」彼はもうひとつ確信できたことがあった。クローヴァーはもう長くは生きられない。けいれんと苦痛はその後二時間あまり続いた。クローヴァーは午前九時一五分に死亡。一八九一年一〇月二一日、朝のことだった。

＊＊＊

ドクター・グラハムは昼間に到着した。彼はクローヴァーのアルコール依存症に付随する症状の治療に携わり、彼女はこの月、グラハムの診療所を数回尋ねている。クローヴァーはまだ二七歳だったが、「どう考えても頑健な女性ではない上、暮らしぶりも体に良いとは思えなかった」というのがグラハムの見立てだった。彼はクローヴァーの部屋に戻ってきたコピンと、下宿屋の女主人、フィリップスと三人で話し合った。コピンは短い診察の間に目撃したけいれん発作について説明し、死因はアルコール中毒が原因であるとの見解を出した。ブランデーをひと瓶飲んでおり、ベッドに入るころには酔っていたと、フィリップスも付け加えた。住み込みメイドのローズは、クローヴァーが薬を飲まされたと話していたことをフィリップスとコピンに告げたが、ふたりとも彼女の言い分を真に受けてはいないようだった。

ドクター・グラハムはペンを見つけると死亡診断書の草案を書いた。そこには「私はマチルダ・クローヴァーの臨終に立ち会いました」とあった。もちろん真実ではない。死亡診断書には続きがある。「私の知識と信念のおよぶところ、クローヴァー嬢の死因は第一に振戦譫妄《しんせんせんもう》、第二に仮死状態」、すなわち、アルコール依存症の重篤な離脱症状である意識消失と心不全であるとした。クローヴァーは亡くなった晩に大量の酒を飲んでいたと聞いていたにもかかわらず。又聞きの情報から出した結論は間違っていた。殺人鬼を突き止め、悪事にとどめを刺す機会を逸した。

ドクター・グラハムは後日反論した。「絶叫に続き、ひどく苦しみ、ひきつけを起こし、強縮性けいれんが続発したとは聞いていなかった」こうした破傷風の症状に近いけいれんは、まぎれもなくストリキニーネ中毒の症状である。医学の専門家、アーサー・コナン・ドイルのおかげで、この時期増えていたシャーロック・ホームズ愛好家でもわかっただろう。ホームズ・シリーズ第二作、『四人の署名』では、四肢が「奇々怪々にねじ曲がってひきつり」、顔はこわばり、「謎めいた不気味な微笑」を浮かべた遺体が発見される。被害者は「強力な植物性アルカロイド、ある種のストリキニーネに似た物質」の毒を盛られたと、ワトスンはホームズに告げる。

ドクター・グラハムはルーシー・ローズと少し話をしたが、毒物が入った錠剤を女たちに渡している男について、マチルダ・クローヴァーが語った内容については尋ねていないも同然だった。もしこのドクターが訊けば、ローズは重要な情報を伝えたはずだった。クローヴァーが苦しみはじめたわずか数時間前、フレッドと呼ぶ男が彼女の下宿の部屋を訪ねたことを。

クローヴァーは午後九時ごろにその男を部屋に連れ込んだと、ローズは後日警察に供述している。ふたりで屋内に入ると、廊下に灯した石油ランプの灯りで男の風体がわかった。年齢は四〇代ほど、長身で恰幅が良く、濃い口ひげを蓄えていた。シルクハットをかぶり、ケープの付いた外套を着ていた。クローヴァーは上の階に借りていた部屋に男を残し、数軒先にあるパブ、メイソンズ・アームズにバス・エールの瓶を二本買うために外出した。男は午後一〇時少し前には辞去している。クローヴァーが「おやすみなさい」と言うのをローズが聞いていた。

ローズがその晩まで男と面識がなかったとしても、彼が訪ねてくることに何ら不思議はなかった。「クローヴァーは二七号室によく男性を連れてきていました」と、彼女は認めている。アルコールに依存しつつ、ひとりで何とか子どもを育てようと、クローヴァーは売春で生活費を稼いでいた。深酒がたたって老け込み、容姿は衰え、疱瘡《ほうそう》で顔にあばたがあったが、彼女は自分を良く見せる術《すべ》に長けていた。写真家の前でポーズを取る際は、つばが平らな帽子をバランス良く、ピンで留めて結い上げた髪の上にディナー皿のように載せ、襟が高く、レッグ・オブ・マトン袖のしゃれたジャケットにウエストを絞ったボディス〔コルセットのように、体にぴったり沿ったベスト様の上着〕姿。身長およそ一五五センチメートル、砂時計のようにメリハリのある肢体を美しく引き立てた。間借り人がどうやって家賃を稼いでいたかはフィリップスもうすうす察してはいたものの、自分には関係のないこととみなしていた。「部屋によく紳士を呼んでいましたね」と証言はしたが、フィリップス本人はその紳士に会ったこともなければ実際に見てもいなかった。

クローヴァーが自宅に連れてきた男性とローズが顔を合わせることはごくまれだった。反面、のちに明かしたように、ローズはクローヴァーが死ぬ直前の客についてよく知っていた。フレッドは高額なブーツを買い与え、週に二ポンド半の小遣いをやるから、これで冬の寒さを乗り切りなさいと言ってくれたと、クローヴァーはローズに語っていた。死の当日、ローズがクローヴァーの部屋で彼女の面倒を見ていると、一通の手紙が開いたままあるのに気付いた。その日の

マチルダ・クローヴァー
（ペニー・イラストレイテッド・ペーパー、1892年10月22日）

夜、カンタベリー・ミュージックホールでの待ち合わせについて書いたものだ。最後に「敬具フレッド」と署名があった。クローヴァーは手紙を持って待ち合わせ場所に行ったのだろう――彼女の死後、ローズが部屋で探したが、手紙はすでになくなっていた。

シルクハットに外套姿のこの男は、ランベスの娼婦二名も目撃している。エリザベス・マスターズとエリザベス・メイは、クローヴァーの下宿近くのハーキュリーズ・ロード沿いに建ち並ぶアパートメント、オリエント・ビルディングスに住んでいた。クローヴァーが亡くなる数日前、セントポール大聖堂の近くにある、人通りの多いルドゲートサーカスで、マスターズはフレッドを見かけている。彼は環状交差点に面したキング・ルド・パブでクローヴァーにワインを一杯おごり、彼女はランベスの三部屋の下宿にフレッドを連れて戻った。その後ふたりはウエストミンスター・ブリッジロードから少し歩いたところにあるガッティス・ミュージックホールに行った。マスターズはここで友人エリザベス・メイと待ち合わせをしていた。「独特な目つきだったので覚えています」マスターズは言った。「男は斜視でした」

男は数日後にメイと三人で会わないかと誘う手紙をマスターズへ送った。マスターズとメイは当日ミュージックホールの三階の窓辺に腰掛け、ハーキュリーズ・ロードをながめながら男が来るのを待っていた。バスケットを持ち、灰色のドレスの上に白いエプロンを着けた女性がそばを通りがかった。市場から来たとおぼしきマチルダ・クローヴァーだ。ふたりのエリザベスは、マチルダが振り返り、後ろを歩いていたシルクハットの男性にほほえみかけるのを見た。あれがふ

クリームはランベスの娼婦エリザベス・マスターズを連れ、ルドゲートサーカスのキング・ラッド・パブに行った
（サイエンス&ソサエティ・ピクチャーライブラリー／画像番号10436065）

たりの待ち人だったのに、彼はマチルダと通りを歩いていく。マスターズとメイは自分の帽子をひっつかむと、街角までふたりのあとを付けた。クローヴァーは男にぴったりと寄り添いながら、ランベス・ロード27番地の下宿屋に入っていった。娼婦たちは玄関口を三十分ほど見張っていたが、男は姿を見せなかった。

＊＊＊

突然の死から六日後の一〇月二七日、クローヴァーは埋葬された。ランベスから一〇キロメートル弱南西にあるトゥーティング墓地への埋葬は教区会が費用を負担した。「M・クローヴァー　享年二七」という金属の銘板が棺の蓋に貼られた。「埋葬番号２２１５Ｈ」の墓所には、クローヴァーの上に一四の棺が重ねられている。若くして苦しみながら死んだクローヴァーのことはすぐに忘れ去られた。ロンドンのとある新聞は「哀しき街角の徒花、誰からもその価値を認められなかった人生」と切って捨てた。

ドクター・グラハムが作成した死亡診断書では、クローヴァーの死因は他殺ではなく心不全であり、所轄の監察医や警察に通知する必要にはおよばぬとあった。検視陪審も予定されなかった。ルーシー・ローズはさしあたってクローヴァーと最後に会った人物について語らなかった。エリザベス・マスターズとエリザベス・メイは、自分たちが街角で見かけてから間もなくクローヴァーが亡くなったとの噂を耳にした。ふたりに待ちぼうけを食らわせ、クローヴァーと一緒に彼女の下宿に消えた男のことを思い出すことはなかった。

5 狼男、またの名を切り裂きジャック

イーストエンドのホワイトチャペル地区の路上でメアリ・アン・ニコルズの遺体が見つかった一八八八年八月最後の日、ロンドンを震撼させた悪夢が幕を開けた。殺人者は大ぶりなナイフで彼女ののどを切り裂き、腹部を滅多刺しにした。次の獲物はアニー・チャップマン。最初の事件から一週間後、のどを切られ、体に同様の傷を負った遺体が付近の街角で発見された。それから三週間が経つまでにもうふたり、エリザベス・ストライドとキャサリン・エドウッズが同じ日の晩に殺された。犯人は無残にもエドウッズの体を切断したのだ。

ロンドンでも貧困層が集まるホワイトチャペルを恐怖が襲う。オブザーバー紙は動揺を隠せな

い様子で「ホワイトチャペルは〝狼男〟に翻弄されている」と綴った。ストライドとエドウッズ殺害の数日前、ロンドンのとある新聞社に、赤インクを使って、「親愛なる社主殿」に宛てた書状が届いた。書き手はロンドン警視庁を嘲弄し、「売女を制裁する、あいつらを根絶やしにしてやる」と通告していた。書状には切り裂きジャック《ジャック・ザ・リッパー》との署名があった。ホワイトチャペルの殺人鬼――警察も民間人も単独犯による犯行とみなした――の通り名である。ロンドン各紙はすぐさま、切り裂きジャックは「不道徳で堕落し、かつ放埒な暮らしを営む、恵まれない階級の女性たち」を標的にしていると指摘した。犠牲者は皆貧乏で生活に困っていたが、イギリスの社会歴史学者、ハリー・ルーベンホールドはこれまで支持されてきた説をくつがえし、史実に基づく新事実を発表した。切り裂きジャックの犠牲者五名中三名は、性風俗とは一切関わりのない女性だった――と。一八八八年一〇月、ホワイトチャペルに住む女性たちは皆おそれを成していると、住民のひとりが取材に答えている。「女性たちの多くは同伴者なく夜半に外出し、十メートルほど先に行くことすら恐ろしいと思っています」

流血の惨事を終わらせようと警察の捜査網が大々的に張られた。ロンドン警視庁は多数の刑事を動員し、一四日間にわたって犯人究明に追われた。証拠保全のため遺体発見現場には非常線が張られたが、当時では新しい捜査手段だった。犯行現場の写真を撮るようになったのもこのころからだ。新聞社と同じく警察も被害者は皆娼婦と断定したため、ロンドン警視庁のある刑事部長は、犯人の前に自ら身を投げ出すようなまねをする女性たちを守るのは無理だと不満を口にした。

ロンドン警視庁のメルヴィル・マクナーテン警視監いわく「殺された女性たちは例外なく社会の最下層に属し、警察を煙たがり、かくもうらぶれた路地の片隅で生き残るためなら、どのような不実でも働く」者たちだった。

市民の恐怖と苛立ちは警察への怒りへと変わった。パンチ誌に掲載された風刺漫画には、怪しい人物が目の前にいるのに気付かず、目隠しした巡査がホワイトチャペルをよろよろと歩く姿が描かれている。ザ・タイムズ・オブ・ロンドン紙に警察を擁護する投書が載ったものの、暮らしが脅かされているロンドンっ子たちには何の慰めにもならなかった。投書主は、ロンドン警視庁は青息吐息で切り裂きジャックのゆくえを捜していると、強い口調で述べている。なにしろ彼らは、手がかりを何ら残さぬ、「熟達した殺しの腕前」の持ち主である狡猾な犯人と立ち向かっているのだから、と。アメリカ各紙は痛烈な批判を展開した。「犯罪捜査の初歩の初歩も知らない」警察のおかげで、切り裂きジャックは思いのまま殺戮を繰り返しているとご立腹なのは、ニューヨーク・トリビューン紙である。ニューヨーク市警察刑事局トップのトマス・バーンズは、自分なら四八時間以内に被疑者を逮捕できると鼻にかけた。彼が考えた捜査とは？　五〇人の女性を街角に送り込み、切り裂きジャックの再度の襲来を待つ、というものだ。「女がひとり毒牙にかかろうとも」おとりに使った女性たちの無事など何ひとつ考えず、彼は自説を開陳する。

「私がきっと殺人鬼をとらえてみせよう」

ストライドとエドウッズのふたりが殺されてからひと月以上経ったのち、殺人鬼は路上に舞い戻った。五名の犠牲者中、もっとも凄惨で残虐な手口で殺されていた。頭部をほぼ切断され、胴体を断ち切られて内臓があらわになったメアリ・ジェーン・ケリーの遺体が自室で発見されたのだ。最初の殺人から一〇週間後、狂乱の事件は終わった。革エプロンと呼ばれる、素性がまったくつかめない人物から、犠牲者と最後まで一緒にいたとおぼしき男性まで、警察は首をかしげたくなるほど大勢の被疑者を逮捕したのだが、立件に結び付いた者はいなかった。

＊＊＊

ホワイトチャペルを恐怖に追い込んだ凶悪犯を、ロンドン警視庁はなぜ捕まえられなかったのだろうか。犯人の属性はむしろ特定しやすかったはずだ。配偶者、恋人に捨てられた男、親類と、被害者とは顔見知りで信頼されていた人物だ。動機も明白だったと考えられる。欲望。嫉妬。憎悪。報復。「我々は必ず前提をもとに殺人犯を特定する」切り裂きジャック最後の殺人事件から六日経ち、世間の怒りと動揺がおさまったところで、タイムズ・オブ・ロンドン紙はこのような見解を述べている。市民は「殺人には必ず動機がある」と信じていた。ホワイトチャペル殺人事件のように無分別で「異常としか言いようのない」犯行が起こると、ロンドン警視庁に対する世間の信用は揺らぎ、犯人を逮捕できないのは刑事としての力量不足や、有能な人材が投入されていないのではないかと各紙は非難の矛先を向ける。「とてつもない運に恵まれ、並はずれた腕と大胆さをもって遂行された犯罪は、ときに警察の精鋭部隊を当惑させることがある」

　ロンドン警視庁は新人警官、すなわち未来の刑事たちに正式な研修を受けさせていなかった。「若手警官は数週間の研修を終えるやすぐに現場に飛び出し、自分が担当するかもしれない事件のネタを探しに行く」と、警官としてのスタートをランベスで切った、フレデリック・ウェンズリー巡査長は回顧する。犯罪者や彼らの手口を知ろうと、彼は悪党が集まるパブや安酒場へ頻繁に通った。客と酒を飲み、客と食事をして、信頼できる事情に長けた情報屋を味方に付けた。「刑事とは、人間の本質を常に学ぶ立場であるべきだ」と、ウェンズリーの姿勢に同意するのは、一八九〇年代にロンドン警視庁に入隊し、警部補まで出世したウィリアム・ゴフだ。彼は「知識を深めるほど、刑事は出世を重ねていくのだ」と語っている。新人警官は通過儀礼として、ロンドン警視庁本部にある黒博物館《ブラックミュージアム》詣でをする。新人に犯罪者の心理を伝授するため、凶悪事件の凶器や証拠を展示する部屋のことだ。刑事らは手書きの詳細な捜査記録をまとめるのはいいが、一定の保管場所を設けないことがままあった。一八九〇年、ロンドン警視庁がテムズ川を見おろす新庁舎に移転するまで、未解決事件のファイルは「階段の踊り場や使わなくなった食器棚に」しまい込まれていたと、ある刑事が当時を回想している。ロンドン警視庁の犯罪博物館には過去の犯罪者の写真を保存管理していたが、刑事の大半は記憶と書面の資料を頼りに被疑者を捜した。

　一九世紀末の刑事は、時間と根気強さが求められる犯罪解決能力、すなわち尾行と張り込みを頼りに被疑者を捜していた。疑惑の人物を追い、周知の犯罪との関連性を見つける。粘り強くて運に恵まれた刑事なら、押し込み強盗や当品を売る盗人を捕まえられるかもしれない。刑事は三人かそれ以上のチームを組み、シフトを組んで見張る。「一般的な犯罪は常に警戒し、同一人物を継続して監視対象に置き、だいたい一定の距離を保って尾行すると、すぐに不審な動きをするものだ。尾行役は張り込み場所を頻繁に変え、ひとりが担当を終えるとすぐ次が入る」というのがゴフの張り込み手順だ。被疑者や共犯者が顔を出すまで、街角や建物に潜んでいられる忍耐力と我慢強さも求められる。刑事らは寒さも飢えも危険も忘れ、何時間も持ち場を守る。ウェンズリーは地下に穴を掘り、ネズミと一緒に這《は》い回りながら強盗団を捕まえようとし、またあるときは、目の前を鉄道が音を立て走り去る高架橋で悪党を見張ったりもした。

激務や我慢強さだけでは事件の究明に結び付かないこともある。ちょうど良い頃合いで現場にいた証人、たまたま落ちていた物的証拠、パブで小耳に挟んだ自慢話が犯罪捜査の決め手となることも珍しくはない。ゴフの同僚刑事が自嘲気味に言い残している。「有能なふたりの刑事、その名を〝ウン警部補〟と〝カン〟巡査部長という」

犯罪小説家にしてジャーナリストのジョージ・ディルノットは、自身が元警官であることから、動機なく無差別に殺人を繰り返す犯人を捕まえる苦労をよく知っていた。彼は初期の警察捜査研究に着目した。「殺人者が論理性から逸脱した行動を取るのは刑事泣かせだ。原因と結果の構図が崩壊し、刑事の目前に広がる無限の可能性に実現する見込みはない。それでは何の意味もない」

切り裂きジャックの凶行から三年が過ぎた一八九一年から九二年にかけて、ロンドンはか弱き女性たちを狙う殺人鬼の手中にまたもや落ちた。非論理的な殺人に走る怪物の登場である。

第Ⅱ部

ランベスの毒殺魔

ロンドン、ケベックシティ、ニューヨーク州
一八九一〜九二年

6 ルイーザ・ハーヴェイ

ロンドン
一八九一年一〇月

ピカデリーサーカスに近いリージェント・ストリート、セントジェイムズ・ホールのゴシック風ファサードの下、二〇代半ばの女性が人待ち顔で待っていた。潑剌《はつらつ》とした大きな目の上でアーチを描く、こぎれいに手入れした眉。繊細な顔立ちを包み込む茶色い髪の毛。数日来の大雨で濡れた舗道はゴミや埃《ほこり》がきれいに洗い流され、ガス灯の炎が小刻みに動くたびにきらめく。ホールの中では、観劇愛好家らが実に見事な出し物に驚嘆の声を上げる。広告には「劇場くまなく電飾を灯しております」とある。セントジェイムズ・ホールの売りは週に三夜上演される、「世界に名だたる」「ムーア・アンド・バージェス・ミンストレル」だが、湿度の高い一〇月のこの夜、かの女性は芝居のビラにはひとつも興味を示さなかった。彼女には仕事があった。

黒の外套、禿げ頭にシルクハットをかぶった男が、その女性の肩に触れた。口ひげを蓄え、頬がこけた細面の鋭い顔立ちに柔らかな印象を加えてはいるが、何より目立つのは、眼鏡の分厚いレンズで拡大された内斜視と、鋼のような灰色の目だ。男前とは言いがたいが、女性たちの目は輝く金の腕時計に釘付けになる。もう少しカジュアルな山高帽をかぶる男が多いなか、シルクハットは紳士の印、富と栄誉の象徴だった。金回りのいい男。上顧客である。

彼女はレスター・スクエアのアルハンブラ劇場付近で紳士と待ち合わせをしていた。劇場は尖塔を配したムーア様式の荘厳な建物で、通路や立ち見席、バーに四千ほどの観客が集えるだけの余裕があった。音楽、ダンス、喜劇の興業で知られ、ロンドンの夜の娯楽を案内するガイドの言葉を借りれば「上質な娯楽演芸場」。オーケストラピットを有し、座付きの演芸人は二五〇名に上った。だが男性の観客は、出し物以外のお楽しみのために集まってくる。肌もあらわな衣装をまとった踊り子たちが舞台裏に戻ると、ボックス席に陣取るファンからのメッセージに目を通す。上品に言えば「不適切なお誘い」をする客もいる。娼婦は客席を回って座席を見渡す——「安っぽい装飾品を派手やかに身に付け、髪を巻き、厚化粧し……おめでたい男性客を酒に誘っては誘惑する、恥知らずの女たち」とは、娼婦の誘惑にも屈しない男性客の言い分だ。アルハンブラ劇場の支配人いわく、百名ほどの「街の女」が毎晩のように劇場へ出向いているらしい。リージェント・ストリートで逢い引きを画策した、くだんの彼女のように、清潔で身なりが良く、分別があれば、女性が劇場に出入りする行為は黙認されていた。

さて、かの女性とシルクハットの紳士は数ブロックほど歩き、ウエストエンドの劇場街のはずれに位置する怪しげな地域、ソーホーのバーウィック・ストリート沿いのパリス・ホテルに行った。自分はランベスのテムズ川沿いにある聖トマス病院の医師だと男は言った。あながち嘘ではない――彼は医師だが、この病院に勤務してはいなかった。

彼女の名前は？

ルー・ハーヴェイと名乗った。ルイーザの愛称である。自分は使用人だとルーは言ったが、互いが経歴を偽っているのはふたりともわかっていた。

トマス・ニール・クリームは名乗らず、ルーも尋ねなかった。知る必要などなかったからだ。朝になり、パリス・ホテルをチェックアウトする際、クリームは彼女に三ポンドと、並みの娼婦なら一週間分の稼ぎに相当する金額を渡した。ルーの見立てどおり、金回りのいい男だった。心にもない戯れ言なのはわかっていたが、紳士はルーに、アメリカで一緒に暮らそうと誘った。

この日ふたりはまた会う約束をした。チャリングクロス駅のそば、テムズ川のエンバンクメントで午後七時半に。紳士は劇場に連れていくと約束した。ルーの好きなものを観ようと。人気と面白さにかけてはロンドンきっての、トッテナム・コート・ロードにあるオックスフォード・ミュージックホールを選んだ。

別れ際に紳士は妙なことを言った。

「私の額にできものがあると言ったんです」ルイーザ・ハーヴェイは当時を振り返る。「治療薬の錠剤を少し分けてやろうと言われました」

同じ日の晩、ハーヴェイが川辺に着くと、紳士は先に来て彼女を待っていた。ふたりは連れだって、付近のノーザンバーランド・アームズ・パブリックハウスでグラスワインを飲むことにした。花売りの女性とすれ違った際、紳士はハーヴェイにバラを買い与えた。やがてふたりはそぞろ歩きながら、シューシューと音を立て、薄気味悪い炎で照らすガス灯が並ぶエンバンクメントまで戻った。

男はウエストコートのポケットに手を入れると、薄紙で包んだ何かを取り出した。中には明るい色をした長円形の錠剤がふたつあった。

「噛んじゃだめだよ」男は言った。

ルイーザ・ハーヴェイ
（ペニー・イラストレイテッド・ペーパー、1892年7月16日）

「そのまま飲み込みなさい」

男は錠剤をハーヴェイの右の手のひらに押し付けた。彼女はその手を口に持っていき、薬を飲むふりをしたが、紳士はちゃんと飲んだか確かめようとした。

手を見せてごらんと男は言った。ハーヴェイは手のひらを見せた。何もなかった。

今度は左手を見せろと紳士は言った。左手にも錠剤はなかった。

今夜の予定は変更だと紳士が言った。病院で診察の予約が入ったので僕は行けないから、ミュージックホールには君ひとりで行きなさい。劇場の外で待っているから、今夜はパリス・ホテルに泊まろう、と。馬車代として男はハーヴェイに五シリング渡した。

「一一時に会おう」クリームは背を向け、その先に病院があるウエストミンスターブリッジに向かって歩きだした。「ひとまず失礼するよ」

ハーヴェイは錠剤を飲んではいなかった。「見ず知らずの薬を飲むのがいやだったから」彼女はのちにこう語った。「口に入れるふりをしました」点滅するガス灯のうす暗い中、彼女が錠剤を右から左、左から右へと持ち替えたのにクリームは気付かなかった。彼が一瞬目をそらせたすきに、ハーヴェイは錠剤をエンバンクメントの縁に捨てた。

常連になったばかりの気前のいい客をハーヴェイは警戒していた。テムズ川のエンバンクメントで待ち合わせをした夜、彼女は医師とのデートを見張ってほしいと、同居中の男性に頼んでいたのだ。チャールズ・ハーヴェイ——婚姻関係はなかったが、ルイーザは彼の名字を名乗っていた――は、ノーザンバーランド・アームズ・パブリックハウスでルイーザとクリームがワインを飲んでいた隣のボックス席にいた。チャールズはエンバンクメントに向かうふたりを尾行し、うす暗い中で医師が彼女に錠剤を渡すところを確かに見た。

それから数時間経った午後一一時、ルイーザ・ハーヴェイはオックスフォード・ミュージックホールを出た。クリームは外で待ってはいなかった。彼女は三十分ほど外で待ったが、結局彼は姿を見せなかった。

おかしな話。ルイーザはきっとそう思ったはずだ。彼女が待ち合わせの場所に来るはずがないと信じ込んでいたような行動だった。

7 脅迫状

一八九一年一〇月〜一二月

一〇月一三日、ロンドンに着いてから二週間も経たぬ間に、クリームはエレン・ドンワースに毒を飲ませ、ウォータールー駅外の舗道に遺体を放置した。一〇月二〇日夜、クリームが錠剤を渡したマチルダ・クローヴァーの部屋はランベス・ロードにあり、クリームの下宿があるランベス・パレス・ロード103番地から十分ほど歩けば着く。それから二日後、彼はアルハンブラ劇場でルイーザ・ハーヴェイと会っている。ハーヴェイは自分の目の前で錠剤を飲んだはずだとクリームは主張したが、やすやすと彼女の信頼を取り付け、あっさりと殺せたことを自分の目で確かめ、スリルを味わいたかったのだろう。ハーヴェイが錠剤を飲むのを確かめたところで、彼女の死を確信した。ところがハーヴェイの死をどの紙も報じず、クローヴァーへの言及もない。ふたりとも自然死とみなされたのだと、彼は勝手にそう思った。

ただ、ドンワースの毒殺死については当局と報道の両方が反応した。クリームは「探偵オブライエン」とふざけた偽名を使い、三〇万ポンドもの法外な報酬を払えば殺人犯究明に手を貸そうとの怪文書を、彼女の遺体を検案した監察医のジョージ・パーシヴァル・ワイアット宛てに送り付けた。一一月初旬、ウィリアム・スレーターがドンワース殺害容疑――真犯人はクリームだが――で逮捕されたと知るや、クリームのゆがんだ心に火が付き、大胆な計画に乗り出したというわけだ。自分の獲物を他人の手柄にされたくはない。娼婦殺しと公の場で非難すると裕福な名士を脅迫し、内密に済ませたいはずだから、かなりの口止め料を支払うだろうと踏んだのだ。要求を無視したら警察に通報するつもりだった。ロンドン警視庁の刑事らが告発に飛び付き、罪もない人々が続々と逮捕されるのを、クリームはさながら人形遣いのように、ことの成り行きを面白がりながら傍観していた。

彼はストリキニーネと錠剤をいったん捨て置き、ペンを執った。

＊＊＊

一一月六日、イギリスで出版業と新聞配送業を手広く展開するW・H・スミス&サンの事務所に、一通の書状が配達された。閣僚フレデリック・スミスとして知られる同社の社主、ウィリアム・フレデリック・ダンヴァース・スミスに宛てたものだった。H・ベインと名乗る差出人は、エレン・ドンワースがらみでスミスに罪を着せる書状を見つけたと断じた。「この書状が公になり、警察にわたったあかつきには、きっとあなたに嫌疑がかかるでしょう」ベインはこうも警告した。「この罪により貴殿が逮捕され、牢屋送りとなった場合、ご一族に降りかかる恥辱と不名誉に思いをはせるといい」差出人はひとつ提案した。スミスが法律顧問としてベインを雇えば、「本件にまつわるあらゆる事実の発覚と不面目から守れる」と言うのだ。生前のドンワースに宛てたとされる、フレデリック・スミスが流産を誘発する薬であなたを毒殺しようとしていると警告する書状の写しが同封されていた。二度目の警告には「馬一頭を殺す」量に相当するストリキニーネが含まれているとの記述がある。ドンワースに宛てた封筒には消印が押してあり、実際に送られたと見て間違いなかった。

ストランド街にあるW・H・スミス&サンの事務所の窓に「ミスター・フレッド・スミスは至急、法廷弁護人ミスター・ベインとの面会を希望する」との通告を貼るよう指示された。この通告が出たところでスミスとの私的な面談に赴くとあったからだ。スミスの共同経営者であり、同社の顧問弁護士を務めるアルフレッド・アクランドが警察に通報した。脅迫者を逮捕する手はずが整った。相手の要求通り、面談に同意する通告書をW・H・スミス&サンの事務所に掲示した。警官が数名監視に立ったものの、スミスへの面会者は姿を見せなかった。

クリームはロンドンの権威層への脅迫をあらためて継続することにした。一一月中旬、スレーターの嫌疑を審理する治安判事のホレス・スミス（出版業のスミス家との関係はない）は、キャンベルと名乗る相手から手紙を受け取った。手紙の主は「貴殿が釈放と再勾留を繰り返したスレーターなる男は断じて無罪である」とし、ドンワースを殺したのはフレデリック・スミスだと断じている。また、人騒がせな申し立てを権力で握りつぶさないようにと治安判事に警告した。「私にはスミスを絞首刑に追い込むに十分な証拠がある。本件の捜査でしかるべき働きを見せないなら、警察にも何らかの手を下す」とも書き添えてあった。フレデリック・スミスが毒殺を企てているとドンワースに警告する手紙の写しが同封されていた。

フレデリック・スミスはクリームが脅迫の対象に選んだひとり。クリームは、出版業を営むW・H・スミスがエレン・ドンワースを殺した証拠を握っていると主張（イングリッシュ・イラストレイテッド・マガジン、1892年8月号、著者所蔵）

スミス治安判事はこの脅迫状を、ロンドン警視庁のキングスクロス地区管轄のE部門所属、フランク・ソープ警部補に見せた。だがソープ警部補は、脅迫状がフレデリック・スミス本人に送られた事実を知らず、立件にはいたらずとの判断を下した。ランベスでドンワース殺害事件を捜査中の刑事たちへの注意喚起も怠った。治安判事は脅迫状をファイルの中にしまい込んだ。

クリームの次の標的はロンドンでも名うての心臓専門医、神経科医として知られるウィリアム・ブロードベントで、一一月二八日、ランベスの娼婦、マチルダ・クローヴァーを毒殺したと告発する書状が彼のもとに届いた。差出人はM・マローンと名乗り、クローヴァーの住所がランベス・ロード27番地であること、ストリキニーネを使って殺したことも承知していた。ドクター・ブロードベントの関与を示唆する証拠はクローヴァーの私物から見つかっているので、二五〇〇ポンドを払わなければ証拠を警察に持ち込むと脅した。「貴殿をペテンにかける気はありません。この手の告発で名誉を失うことになるのは、貴殿もよくご存じのはずです」この証拠の隠滅を望むのなら、ドクター・ブロードベントはデイリー・クロニクル紙の第一面に、マローンの「言い値のまま」支払うとの通知を掲載するようにと指示された。ドクター・ブロードベントはロンドン警視庁《スコットランドヤード》に通報し、警察は再度、脅迫者逮捕の網を張った。一二月四日、同紙の告知欄に広告が掲載され、メリルボーンのシーモア・ストリート34番地、ドクター・ブロードベントの自宅に警官らが張り込んだ。誰も報酬を受け取りに来なかったため、警察はそれ以上の策を講じなかった。

ほぼ同じころ、サヴォイ・ホテルに滞在中のメイベル・ラッセル伯爵夫人のもとに、一通の手紙が届いた。女優や歌手としても知られた伯爵夫人は、元イギリス首相の孫であるラッセル伯爵と苛烈な離婚訴訟のただ中にあった。差出人は「クローヴァーという女性を毒殺したとして、彼女の夫を絞首刑に処す」情報を手に入れたため、「レディRの離婚訴訟にひと役買える」と主張した。興味を持った伯爵夫人は弁護士に手紙を見せ、真意を確かめるよう、御者のジョージ・リッチを使いに出した。手紙にはクローヴァーの住所はサウスランベスロード27番地とあったが、該当する場所の住民は誰も彼女のことを知らなかった。リッチがこの手紙をロンドン警視庁の刑事に見せても、鼻も引っかけなかった。ドクター・ブロードベントから似たような申し立てがあったことも知らない様子で、刑事は手紙を最後まで読むと、リッチに戻し、帰るようにと言った。リッチはのちにこう語っている。「気に留めるようなことではないと、軽くあしらわれました」

女優で歌手のメイベル・ラッセル公爵夫人は、別居中の夫がマチルダ・クローヴァーを毒殺したとの脅迫状を受け取った（スケッチ、1899年3月8日、著者所蔵）

クリームはなぜドクター・ブロードベントやスミス氏、ラッセル伯爵夫人にわざわざ脅迫状を送り付け、異常なまでの示威行動を起こしたのか。この三者には、一八九一年秋に新聞紙上を賑わせたという共通点がある。同年一〇月にフレデリック・スミスの父親が亡くなり、二三歳だったスミスは父親からストランドの議員職のほか、国内の有力企業であったW・H・スミスの経営権も相続していた。同社の社史編纂家は「後期ヴィクトリア期、新聞、雑誌、業界紙や雑誌の売り買い、貸し借りを生業《なりわい》とする著名な企業である」と書き記している。ドクター・ブロードベントはヴィクトリア女王などロイヤルファミリーの主治医であり、王位継承権第三位、ジョージ五世がプリンス・オブ・ウェールズ（皇太子のこと）だったころ、腸チフスに罹患した際にも治療にあたっている。一八九一年一一月は、王子の病状に変化があるたびドクター・ブロードベントの名が新聞に登場した。ラッセル伯爵夫人の離婚訴訟は、悲惨な状況を申し立てるさまも衝撃的で、夫人が脅迫状を受け取る数日前まで新聞の見出しを賑わせていた。

階級を重んじるイギリスでは、ラッセル伯爵家のような貴族、フレデリック・スミスのような政治家、ウィリアム・ブロードベントのような専門職は庶民の模範であるべしと考えられていた。クリームが送り付けた脅迫状はいずれも言語道断な内容で、受け取り主の顔に消えぬ泥を塗るようなものだった。「複数の名誉毀損を仕掛けた罪に問われた場合、たとえ冤罪であっても、その人物はかなりの社会的制裁を受けることになる。ゆえに、私は大ほら吹きの悪党ですと自ら名乗り出たりはしないのが普通である」これは、ロンドンの脅迫状騒ぎをすっぱ抜いた暴露記事の一節である。娼婦殺しと公の場で告発されたら高名な一族が甘んじて受ける「恥と不名誉」を、スミスはよくわきまえていた。ロイヤルファミリーを診察する医師が、こうした非難の矢面に立つことは、医師生命を絶たれるに等しいのを理解していた。嘘八百を並べ立て慰謝料を請求する脅迫状を、両者は勇敢にも、ロンドン警視庁に転送するというあっぱれな手段に出た。

一方、クリームも下手《へた》を打っていた——ロンドン警視庁の刑事がクローヴァーとドンワースの死に共通点があるのに気付けば、自分が犯人とばれるような失態を演じていたわけだ。自分の罪を他人になすりつける手紙の中で、娼婦ふたりの毒殺との関連性を示唆する詳細にまで触れていたのだから。真犯人でなければ知りえないことまで書いてしまった。それなのにランベスのL部門は、ロンドンの別の地区を守る同僚らが謎めいた脅迫者の術中にはまった書状の存在に気付いていなかった。ドクター・ブロードベントやラッセル伯爵夫人に宛てた手紙で訴えたように、マチルダ・クローヴァーというランベスの女性が一〇月に毒殺されたという申し立てに対し、ロンドン警視庁は捜査して真相を究明しようとはしなかった。エレン・ドンワースの件と同様、クローヴァーが殺されたことも、ストリキニーネで毒殺されたのではという疑いも、ここで立ち消えになった。

＊＊＊

その年の秋、ある晩のこと、ロンドンの目抜き通りを行き交う男たちの顔を一人ひとり見ていたルイーザ・ハーヴェイは、クリームの姿を認めた。顔のできものがきれいになるからと、彼が差し出した錠剤を飲むふりをした最初の逢瀬から数週間が経過していた。ふたりが当初の待ち合わせ場所に決めていたリージェント・ストリートの入り口、ピカデリーサーカスに近い場所に立っていた。エア・ストリートにある付近のパブで、ワインを一杯彼女におごってくれた。その夜遅くにもう一度会う約束をして。意外にも、クリームは彼女のことを覚えていない様子だった。

「あたしがわからないの?」すれ違いざま、ハーヴェイは訊いた。

「ああ、お前は誰だ?」薬のせいで意識が朦朧《もうろう》としていたのか、それとも顔を見飽きるほど娼婦との逢瀬を繰り返したせいか、クリームはハーヴェイを覚えていなかった。

「オックスフォード・ミュージックホールの外で会おうって約束したじゃない」

「そうだったか。君の名は?」

「ルー・ハーヴェイよ」

クリームは何も言わずに背を向け、そそくさと立ち去った。彼は幽霊を見たのだ。

＊＊＊

クリームは同年一一月、ローラ・サバティーニと知り合った。オリーブ色の肌に褐色の髪と目をした若い女性だった。サバティーニはロンドンから四〇キロメートルほど北西にある人口数千人の町、バーカムステッドの出で、仕立業の修行でロンドンに住んでいた。彼女と付き合うため娼館通いを控え、クリームはひと月にも満たないうちに求婚した。

「誠実で信義に厚く、不変の愛を誓い、いかなるときも嘘をつきません」クリームは誓った。「神が人をお造りになったように」二〇歳年上の男性ではあったが、サバティーニはクリームの求婚を受け入れた。アメリカで医師をしていたのは知っていたけれども、クリームの過去はほとんど聞いていなかった。クリームがアヘン常習者であるのはうすうす気付いていた――麻薬は頭痛緩和のため必要だと主張し、ふたりで散歩をしていても、薬局にふらりと立ち寄っては麻薬を手に入れることがあった。自分は献身的な夫になると約束し、「悪しき性癖は一切ない」と断言したため、サバティーニの母親はふたりの婚約を認めた。その後、週末にバーカムステッドを訪ねてサバティーニの母親と会った折、クリームはフィアンセを連れ、サバティーニ家が通う教会の礼拝にわざわざ参列している。

同じころ、クリームを知るケベックシティの人々は、彼の喜ばしくない近況報告を受け取る。クリーム家と知己のある長老派のジョージ・マシューズ牧師は、兄上が「警察に拘束され、釈放される見込みがない」と、ダニエル・クリームに注進した。先代のクリーム氏と懇意にしていたトマス・デイヴィッドソンは、トマスをロンドンに送ったのは間違いだったと認めた。デイヴィッドソンはのちにこう語っている。「彼は我々が考えていた以上に堪え性がなく、首都ロンドンで客を引いている娼婦を狙ってはものにする。獲物を手に入れずにはいられない様子だ」クリームは金に困り――父の地所から得た金は二か月足らずで使い果たした――日々の暮らしにも事欠くありさまだったと思われる。デイヴィッドソンはクリームがカナダに戻る旅費として一五ポンドをマシューズに託した。「当地にいるクリームの友人は、彼がすぐにでもケベックに戻り、まっとうな生活を送れるようになるまで、弟のダンと暮らすことを切に希望している」

クリームは一月初旬の帰国に同意した。彼にはほかに選択肢はないも同然だった——手持ちの現金不足を理由に、ロンドンの著名人に脅迫状を送ろうと画策していたようだ。サバティーニには、父親の地所で生じた紛争を解決するためカナダに戻らなくてはと、偽りの事情を説明した。留守中は弟ダニエルの住所に手紙を送ってくれと頼んだ。クリスマスの二日前、クリームは新しい遺言状を書いた。なけなしの財産を自分のフィアンセに遺すという内容だった。

8 「反省の色なき悪漢」

ケベックシティ、ニューヨーク州
一八九二年一月～三月

ウィリアム・セラーにとって、まさに地獄からの帰還であった。新年早々カナダに戻るため、モントリオールに拠点を置く外交員のセラーは、蒸気船サーニア号の個室客室を予約した。新春第一週にリヴァプールを出航したドミニオン・ライン社所有の蒸気船で、彼が取った客室の向かい側にあたる、一九号室の客と言葉を交わす仲になった。自己紹介で、男はシカゴとロンドンで開業していた医師だと語った。

「非常に落ち着きがなく、感情を荒らげる男だった」セラーは当時を振り返って言う。男は大酒飲みでもあった。セラーが酒に誘うと、クリームはアルコールを控えていると答えた。アヘンを長年吸っていたが、もうやめたとも。アヘンをやめてからは、「心を落ち着かせるため」酒を欲していたと語った。クリームは口を開くと女の話ばかりした——ロンドンの街角や劇場で女たちを口説き、レストランでディナーとしゃれ込み、最後はベッドを共にするという話を。セラーによると、クリームは「上品さのかけらもないひどい男で、モラルが著しく欠如していた」という。

クリームは傍迷惑な男でもあった。ウイスキーのボトルを携え、夜半の非常識な時間にやってきては、眠っていたセラーに一緒に飲まないかと誘う。眠れないので誰かと話がしたいと言って。きっぱり断るはずが、セラーは扉を開けてしまう。クリームは感情を激しやすいくせにすぐ、くよくよと思い悩み、「常軌を逸していた」。セラーはクリームの「下劣なひとり語り」に何時間も付き合わされたあげく「彼のご機嫌を取る」羽目になる。「機嫌を損ねようものなら何をしでかすかわからなかったからね」

クリームの航海中での奇矯な行動はほかの客も鮮明に記憶していた。航海当初の数日間は「紳士然としていた」と語るのは、トロント出身の教誨師、ロバート・キャズウェルだ。ところが酒を飲みだすと、クリームがモルヒネを一服したというささやき声があちこちから聞こえてくる。「酒とモルヒネの両方を嗜むと、これまでの人生で関係を結んだ女性の人数の話ばかりをし、女性一般を低く見るような物言いをすることもあった」と、キャズウェルは述懐する。食事の際、クリームとテーブルを共にしたのが、当時五〇代半ばの民兵下士官、レオン・ヴォール中佐だ。「クリームは口を開くといつも女性のことを話していました。ロンドンじゅうの女は思い通りになると豪語したこともありました」ヴォール中佐にモルヒネの使用歴があると語ったが「今はやめている」と言い、「毒物の特別研究」に従事していると述べたという。またあるときは、複数の女性に中絶手術をしたと、何気なく口にしたそうだ。ケベックシティの警察署長を十年以上務めたヴォール中佐にとって、クリームの告白は衝撃的だった。カナダの石油会社で実業家をしているジョン・キャントルは、クリームが殺人に関する情報を手に入れたと語っていたのを覚えていた――「ロンドンで毒殺された女性」の話だった。この時期クリームと知り合いになったばかりの人々は皆、彼の与太話を適当に聞き流していた。酒と薬で気が大きくなり、おかしなことを口走っているのだろうと考えていた。

セラーは数か月後に思い出したことがあった。航海もしばらく経ったころ、体調不良を起こしたセラーに、クリームが薬をあげようと言ったのだ。セラーは断った。

＊＊＊

温度計が華氏二〇度（摂氏マイナス六・六度程度）を下回る日が続いていた。一八九二年一月二〇日、クリームはケベックシティに着き、ブランチャーズ・ホテルにチェックインした。弟宅に身を寄せるという選択肢はなかった。ダニエル・クリームの妻、ジェシー・リードが義兄を家に入れるのを拒んだのだ。

ある日のこと、同じホテルに滞在中の実業家、ジョン・マカロックを部屋に招いたことがあっ

1892年、ケベックシティに帰省時撮影したクリームの写真
（サイエンス&ソサエティ・ピクチャーライブラリー／画像番号10658278）

た。クリームは漆塗りの黄色いトランクの鍵を開け、手提げ金庫大の缶を取り出した。まち針の頭ほどの大きさの白い結晶が入った小さなボトルがひとつあった。

「これは毒物だよ」クリームはもったいぶった口調で言った。

「そんな馬鹿な。何に使う気だ？」マカロックは吐き捨てるように言った。

「妊娠した女性に渡して堕胎させるのさ」クリームがそう言って机の引き出しを開けると、同じデザインの薬瓶の列と小さな段ボール箱があった。瓶の中には、長さ一センチメートルほどの空《から》のゼラチンカプセルが二〇個入っていた。「この薬を女に渡すんだ」そしてクリームは黄色いトランクに手を伸ばして付けひげを取り出すと、頤《おとがい》にしっかりと貼り付けた。

「何のために付けひげなんか」ひげを見てマカロックは尋ねた。

「変装だよ」女性を診察する際には変装するのだとクリームは説明した。「次にどこかで私に会ってもわからないようにね」

＊＊＊

ブランチャーズ・ホテルはケベックシティ旧市街地の中央にあり、グレーストーン造りで傾斜が急な屋根の建物二軒の壁にまたがるように、その名がブロック書体で書いてある。ホテルとしては二流どころで、部屋は安っぽい。当時の彼が泊まれる部屋はこの程度だったようだ。ケベックシティには、父親の地所から相続した金を回収するために戻ってきたと、クリームはヴォール中佐やサーニア号の船客に話していた。ほどなくイングランドに戻り、ローラ・サバティーニと結婚するのだとも語ったという。自分にはフィアンセがいる証拠としてサバティーニの写真を見せ、ほかの船客も、おそらく自分自身をも納得させようとした。資金が集まれば結婚しやすくなる。到着から日を置かず、彼は父親の遺言執行人のひとり、バンク・オブ・ケベックのウィリアム・ブラウンを訪ね、銀行株と現金で一四〇〇ドル（現在の米ドルで合計三万ドル程度）を手に入れた。クリームが手に入れた資産はほかにもあった。ブラウンが知るかぎり、「目下、彼は地所の相続分以上を受け取っている」ようだった

クリームはブランチャーズ・ホテルに二か月滞在した。ダニエルはときおり兄の部屋を訪ね、クリームはサバティーニと手紙を取り交わした。トロントのピュア・ゴールド・マニュファク

チャリング社に香辛料とコーヒーを納入したマカロックは、八日間同ホテルに滞在した。女性に毒を盛った、中絶手術をしたと、クリームからおぞましい告白があったにもかかわらず、ふたりは良好な関係を続けていた。ある日曜の夕方、ふたりは橇《そり》で街をめぐり、クリームは親戚が住む家屋敷や、若いころ自分が働いていた造船所を指さしてマカロックに教えた。クリームは深酒をし、モルヒネを吸い、マカロックの目に「人事不省」と見えるほどの醜態をさらした。女性を口説いた自慢話も続いた。マカロックにわいせつな画像を見せては、娼婦に一シリングも払わず「ロンドンで派手に楽しんだ」話を吹聴し、ひと晩で三人を部屋に呼んだとも語った。

そうこうするうち、彼はホテルの正面玄関から堂々とクリームに薬物や毒物を納入できる人物と知り合う。マーティン・キングマンはニューヨーク州サラトガ・スプリングスにある薬剤製造業、G・F・ハーヴェイ社の実業家で、ケベックシティで仕事がある際はブランチャーズ・ホテルに滞在していた。キングマンは、ストリキニーネ、モルヒネ、アヘンといった致死性の睡眠薬や毒薬を各種受注していたが、「四六時中女の話ばかりして、わいせつな本を読みふけっている、ふしだらな男」と、クリームにあまりいい印象を抱いていなかった。薬物はキングマン気付でブランチャーズ・ホテルに送られていた。クリームはすぐ、自分は免許を取得した医師であり、イギリスでの代理店になりたいと同社に手紙を書いた。ロンドンの医師や病院向け販売促進に使うのだとの理由で、ハーヴェイ社の薬物サンプルを入れた瓶を持ち運べるよう、彼は長方形で茶色い革製のキャリングケースを注文した。クリームはマカロックとその兄弟に販売構想を語った。

「この商いでひと財産築くつもりだったようです」と、マカロックはのちに回想している。

＊＊＊

ブランチャーズ・ホテルでクリームと顔を合わせるたび、マチルダ・ナドゥーは挨拶程度の言葉を交わしていた。ホテルのメイドとは全員と話をするというのが、クリームの主張だ。三月中旬のある日、二二歳のナドゥーに薬物治療が必要だと語り、クリームは彼女に黒色の錠剤を二錠渡した。「お茶の時間に一錠飲みたまえ」彼は言った。「もう一錠は寝る前に必ず飲むんだよ」ナドゥーが薬を一錠飲んだところ、胃に焼け付くような痛みを覚えた。顔に紫色の病斑が出た。両の拳を握りしめたまま、自由が利かなくなった。奇妙な感覚が全身を駆けめぐる。牛乳をグラスで数杯飲むと胃の痛みはおさまり、症状は回復した。ナドゥーが寝る前の一錠を飲むことはなかった。

＊＊＊

三月末、クリームがロンドンに戻る手はずが整った。帰省して手に入れるべき金は手に入れたし、家族は皆、彼にケベックシティに残ってほしいとは望まなかった。去り際、彼は地元の印刷業にチラシを五〇〇部発注した。内容はこうだ。

エレン・ドンワースの死

メトロポール・ホテル宿泊客　各位

紳士淑女の皆様

昨年一〇月一三日、エレン・ドンワースを毒殺した張本人が本日、メトロポール・ホテルに採用されました。諸姉諸兄におきましては、本ホテルへの滞在を継続するかぎり、身の危険にさらされることを謹んでご忠告申し上げます。

敬白

W・H・マレー

メトロポール・ホテルはチャリングクロス鉄道ターミナルの向かいに面し、開業したばかりの瀟洒なホテルだ。クリームとルイーザ・ハーヴェイは前年の一〇月夜、メトロポール・ホテルの鈍黄色をした石造りの流麗なファサードを散策し、クリームはテムズ川のエンバンクメントでハーヴェイに錠剤を渡している。新しい脅迫状作戦の計画は立ったが、かの下劣な忠告の目的や、クリームがメトロポール・ホテルの名を使った理由は究明されていない。彼はできあがったチラシをイギリスに送る手はずを付けた。

＊＊＊

製薬会社社長、ジョージ・ハーヴェイと三月二二日に会うため、クリームとキングマンはオルバニーから北へ五〇キロメートルほどのところにあるサラトガ・スプリングスに向かっていた。クリームは同社のイギリス代理店になりたいと再度持ちかけたが、北米市場に専念したいとの理由でハーヴェイは申し出を断った。ただし再販を希望する場合は発注の際に割り引くと、卸売りの金額をクリームに提示した。

クリームは自分が発注した革のケースと薬物のサンプルを受け取ると、ハーヴェイ社に二〇ドルを支払い、ニューヨークシティ行きの汽車に乗った。蒸気船ブリタニック号の二二〇室ある一等客室に泊まるのを当然の権利として主張し、船は翌日の午後一時半、雨と霧の中出港した。ホワイトスターは船舶としては最速の定期路線で、一七〇〇名の船客を乗せニューヨークを出航後、八日以内でリヴァプールに到着する。六か月前、クリームは低速の帆船でイギリスに着いた。今回彼は急いでいた。毒物をあらたに手に入れており、ランベスには未決の仕事が残っていた。

9 アリス・マーシュとエマ・シリヴェル

ロンドン 一八九二年四月

スタンフォード・ストリート118番地を巡回中だったジョージ・コムリー巡査は、戸板をきしませながらドアが開く音を聞いた。姿を見せたのはひとりの男。ドアの内側に、彼を見送る女の姿があった。午前一時四五分、こんな遅くに住居から出てきたのは、ランベスでも、ここスタンフォード・ストリートではあまり見かけない、どこにでもいるごく平凡な男だった。ランベスのとある聖職者が不満を口にしている。スタンフォード・ストリートには「娼館がひしめき合っている」と。

211号巡査ことコムリーは、この男のことをよく覚えていた。シルクハットに黒の外套と、身なりが立派だったからだろう。背丈はおそらく一八〇センチメートル弱、年齢は四〇代と、コムリーは述べた。満月の夜で、しかも一〇メートルも離れていなかったのに、男は出てくるなり背を向けたため、巡査は彼の顔をほんの一瞬しか見ていなかった。男は口ひげを蓄え、街灯の光に照らされたとき、金縁眼鏡がきらりと光ったのを巡査は目撃している。男は先を急いでいる様子だった。「彼は身のこなしも鮮やかに立ち去りました」とは答えたものの、巡査はそのとき疑問には思わなかった。「なにしろ寒い夜でしたから」

午前二時半ごろ、コムリーが現場に戻ると、乗合馬車が118番地の建物の前に停まっていた。近寄ろうとしたところを、同じくL部門の巡査、ウィリアム・エヴァーフィールドが戸口から駆け出してきた。エヴァーフィールド巡査は若い女性を抱きかかえており、彼女の名前はエマ・シリヴェルと間もなく判明する。「中にもうひとりいるぞ」エヴァーフィールドが叫ぶ。二階の部屋で女性が金切り声を上げたあと、うめきながら苦しんでいるという通報を受け、駆け付けたというのだ。

コムリーが身をかがめて建物の中に入ると、寝間着姿のアリス・マーシュがうつぶせになって廊下に倒れていた。巡査らはマーシュを乗合馬車に担ぎ込み、一同は聖トマス病院へと急いだ。わずか数分ほどの距離だったが、マーシュは病院に着くなり死亡した。同病院に住み込みの医師、カスバート・ワイマンがシリヴェルの胃の内容物を吸引した。女性はふたりとも「かなりの強毒」を摂取していると、医師はエヴァーフィールド巡査に語った。

シリヴェルは病室に運ばれた。話すことができたので、自分とマーシュが例の男と夜を過ごしたこと、彼から長くて細い錠剤を三錠ずつもらったことを巡査に語った。親指と人差し指で錠剤のだいたいの長さを示した。ふたりは錠剤を飲み、缶詰のサーモンを食べ、さあ寝ましょうかというところで具合が悪くなり、横たわることしかできなくなった。シリヴェルは男の姓名を聞いていなかった。「あたしたちはフレッドと呼んでた」

「午前二時一五分前に出て行ったのがその紳士なのか?」コムリー巡査は尋ねた。「眼鏡をかけていたか?」

そうだとシリヴェルが答えた。彼女が語ったフレッドの人相――シルクハット、黒い外套、がっしりとした体つき、口ひげ、眼鏡――は、コムリー巡査が見かけた男と一致した。シリヴェルが付け加えた情報もあった。彼の頭頂部が禿げ上がっていたことだ。

三時間も経たぬ間にシリヴェルも亡くなった。一八九二年四月一二日の夜半、L部門のジョージ・ロウ警部補は、明らかに殺人とわかる事件の第一次報告書の草案を書き上げた。ファイル番号七七六八二の冒頭には「サーモンの缶詰を食べたことで偶発的に毒物を摂取した」とある。ロウ警部補はふたりの巡査とほかの目撃者の話をまとめたあと、女性ふたりのどちらかの部屋で見つかった、缶を開けたサーモンを分析目的で回収したと記した。男がくれた錠剤を飲んだという シリヴェルの証言にも触れたが、あくまでも思いつき程度だった。L部門のトップ、ジェイムズ・ブラナン警視は報告書を検討し、ロウの見立てを承認した。「すべてありえる仮説である」

と、彼の追記がある。「サーモンの缶詰を食べて死亡した例はほかにもある」とも。缶詰の製造工程で不手際があった、あるいは缶を開けてからすぐ食べなかったため、缶詰食品を食べてプトマイン中毒がよく起きるのは、警察幹部もわかっていた。船員四名がニシンの缶詰で中毒症状を起こしたことから、英海事裁判所はニシン缶詰の船への積み込みを差し止めていたばかりだった。翌日のロンドン各紙も、ランベスの死亡事故は腐敗したサーモンが原因であるとした。

ワイマン医師は納得がいかなかった。シリヴェルは死ぬ数時間前、相次ぐ激しいてんかん発作に苦しんでいた——致死性の毒物、ストリキニーネが作用したと思われる、れっきとした証拠だ。彼が自らの疑念を明らかにしたのはその翌日。六か月前に亡くなったエレン・ドンワースの検視を担当した監察医、ジョージ・パーシヴァル・ワイアットが開いた検視陪審でのことだった。亡くなったふたりの女性が住んでいた下宿屋の女主人、シャーロット・ヴォクトが証言台に立つと、フレッドの身元に関する重大な手がかりがもうひとつ明らかになった。巡査が来る前、シリヴェルは客のこと、錠剤のことをヴォクトに話していた。

「あたしたち、毒を盛られたのかしら」シリヴェルは尋ねた。

あんたたちが馬鹿なのよ、と、ヴォクトはふたりに言った。赤の他人からもらった薬を飲むなんて。

「赤の他人なんかじゃないわ」ふたりのどちらかが口答えをした。「あの人はお医者様なんだから」

ワイマン医師は女性たちの遺体を解剖し、胃、肝臓、腎臓から採取した検体を三つのガラス瓶に入れ、シーリングワックスで封をした。実験室試験による検体の検査結果が出るまで検視陪審は休廷となった。

ちょうどそのころ、ウォータールー駅から二キロメートルほど南のケンジントン・レーン沿いに拠点を構えるL部門では、ふたつの手がかりを追っていた。ひとつはカリフォルニア州で缶詰にしたアクメ・フラッグ・ブランドのサーモン缶だ。くだんの女性たちが毒殺された可能性は消えたようだが、警察が犯人を突き止められるかもしれない。食料品店の店主や卸売業者を調べたところ、この缶詰はロンドンでは売られていなかった。ある報告書で、捜査官が「この男が缶詰を持ってきた可能性が指摘される」との注釈を付けている。もうひとつは相当有力な手がかりである。シリヴェルは死ぬ前、フレッドから来た手紙が部屋にあると言い残していた。警官が見つけた手紙にはジョージ・クリフトンの署名があり、この男は彼女らが死ぬ前日、ふたりと会う約束をしていた。この男こそ、謎の男フレッドの実名だろうと警察は考えた。「どんな手段を使ってもクリフトンの足取りをつかめ」ブラナン警視は、とある報告書に添えたメモでこう明言した。厚さを増すばかりの事件ファイルの中には、別の警察幹部が「クリフトンを必ず見つけてみせる」と、強い口調でしたためたメモもあった。

ふたりの女性たちが体を売る商売に転じるまでの詳しい経緯が明らかになった。マーシュは当時二一歳、シリヴェルはまだ一八歳だった。両者とも海沿いのリゾート、ブライトン出身である。

アリス・マーシュとエマ・シリヴェル（セントルイス・ポストディスパッチ、1892年11月15日）

マーシュの本名はアリス・バージェスといい、壁紙貼り職人である彼女の継父が捜査官に対し、アリスは召使いとして働き「気立てのいい子」だったと語った。シリヴェルの継父は魚売りで、娘が地元の男性と一年ほど未婚のまま暮らしていたことを明かした。このふたりは仲が良く、死ぬわずか一か月前にランベスへ越してきた。列車代の支払いは身の回りの品を質に入れて作り、親戚にはビスケット工場で働き口を見つけたと語っていた。それどころか、彼女らは娼館が建ち並ぶスタンフォード・ストリートに部屋を借り、ふたりで住んでいたのだ。

ブラナン警視は地元警察との連携を図ろうと、巡査部長をひとりブライトンに派遣したが、女性二名の血縁者も友人も、クリフトンという男性の名を聞いたことすらなかった。被害者女性らの遺体は埋葬のため船で実家に送られ、クリフトンにつながる手がかりになればと、墓に置かれた花輪《リース》が調査の対象となる。彼女らの部屋から見つかった手紙は、ロンドンの東にある港町、チャタムのホテルの名が記された便せんが使われていた。捜索に地元警官が動員されたが、クリフトンという男は見つからなかった。

女性二名毒殺事件の捜査を指揮する刑事の中には、エレン・ドンワース殺害を調べていたジョージ・ハーヴェイ警部補もいた。半年以内にランベスで娼婦三名が毒殺されたが、すべて同一人物による犯行だろうか。ドンワース殺害事件ですぐさま起訴された宝石職人のウィリアム・スレーターに、ふたたび疑いがかけられた。「今後、取り調べの際は必ず被疑者の人権を尊重すること」と、当時の警察内部資料にある。コムリー巡査はキングスクロス地区に派遣され、スレーターとの面通しをしたが、彼が目撃した、スタンフォード・ストリート118番地から立ち去ろうとした男とは別人だと言い切った。スレーターは長身でなで肩、ひげは手入れが行き届いておらず、シルクハットの男とは似ても似つかなかった。なじみの界隈で娼婦たちからあらたな獲物を物色中のフレッドが見つかればと、コムリー巡査は私服警官としてストランドの警邏《けいら》に再度動員された。顔という顔をのぞき込んだが、徒労に終わった。

L部門の警官は苛立ち、万策尽きた。ハーヴェイ主任捜査官とジョン・マルヴァニー警部による四月二八日付報告書には「事件当夜、殺害現場となった家屋から出て行こうとしたところをコムリー巡査に目撃された男の足取りをつかもうとする取り組みは、今のところすべて失敗に終わっている」との記載がある。

10 苦い薬

一八九二年四月中旬、人体の臓器と組織という、吐き気を催すような試料を口すれすれまで詰めた三つのガラス瓶が、ランベスからテムズ川を下ったサザークにある、ガイズ病院の検体研究所へ送られた。ひとつはアリス・マーシュ、あとふたつはエマ・シリヴェルと名前を書いたラベルを貼って。イギリスでも名うての監察医、トマス・スティーヴンソン博士は瓶の封をひとつずつ取り、検査をはじめた。

次の週は、胃、肝臓、腎臓の一部、胃の内容物、嘔吐物など、一部腐敗し、異臭を放つ検体と、ずっと向き合った。数日かけて煮沸、冷却、濾過、乾燥処理を施し、検体から搾り取った液体から白色の結晶性粉末を抽出した。博士は後日、「ストリキニーネであるかを確かめる通常の検査を進めていた」と、このときの実験内容について述べている。呈色試験では硫酸化合物を添加。残留物が菫《すみれ》色に変化した。ストリキニーネの存在を示唆する兆候である。ストリキニーネは硫酸化合物溶液に添加すると凝固する。スティーヴンソン博士は続いて残留物の味を確かめた。その後の説明によると、この毒物が「金属のような独特の苦味が際立った」味がし、舌の感覚からもストリキニーネと断定できた。チェック項目はあとひとつ。博士は瓶に入った残留物で溶液を作り、少量ずつカエルに皮下注射した。カエルはすぐさま「激しい強縮性けいれんを起こして」死んだ。

亡くなった女性たちが食べたサーモンの残余物は分析のためスティーヴンソン博士の研究所に送られていたが、今回の悲劇との関係性は見いだせなかった。缶にあった食べ残しから「ストリキニーネやほかの毒物は検出されなかった」と博士は報告書に記した。また、缶詰のサーモンは、致死量のストリキニーネによる苦味を悟られないために用意されたとの結論を下している。

＊＊＊

一九世紀は毒殺魔が次々と登場した。定番の砒素《ひそ》は当時食料品店や薬局で販売されており、安価で手に入れやすく、どこにでもある薬物だった。害獣やシラミ、ナンキンムシといった害虫駆除など、幅広い用途に使われていた。ぜんそくやマラリアなど各種慢性疾患治療薬の原料でもあり、砒素を少量含んだ化粧品や染料、塗料、壁紙も流通していたようだ。暴力を振るったり不義密通を交わしたりする配偶者や役立たずを消すには都合のいい毒でもあり、裕福な両親の寿命を縮めるのには最適で、フランス語ではプードル・ド・サクセション――相続粉と呼ばれていた。一八四九年、パンチ誌に「簡単に退治できますよ――お望みとあらば、毒を」と題した風刺漫画が掲載された。薬局のカウンターにやっと手が届く背丈の子どもが「ネズミ退治に砒素をあと一ポンド半くださいな」と、薬剤師に注文している漫画である。

砒素は無味無臭であるため食事や飲み物に混ぜやすく、致死量を摂取すると、腹痛や嘔吐、下痢と、食中毒やコレラといった疾病と似た症状を呈す。一八四〇年代になると実験室試験が進歩し、人間の細胞組織に砒素成分が検出できるようになったが、砒素は自暴自棄になって人を殺そうとする、向こう見ずな殺人者の間に広がる一方だった。イギリスでは一八五一年に砒素法が制定され、毒殺魔予備軍の参入が難しくなった。薬の小売業者は毒物購入者の住所と名前のほか、購入した量と使用目的を逐一記録するよう求められた――この記録はのちに「ポイズン・ブック」という名で知られるようになる。薬物の買い手が後日、毒殺とみられる突然死の被疑者となった場合、警察は紙の資料で購入経路を追跡できるようになった。

イギリスのとある政治家が砒素を「過去の遺物」と呼んでから、毒殺魔は次なる手段を探した。一九世紀初頭の科学者は、苦肉の策として、植物から毒物成分の抽出を手がけることになる。アヘンケシからモルヒネを、タバコの葉からニコチンを、そして、トリカブトからアコニチンを。

インド原産の樹木、ストリキノス・ヌクス・ヴォミカの円盤状の種を原材料とし、致死性の高いことで知られるストリキニーネが最初に製造されたのは一八一九年。摂取すると中枢神経を叩き、脳と筋肉を結ぶ化学反応を妨げる。四肢はよじれ、ほんの少し刺激があるだけで筋肉は制御不能なほど緊張するため、体は暴走機関車のように抑制が利かなくなる。ストリキニーネは殺そ剤など害獣・害虫駆除に用いられ、筋肉に刺激を与える目的で薬剤や強壮剤に微量加えたりもした。短時間で作用し、解毒剤はまだなく、少量与えただけで死にいたるため、毒殺魔にとっては砒素と並んで理想的な存在だった。人ひとり殺すには、半粒（約一五ミリグラム）もあれば十分である。人体への残存量を検出できるまで十年はかかるということも、殺す側にとって何より好都合だった。一八四八年、イギリスの著名な毒物学者、アルフレッド・スウェイン・テイラー博士は「植物毒の種類はあまりに多く、我々の分析化学の知識では手に負えないのが現状である」と嘆いている。

クリームの手にかかった女性たちが激しいけいれんを起こしたように、ストリキニーネの服毒死は実にいたましい。ストリキニーネの威力について、一九世紀のとある医師が身も凍るような記述を残している。一時間かそこら――ことによっては数分以内で――毒を盛られた相手は呼吸困難になる。筋肉は強縮し、たいていは悪心《おしん》と嘔吐を催す。頭、腕、脚が本人の意図に反してけいれんし、「全身が激しく震えを起こす」という。背筋がこわばり、仰向けに寝ていたなら、後頭部と両足に重心を置き、体が上向きに反り返る。両の拳を握りしめる。眼球が飛び出そうになる。眼筋が収縮し、口の端が左右に引っ張られて「独特の冷笑的な笑み」が浮かぶと、ドクター・ワトスンが『四人の署名』で述べている。破傷風による筋肉の収縮や捻転に似ていることから、医療関係者はストリキニーネ中毒で起きるけいれんを破傷風様けいれんと称している。だが両者には決定的な違いがある。破傷風のけいれん発作が継続的なのに対し、ストリキニーネ中毒のけいれんは発症と鎮静を繰り返すのだ。中毒者はえも言われぬ苦痛に支配され、その様子は、目に見えない拷問者に残酷なゲームの駒のようにもてあそばれているかのようだ。ストリキニーネ中毒者の症状について述べた前述の医師は、次のけいれん発作がはじまるまで「意識は非常にはっきりしている」と述べている。死ぬのではないかと思うほどの体調不良を実感し、中毒者は恐怖を募らせていく。けいれんは次第に激しくなり、やがて中毒者は息ができなくなって、心不全を起こして絶命する。ストリキニーネを服毒すると通常は三〇分以内で死にいたるが、二時間以上生きていられる症例もある――ただし、苦しみながら。現代のとあるサイエンスライターは「数ある猛毒の中でも、ストリキニーネはトップクラスに位置づけられるはずだ」と語っている。

芸術家であり作家であり、贅沢が過ぎる生活費を補てんするため詐欺行為を働いたトマス・グリフィス・ウェインライトも、ストリキニーネで人を殺そうとした先駆者のひとりだったようだ。殺人罪には問われなかったが、ウェインライトは少なくとも四名を毒殺した疑いがあり、一八三〇年、彼名義の保険をかけられたあとに殺された義理の姉も、そのひとりだった。ストリキニーネがらみの犯罪がイギリスの法廷ではじめて取りざたされたのは、スタッフォードシャー・カウンティの都市ルージリーの医師が殺人罪で起訴された一八五〇年代になってからだ。ウィリアム・パーマーは医師をやめ、競走馬の繁殖や競馬で生計を立てようとした。競馬では勝つよりはるかに負けることの方が多かった。一八五五年、競馬界のファン仲間の友人、ジョン・パーソンズ・クックがオッズの高い馬券を当てると、パーマーは思いがけずに大金を手に入れるチャンスの到来を予感する。医学を学んだ経験が功を奏し、認知度が低い上に検出されにくい毒物で殺せば、容疑者として疑われないだろうと踏んだ。それがストリキニーネである。

レースを当てた直後、パーマーと一緒にブランデーやコーヒーを飲んだクックは、ひどく体調を崩した。パーマーはその後も彼に食べ物や飲み物、薬などを与え、クックの体調は数日でさらに悪化する。パーマーが錠剤をいくつか与えると、クックの体を筋けいれんが襲った。けいれんは激しく、ベッドに触れているのは頭と足だけというほど大きく、弓なりにのけぞった。数分もせぬうちに彼は亡くなった。クックを診察したほかの医師らは毒殺を疑った。亡くなったクックの地所に四〇〇〇ポンドの貸しがあると主張していたパーマーが、クックが病床についている間、少量ながら致死量のストリキニーネを購入していたこと、最後の購入日が、友人クックが亡くなった日だったことが間もなく判明する。パーマーはクックの検視に立ち会うと言って聞かず、分析のためロンドンに送るはずだったクックの胃の内容物が入った瓶を勝手に触ったことから、パーマーの疑惑は深まっていく。

重体のクックにパーマーが接触できたこと、パーマーが金銭的に困窮していたこと、証拠の隠蔽に走り回っていたことと、彼が犯人であるのは火を見るより明らかだった。クックにコーヒーやブランデーをしきりに勧めたのも、パーマーが致死量のストリキニーネをクックに飲ませる際、特有の強い苦味をごまかそうとしたからだった。だが、ひとつ腑に落ちないことがあった。一八五六年に行われたパーマーの裁判で、毒物学者のアルフレッド・スウェイン・テイラー博士は、クックの胃の内容物を調べた結果、毒物の痕跡が確認できなかったと証言した。その一方で、クックの症状から、死因はストリキニーネに違いないとも語った。弁護側の代理人は破傷風でも同様のけいれんを起こして突然死すると反論する。それでもパーマーがストリキニーネを購入した事実と疑わしい行動は、陪審員たちが有罪判決を下すに足りる証拠となった。六月、パーマーが絞首刑に処された日、三万人の見物人が集まった。パーマーは保険金狙いで妻と兄のほか、幼子と債権者ひとりをすでに毒殺しており、クックは彼が手を下した最後の犠牲者とされている。

この裁判はイギリス全土の各紙が第一面で取り上げたため、ストリキニーネやその他植物由来の毒物を検知する信頼性の高い検査の開発を求める声が顕在化した。毒殺魔が新しい毒をばらまくと、科学者が追いかけ、解毒策を見つけるという、アメリカ人サイエンスライター、デボラ・ブラムが述べたとおりの「熾烈ないたちごっこ」がはじまったというわけだ。ベルギーの薬剤師、ジャン・セルジュス・スタスは一八五〇年、人間の細胞組織からアルカロイドを抽出する工程を編み出すという、きわめて画期的な発見をした。だが、残留する毒物の判明はできなかった。分析官は勇敢にも、抽出物を少量舌に乗せた。チリチリと焼け付くような感覚があれば、十分な量のアルカロイドが含有している印だ。カエルやネズミといった動物にも抽出物を与え、苦しみもだえて死ぬ姿から、その毒物が起こす症状を割り出していった。こうした綱渡りのような実験に支えられること二〇年、科学者らは含有する毒物に応じて組織抽出物の色が変わる、呈色反応による試験法を編み出した。ちなみにストリキニーネは菫《すみれ》色に染まる。

毒物判定法が進歩するとともに、イギリス政界では砒素以外の毒物の流通販売を制限する法の整備に乗り出した。一八六九年以降、クロロホルム、アコニチン、シアン化水素（別名青酸）、および、ストリキニーネなどすべての「有毒植物性アルカロイド」は、販売の権限を認定薬剤師のみに認める措置が発動された。購入の事実は帳簿に記録され、見知らぬ購入者の場合は薬剤師による身元特定が義務付けられた。新規顧客は常連客か、薬剤師と面識のある人物と同行していれば、身元証明は求められなかった。砒素法と同様、殺害や自死を思いとどまらせることが目的の措置だった。ただ実際のところ、こうした制約は、毒物を買うれっきとした目的がある場合は不便でしかなかった。一軒の薬局で断られても、あるいはほんのわずかしか買えなくても、次から次へと薬局を回れば、やがて規則を曲げて売ってくれる店員が出てくるだろうし、何度も買ううちに、致死量の毒物が手に入るかもしれない。一八七一年、ブライトンに住むある女は、この規制を逆手にとって笑い飛ばすような犯行におよんだ。庭を荒らす猫退治にストリキニーネが必要だと言い、クリスチアナ・エドムンズは三〇グレイン（一グレイン＝約〇・〇六五グラム。三〇グレインは約一・九五グラム）のストリキニーネを買うことに成功した。六十人はゆうに殺せる量である。主治医にご執心だったエドムンズは、チョコレートにストリキニーネを仕込み、主治医の妻を毒殺しようと企んだ。頭のいかれた誰かのしわざに見せかけ、自分が疑われないよう、エドムンズは町じゅうに毒入りチョコレートと食品をばらまいた。大勢が体調を崩し、子どもひとりが亡くなったところでエドムンズは逮捕された。ストリキニーネを入手するため、エドムンズはとある商店主——知り合ったばかりの女性だった——を口説き落として一緒に薬局に行き、彼女を保証人にして、偽名を使って毒物登録証にサインした。医学雑誌のランセットはたいそうな剣幕で噛みついた。「ストリキニーネのように危険な毒物を素人にうかつに売るべきではない」と。

パーマーの事件で立証されたとおり、毒物が専門家の手にわたると、確実に人を殺せる。一九世紀、イギリスだけで二百名ほどの医師が殺人罪に問われたが、その多くが毒殺であった。犯罪作家のルパート・フルノーは、殺人医師の動機と手口を探る著作で「彼は普通の殺人者ではない。どうすれば人が殺せるかをよく知っているわけだし、知っていなければおかしい」と断じた。医師は疑われることなく大量の毒物を購入できる。開業医の多くが独自の処方で薬剤を調製するため、薬物商は何の疑問も抱かず、ストリキニーネや砒素などの生物毒を医師に売っていた。医師には毒物の処方量も、期待される症状も、死ぬまでに要する時間もわかる。犯行を隠蔽する目的で死亡証明書を発行することだってできるだろう。エドワード・プリチャードの妻と義母がグラスゴーで胃腸障害に倒れた一八六五年、彼は死因を自然死とする診断書に署名している。プリチャードへの疑念が声となって広まり、埋葬された死体を掘り起こして調べた結果、両者から致死量のアンチモンが検出された。アンチモンは少量の摂取で吐き気を催す医療用の毒物である。プリチャード医師は殺人罪に問われ、自供した直後に絞首刑に処された。

医師は尊敬に値する専門職であり、犯罪者の疑いをくつがえすに足りる地位にあるとみなされるのが普通だった。患者は主治医を信じて命を託し、医師同士はセカンドオピニオンを求め、検視医として採用する立場にあったため、ある裁判の傍聴人が言ったように、「医師仲間」が人を殺すとは考えがたかった。ルパート・フルノーの著作にはこうある。「殺人の手口の中でも毒殺がもっとも卑劣であるのは、信じた者の手によって秘密裏に投与されるからだ。毒を盛ったのが医師ならば、なおのこと質《たち》が悪い」

医師が殺す側に回ると「ほかに向かう敵なしの手ごわい相手」となる。一九世紀も終盤に差しかかったころ、シンシナティ・メディカル・ジャーナルがシャーロック・ホームズを想起させる記事を載せた。「医師は科学、中でも化学の知識を総動員し、人間の本質について知り得たことすべてを駆使して、さらにもう一歩先の悪事へと踏み入っていく」

＊＊＊

一九世紀、突然死の検証は科学というより、不確実性に満ちた芸術だった。検視解剖に立ち会う検視官と医師は個人としての見解をよく求められる。一八七〇年代に出版された法医学の手引き書では、刺し傷や切り傷を受けてすぐ死ぬと、死後にできた傷との区別が付かないため、被害者が殺された時間と場所が特定しにくいとある。手引き書の著者は、不審なあざは「扱いがとても難しい」としている。襲われたのではなく偶然倒れたときにできた証拠かもしれないし、疾病か壊死、それとも自然にできたあざとも考えられるからだ。骨に当たった銃弾が粉々に散ると、一度撃たれただけでも複数箇所に傷が付くことがある。一発の鉛玉が人間の脚を貫通したあと、ふたつに割れ、両方がもう片方の脚に達したため、銃弾の射入口が三つ、射出口がふたつできた。そのため治療にあたった医師を悩ませ、いたずらに評判を落としたという事例もある。

毒殺が疑われると検視はさらに面倒になる。内臓組織は丁寧に取り除き、後日化学分析が行えるよう保管する必要があった。検視解剖を担当する医師は、嘔吐物や尿のほか、可能なら犠牲者が口にした食品や飲料のサンプルを集めておくのが当たり前とみなされた。試験結果を損なう異物が混入しないよう、試料は消毒済の容器に入れ、「清浄度に細心の注意を払って」扱う。検体が放つ悪臭を除去する目的で石灰を使わないようにと指導され、鉛を含む陶器製容器も避けるよう言われた。一八七〇年代の法医学の手引き書には、ミスはいとも簡単に起こるということを忘れないようにと医師に注意喚起を促すたとえ話を載せている。検視解剖中、細かい砂の上についうっかり胃を置いてしまったため、被害者の死因は粉状に砕いたガラスを飲まされたからだという誤った結論にいたった――というものだ。

毒殺事件が増えた一九世紀、法廷にあらたな登場人物、専門家証人が加わる。検察官は使用された毒物の特定や複雑な検査試験の説明役として医師や薬剤師を起用し、被告側の弁護士は、毒物の所見を自ら進んで語る医療専門職や科学者をずらりとそろえた。ジョン・パーソンズ・クック殺害の罪に問われたウィリアム・パーマーの裁判は、毒物の専門家同士が意見を戦わせる初の機会と言っても過言ではなかった。ロンドンのガイズ病院で化学と法医学の教鞭を執り、毒物とその検出に関してはイギリスでもトップクラスの教科書を執筆するなど、科学者として地位と権威を確立したアルフレッド・スウェイン・テイラーにかかれば、法の解釈など、彼の手の内で何とでもなった。歴史家のリンダ・ストラトマンは、「医学知識の最前線に携わる著名人から助言があると、膨大な証拠を検討する立場にある陪審員たちは安心感を抱く。テイラー博士は、陪審員がついて行っても大丈夫そうだと安心できる道筋を示したのだ」と指摘している。だが、毒殺されたのか自然死なのか、毒物の専門家でも判断が付かないとなると、判事や陪審員、ましてや庶民は何を信じたらいいのだろうか。パーマー裁判の当初はテイラー博士ですら「毒殺か否かで紛糾する事件を、化学界の無条件かつ絶対的な真理で解決する」とは断言できずにいた。自らの任を果たし、殺人者を絞首台に送るのを期待されている陪審員に必要なのは、明確な答えも出ず、科学的な根拠に欠ける議論ではなく、確固とした根拠だった。

パーマー裁判から三年、ロンドンの医師、トマス・スメサーストが妊娠した自分の愛人を殺害した容疑で起訴された裁判で、法医学という新興の分野に対する社会の信頼が揺らいだ。毒殺されたとみられる女性を診察した医師として、ならびに毒物鑑定の目的で調査に加わったテイラー博士は、スメサースト医師の所持品から砒素が入った薬瓶を見つけた。当然持っているはずだと推測した。テイラー博士は実験を継続し、裁判がはじまった一八五九年、博士は、砒素成分実験の際に使用した器具からが検出されたことを認めた。検査上の不手際があったにもかかわらず、陪審員はスメサースト医師に有罪を宣告したが、医学的根拠があまりに薄く、一方他の医師から、被害者女性の症状が赤痢のそれと一致するとの見解が示されたため、イギリス政府は減刑申請書を発行するという異例の手続きを踏んだ。検査試験上の不手際が有利に働けば毒殺犯は無実になり、不利に働けば、無実の被疑者を死刑台に送ることになる。ダブリン・メディカル・ジャーナル誌は、「数年がかりでも払拭できないような不名誉を医学界に多々もたらした」と、テイラー博士を非難した。同誌の懸念は的中する。犯罪と戦う手段であるはずの科学の信用は失墜し、名誉回復には数十年を要した。「陪審員として招聘された一般大衆の目に、法医科学は今や傷物として映る」とは、犯罪検知学の進歩を調べてきた、とある著作家の弁である。

法医科学の名誉回復はテイラー博士の後継者らにゆだねられ、彼らは二〇世紀に入って法医学捜査の牽引役を担った。トマス・スティーヴンソン博士は一八七〇年代初期にガイズ病院の研究員として加わり、一八八〇年代を迎えるころには法化学と法医学の講師に就任。テイラー博士は安心して後任にポストを譲った。一八三八年ヨークシャー生まれのスティーヴンソン博士は医学校時代に化学を含め、さまざまな科目で優等賞を取得してきた。検査試験の技術に長け、イギリスで販売される食品や薬物の純度を保証する初期の科学者のひとりとなる。刑事事件の管轄であるイギリス内務省は一八七二年、毒殺が疑われる遺体の検視解剖で得た検体の試験官として、スティーヴンソン博士を採用した。一八八一年には政府の法医学上級分析官という精鋭チームに加わり、完璧で精緻な仕事ぶりが高く評価された。博士についてはこのような評価が残っている。「彼は決して結論を急がず、外見に惑わされることもない」スティーヴンソン博士が下した結論により、刑事事件の最終判断がくつがえされることがままあった。「彼は被告を絶望に陥れる宣告をする」とは、あるジャーナリストの言葉だ。被告人が提示した証拠を「専門家として、情け容赦のない正確さで」くつがえしていく彼の力量に圧倒される声もある。毒物に関する実験を長年着実に積み重ねた結果、法医学史でおそらく唯一無二といる才能を開花させた。五〇種類にもおよぶアルカロイド毒を自分の舌に塗ると、その多くを味覚だけで正確に言い当てられるとの評判が立った。

一八八一年、イギリス南岸のリゾート地、ボーンマスで開業したアメリカ生まれの医師、ジョージ・ヘンリー・ラムソンが義弟のパーシー・マルコム・ジョン殺害の罪に問われた際、スティーヴンソン博士が頼りにしたのが、自分の確かな舌の感覚だった。破産の危機に直面したドクター・ラムソンは、ウィンブルドンの寄宿学校で生活する、体が不自由な義弟を訪ねた。この青年は巨額の現金を相続する立場にあったが、一九歳になるまでに死ねば、一五〇〇ポンドがドクター・ラムソンと彼の妻の手にわたる。ウィンブルドン滞在中、ドクター・ラムソンは無毒だと安心させた上で一〇代の若者、ジョンにカプセルをひとつ飲ませた。ドクター・ラムソンがそそくさと寄宿舎を出て列車に飛び乗ったところ、ジョンは著しく体調を崩した。けいれんの発作があまりに激しく、学友たちがジョンをベッドに押さえ付けるほどだった。内科医数名が呼ばれたが、ジョンを救う手立ては何もなかった。四時間苦悶し続けた末、ジョンは亡くなった。この若者は毒殺されたとみて間違いなく、被疑者はどう考えてもドクター・ラムソンであった。彼は殺人罪で起訴された。

ドクター・ラムソンが使った毒の特定はスティーヴンソン博士に依頼された。彼はスタス・オット法〔溶液を水とエーテルに分離し、薬物を抽出する手法〕で被害者の内臓、胃の内容物、嘔吐物の検体を蒸留し、生成された液体を味わった。「舌を噛んだときのしびれたような」感覚だったと報告書に記している。続いて博士はアコニチンを味わった。ドクター・ラムソンが殺害からわずか一週間前に購入したとされる毒物だ。希少毒物アコニチンを化学的に検査する手法が確立されておらず、味覚試験は避けては通れない過程だった。スティーヴンソン博士が試したアコニチンは舌がしびれ、焼け付くような独特の感覚が残った。続いて博士が被害者の尿をマウスの皮下に注射したところ、三十分も経たぬ間に死んだ。アコニチンを別のマウスに注射すると、やはり似たような症状を示した。

事件が裁判に持ち込まれると、ドクター・ラムソン側の弁護人はスティーヴンソン博士の所見を疑い、彼の信用を失墜させようとした。解剖の対象となる遺体が腐敗する過程で、天然のアルカロイドが生成されるのを欧州の科学者らが発見したばかりのころだった。ジョンの体組織から採取した、焼け付くような味の物質は、そのアルカロイドではないのだろうか。

スティーヴンソン博士は弁護団の追求をかわす。その新しい研究とやらは寡聞《かぶん》にして存じ上げないが、私は自分の舌を信じている――と言ってのけた。確かにアコニチンの味がしたとも証言した。陪審員は三十分ほど熟考したのち、有罪の評決を下した。ドクター・ラムソンは評決の直後に自供した。

ドクター・ラムソンの有罪確定にひと役買ったことで、有能な毒物学者にして法医学の専門家という、スティーヴンソン博士の名声はさらに高まった。だが、ラムソン裁判から十年以上が経過した一八九二年、アリス・マーシュとエマ・シリヴェル殺害事件に立ち会ったスティーヴンソン博士は、法医学者としてのキャリアで最大ともいえる危機に直面する。

ランベスの女性ふたりをストリキニーネで毒殺したのは誰か、そしてその手口とは。

イギリスの著名な毒物学者トマス・スティーヴンソン博士は10種類以上の毒物を舌で判別できた（著者所蔵）

11 奇妙な客

一八九二年五月

アリス・マーシュとエマ・シリヴェル殺害事件に対する検視陪審が再開した五月五日、聖トマス病院の審問室にはドアが閉められないほどの人が集まった。眼鏡の奥から向けられる鋭いまなざしと、滝のように胸へと続く濃いひげを蓄えたスティーヴンソン博士が見解を発表した。被害者はいずれも、致死量とされる半グレイン（約〇・〇三二グラム）をはるかに上回る量のストリキニーネを服毒しており、マーシュの内蔵から、ほぼ七グレイン（約〇・四五グラム）、シリヴェルの体から採取した検体からは三グレイン（約〇・一九五グラム）を上回るストリキニーネが検出された。

検視陪審員は短時間で評決に達した。「死因はストリキニーネ中毒――服毒経路を立証する証拠なし」検視陪審員は、被疑者が特定できなかったのはロンドン警視庁の過失であるとした。マーシュとシリヴェルの部屋で発見された書簡の送り主を「警察は精魂を傾けて調べなかった」と、陪審員長は述べた。L部門の捜査官らが、フレッド、あるいはクリフトンと名乗る男の捜索状況を報告したところ、ワイアット検視官は大慌てで警察側の弁護に回った。詳細を公にしたくなかったワイアットは、「徹底的な取り調べが行われた」と言ってその場をおさめようとした。陪審員長は捜査に対する非難を取り下げたが、今度は報道の側から不満の声が上がった。ドンワース殺害事件はまだ決着していない、警察は先日ランベスで起こった殺人事件にただ困惑するばかりのようだ、との記事がレイノルズ・ニュースペーパー紙に載った。「それでなくともうんざりするほど長い、ロンドン未解決事件のリストに、殺人事件がもう二件追加されるもよう」

L部門は発表の一週間前にスティーヴンソン博士の見解を手に入れ、毒の入手先についての調査を先行して進めていた。ジェイムズ・ブラナン警視は四月末、ロンドン全域の警察に宛て、薬物の卸売業者、小売業者、医師、外科医で、フレッドの人相書きに似た人物にストリキニーネ化合物を含む長円形の錠剤を売った覚えがないかと尋ねる覚え書きを回覧した。この問い合わせへの反応はなかった。容疑者ジョージ・クリフトンの故郷チャタムの警察にも同様の捜査依頼が出たが、やはり反応はなかった。

ランベスの劇場に出演する役者、チャールズ・バーデットの証言から新事実が浮上する。バーデットが死ぬ直前のアリス・マーシュと言葉を交わした際、とある男性――「商船の船長」と聞いた――から一緒に住もうと持ちかけられた。男は「あなたのように気立てのいい娘が街角に立つとは、何たる恥辱でしょう」と口説いたという。ふたりで散歩に出た日のこと、シリヴェルとコムリー巡査がフレッドだと証言した人物に似た男を指さした。バーデットはさらに突っ込んだ証言をした。男は重厚な金の鎖が付いた懐中時計とステッキを持ち、海風にずっとさらされていたような風貌で、「屋外で過ごす時間が長かったのでしょう」とも述べた。

この証言で、事件に新しい視点ができた。船員や船の客室乗務員ならストリキニーネを含む薬剤も手に入るだろうし、海外で毒物を購入できる。また、ドンワース殺害とマーシュ、シリヴェルの毒殺との間に六か月の空白期間があるのも、船乗りの乗船予定を考えれば納得がいく。ドンワースが亡くなった一〇月にロンドン港に入港し、四月一二日の時点でまだ停泊中だった船舶を特定する作業が進められた。終わるまで数週間はかかる大々的な取り組みだった。リヴァプールの警察にも同様の要請があったが、無理な相談だった。一〇月以降リヴァプール港に入港した船舶は三千隻にもおよび、フレッドの人相書きと合致する人物が船員にいるかを照合して確認するのは不可能だとの回答がL部門に届いた。

捜査は二週間ほどで行き詰まり、焦りの色が濃厚になったところで、打開策となる朗報が入ってくる。大勢の警察官を動員し、フレッドや殺された女性たちと会ったかもしれない娼婦を探して一軒一軒しらみつぶしの捜索が続く中、L部門のアルフレッド・ワード巡査部長がランベス・

ロード88番地のドアをノックした。下宿屋の女主人であるロバートソン夫人は、メイドのルーシー・ローズが役に立つかもしれないと言った――あの子は前年の秋に女性が亡くなった、すぐそばのランベス・ロード27番地で働いていたから、と。ローズは翌日の四月二七日に事情聴取を受け、一八九一年一〇月、男性が部屋を訪ねた直後にマチルダ・クローヴァーがこの世を去ったときの様子をワードとジョージ・ハーヴェイ警部補に語った。男は肩幅が広く、口ひげを蓄え、シルクハットと外套姿の四〇代で、フレッドと名乗った。

この知らせはみるみるうちに上層部へと伝わった。翌日、本件で主任捜査官を務めるジョン・マルヴァニー警部とハーヴェイ警部補は「かなり有力な新事実が判明しました」と上司に報告している。四月三〇日、内務省はクローヴァーの遺体を掘り返し、遺体に残存するストリキニーネの有無を確かめる検査をスティーヴンソン博士に依頼した。L部門で事件を担当するワード巡査は、結果が判明するかなり前から、クローヴァーもストリキニーネで殺されたに違いないと考えていた。ブラナン警視は、被害者の女性四名全員の殺害は「同一人物の犯行とみて間違いない」と、ある警察幹部に自信を持って語った。

＊＊＊

午後七時過ぎ、ジョージ・コムリー巡査はウエストミンスター・ブリッジロードに立ち、カンタベリー・ミュージックホールの外にたむろする人の顔を凝視していた。一八九二年五月のうららかな春の宵《よい》、彼は数夜にわたって私服でストランド街を歩き回ってはフレッドという殺人被疑者を捜していたが、この夜からランベスのパトロールに復帰したところだった。カンタベリー・ミュージックホールの前は、大スターのウィル・エヴァンズとエイダ・ラクスモアが出演する『ミュージカル・エキセントリックス』八時一五分上演回の客が列を成していた。眼鏡をかけた身なりのいい男が入り口の外を行きつ戻りつしながら、人の波をじっと観察している。

コムリーは述懐する。「あの男は、女たちを食い入るように見つめていました」特に娼婦とおぼしき女性たちを。「その胡散臭さに、いてもたってもいられなくなりました」コムリー巡査はそのとき、以前どこかで似たような話を聞いたような気がすると思った。

もうじき午前零時というころ、コムリーはアルフレッド・ワード巡査部長と組んで、その怪しい男を尾行した。先月アリス・マーシュとエマ・シリヴェルがスタンフォード・ストリートのアパートで毒殺された際、アパートから立ち去ろうとした男に違いなかった。男はカンタベリー・ミュージックホールでひとりの女性と落ち合うと、彼女の下宿へと向かった。警官ふたりは夜を徹して見張り、出てきた男をまた尾行したところ、彼はランベス・パレス・ロード103番地で鍵を取り出し、中へと入った。

翌日か（またその翌日）、ワードはその女性の下宿まで出向き、男について尋ねた。自分はアメリカから来たばかりだと彼女に告げ、「女性たちと欲望のまま過ごしたいから」ひとり暮らしをしていると語ったという。ワードと巡査二名は引き続き男の監視役に命じられた。

「男の動きをたどり、素性をつかまねばならない」ようやく期待が持てそうな打開策を得たL部門のブラナン警視は、署内向け報告書にこう綴った。「そのために慎重な取り調べを行っている」

五日後の五月一七日、離れた場所で警官が見守る中、かの男はランベスのまた別の娼婦、ヴァイオレット・ビヴァリーの住まいを訪ねた。彼は三時間滞在し、警察が上品に言うところの「関係」を結んだ。ビヴァリーとその男との関係がどれほどのものか探るため、ワードは後追い捜査をした。ビヴァリーによると、男はアメリカの製薬会社の代理人だと語り、鮮やかな色の錠剤が入ったサンプルの瓶がぎっしり入った革ケースを彼女に見せたという。また「アメリカのドリンク」と呼ぶ何かを調合したが、ビヴァリーは断固として飲むのを拒んだ。この女性の生命が危機に瀕していると悟ったワード巡査は、警察が彼を尾行する理由を話して聞かせた。ビヴァリーはあの男とまた会う約束をしていた。情報を手に入れたら、どんなことでも警察に知らせると彼女は請け合った。

ロンドン警視庁は時を置かず、ある人物の名を目にすることになる。「ドクター・ニール」の名が警察の事件ファイルにはじめて載ったのが、五月一九日のことだった。名前はすぐ「ニール」と訂正されたが、警察がクリームのフルネームを知るのは、それから数週間経ってからだった。

クリームは警察が追う毒殺魔なのだろうか。L部門は確信が持てなかった。彼には医療の心得があり、薬剤を売りさばく移動販売員として、責任のある立場にある。彼がビヴァリーに見せたという、錠剤のサンプルが入ったキャリングケースは「まさに移動販売員の持ち物」と、刑事らは断言している。ランベスの娼婦たちと交流があろうとも、だからといって彼を殺人者と断定するのは早計である。ムルヴァニー警部とハーヴェイ警部補は「彼は異常なほど好色な人物だが、自分の正体を隠そうともしないため、我々が追っている〝フレッド〟なる人物ではないとの見解にいたっている」と結論付けた。警察幹部のひとりは言う。それでもやはりニールは「奇妙な客」であり、「警察が注意人物と認める」に足る人物だ——と。

クリームを監視する極秘調査活動は間もなく周知の事実となる。ワードが話を聞いた女性のひとりがうっかり、警察の取り調べを受けたと口をすべらせたのだ。ムルヴァニーとハーヴェイはかんかんに怒った。ふたりの上司、ブラナン警視が言った。「あの手の女たちが信用できないのは経験則でわかっている、おかげで証拠固めがすっかり難しくなった」

そして、造船技師をクビになったジョン・ヘインズと名乗るアメリカ人が、ケンジントン・レーン署を訪れ、苦情申立書を提出した。一か月ほど前に知り合った友人の医師が、警察からいやがらせをされているというのだ。ロンドン警視庁の警官は被疑者を尾行する能力がたいそう自慢だったかもしれないが、巡査らがこの男の動きを見張っていたのは、誰の目にも明らかだったというわけだ。

彼の友人とは？　ドクター・トマス・ニール・クリームである。

本件はムルヴァニーとハーヴェイが対応にあたった。ヘインズは一八八〇年代、イギリス政府

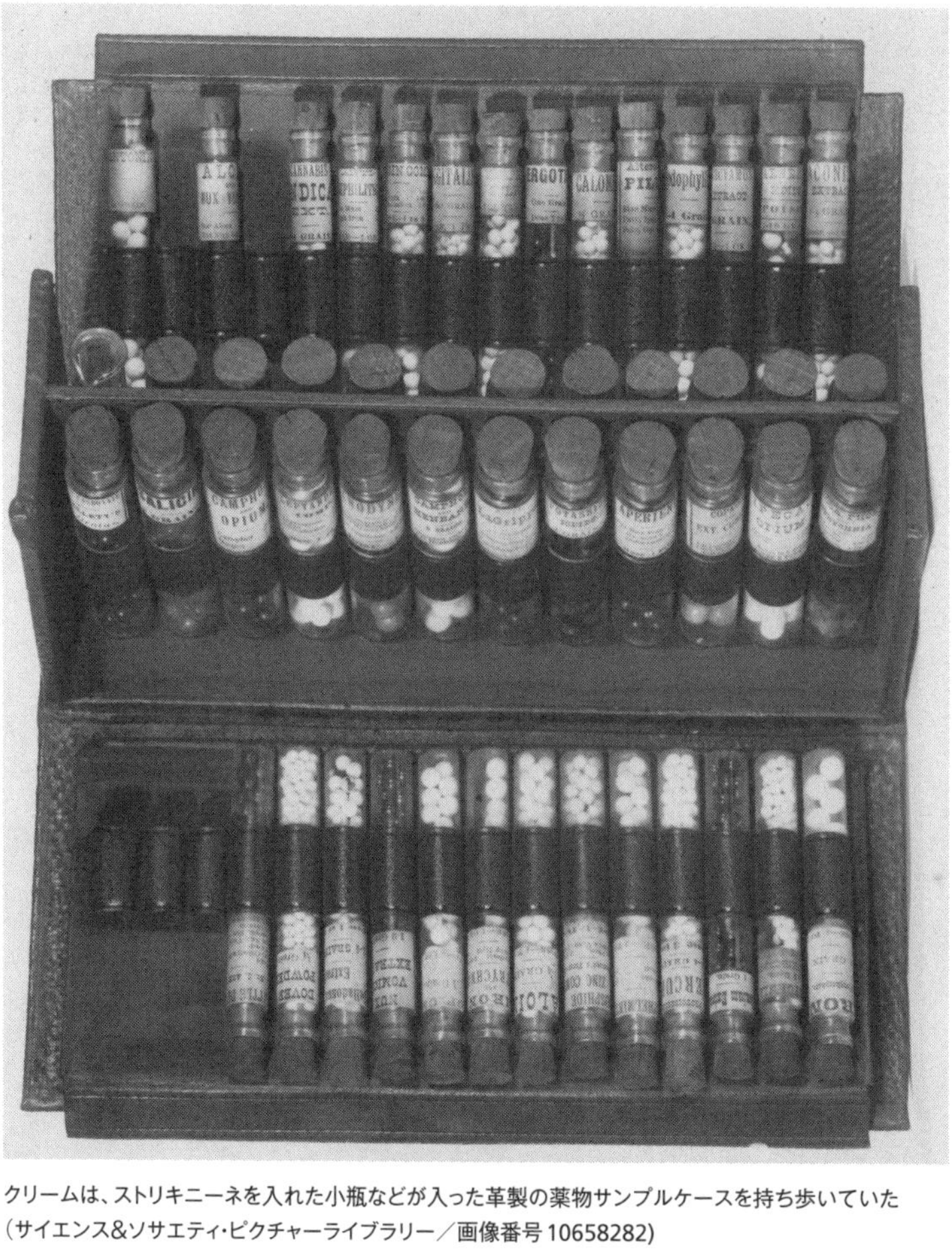

クリームは、ストリキニーネを入れた小瓶などが入った革製の薬物サンプルケースを持ち歩いていた
（サイエンス&ソサエティ・ピクチャーライブラリー／画像番号 10658282）

の命を受けた私立探偵として、ロンドンで起こっていた複数の爆破事件の黒幕であるアイルランド系アメリカ人過激派、フィニアン同盟を探っていた。彼が捜査官に述べたところによると、クリームとは一か月ほど前に知り合い、よく食事や酒を共にしていたという。ある時期から、ヘインズは自分たちが尾行されていることに気付く。なぜ警察に追われているのかとクリームに尋ねると、ヘインズのあらたな友人は好奇心をくすぐる荒唐無稽な殺人譚を語りだした。

ランベス・パレス・ロード103番地の下宿でクリームと一緒だった、ウォルター・J・ハーパーは聖トマス病院の医学生で「場末の娼婦の間でその名が知られて」おり、彼はマーシュやシリヴェルとも関係を結んでいたとクリームは主張していた。医学生ハーパーと彼女たちが最初に会ったのはブライトンで、彼がふたりの友人を妊娠させたのがきっかけだった。その女性はホテルで春を売る仕事に就いていたが、ハーパーが中絶手術をしたあとに亡くなっている。彼がクリームに一切を打ち明けたのも、マーシュとシリヴェルに脅迫され「あいつらと縁を切りたかった」からだった。ハーパーはクリームにストリキニーネを融通してほしいと頼んでいた。クリームはきっぱりと断り、ハーパーの企みをシリヴェルに警告する匿名の書簡を送ったと主張した。それだけではない。ハーパーはストリキニーネであと三人の女性、すなわち、エレン・ドンワース、マチルダ・クローヴァー、ルイーザ・ハーヴェイの毒殺を企てていたとも語ったのだ。クリームが本気で自分を陥れようとするのにおそれを成したヘインズは捜査への協力を申し出た――というわけだ。

ムルヴァニーとハーヴェイは、自分たちが担がれているのかと思った。ふたりはドンワース、マーシュ、シリヴェルの遺体を検視解剖したジョージ・パーシヴァル・ワイアットの医院から帰ったばかりだった。五月五日にマーシュとシリヴェルの検視陪審がはじまる直前だったこのころ、ワイアットは検視陪審員長宛ての書簡を受け取っている。

拝啓

謹んで申し上げます。聖トマス病院の医学生であり、バーンスタープル市ベアストリートの開業医、ドクター・ハーパーの息子、ウォルター・ハーパーがアリス・マーシュとエマ・シリヴェルにストリキニーネを飲ませて殺害しようとしたという有力な証拠を、関係者から入手しました。チャリングクロス、コックスプール・ストリート20番地の探偵ジョージ・クラークに口止め料をお支払いいただけば、この証拠をお譲りいたします。

敬具

ウィリアム・H・マレー

ハーパー家に恨みを持つ人物がスキャンダラスな言いがかりを世間に広め、困らせてやろうという企みだとし、ワイアットはこの書簡を黙殺した。あのとき警察に見せて相談すればよかったと、彼はあとになって後悔した。ジョージ・クラーク探偵事務所はロンドンにあり、ムルヴァニーとハーヴェイは、所長のジョン・クラークが同様の書簡をウィリアム・マレーから受け取ったのを知る。この書簡にあるとおり、ワイアットがクラークに連絡を取り、彼への仲介料支払いに応じれば、ハーパーが犯人だという証拠が提示されただろう。クラークはほら話だとして書簡のことをすっかり忘れていたのだ。

こうした書簡とともに、新しくできた友人からヘインズが少しずつ集めた情報によって、警察の関心はクリームから離れていった。警察は新しい被疑者、ウォルター・ハーパーを追うようになる。ロンドン警視庁の幹部はヘインズの調書の写しに「ランベスの毒殺事件において犯人と思われる」とのメモ書きを残している。中絶による死亡事件の可能性と、マーシュ、シリヴェルとハーパーとの関連性を調べるため、ひとりの警官がブライトンに派遣された。これでクリームの名はいったん捜査線上から消えたと思われた。クリームを尾行する警察の張り込み部隊も解散した。警察がようやく殺人の線で動きだしたところで、クローヴァーはハーパーが殺したとクリームが申し立てても、警察は眉ひとつ動かさなかった。ムルヴァニーとハーヴェイは、「ウエストミンスター・ブリッジロードにたむろする娼婦たちと四六時中一緒にいたクリームなら、おそらくクローヴァーの噂も耳にしただろう」と判断した。

だが間もなく、クリームの主張に矛盾が見えてくる。ハーパーとクリームはランベス・パレス・ロード103番地の下宿仲間であり、ふたりは一八八九年から聖トマス病院医学部の学生だったのを警察が突き止めた。また下宿屋の娘、エミリー・スリーパーはハーパーを「高潔な人物」だと述べ、「フレッド」の人相とは似ても似つかぬと証言した。捜査陣は続いて、ワイアットとクラークに送られた書簡を比較して筆跡が同じかを調べた。L部門ではムルヴァニーとハーヴェイがいち早くクリームを容疑者リストから外した。事件ファイルには「ニール医師の筆跡見本入手」との注釈がある。

12 被疑者

L部門は捜査の対象をクリームに戻し、クリームがアメリカにいた当時の友人、ジョン・ヘインズを情報提供者に起用した。ブラナン警視のメモには「ヘインズが信頼できる人物なら、本件の実質的な支援者となりえる」とある。だが捜査陣はすぐに、クリームからの信頼を勝ち得た有力な情報源と手を組むことになる。

ロンドン警視庁《スコットランドヤード》犯罪捜査課のパトリック・マッキンタイア巡査部長は五月、クラウン&クッションというパブでクリームを紹介された。勤続一五年になるマッキンタイアはヘインズと同様、フィニアン同盟による爆弾事件を未然に防いだ強者《つわもの》の捜査官である。クリームは饒舌で、自分は

「聖トマス病院出身」であり、エディンバラとダブリンで医学を学んだあと、アメリカに渡ったと述べた。クリームは臨床での手術経験がないと認め、G・F・ハーヴェイ社の代理人として薬を売り、報酬は十分もらっていると語った。自分は警察に尾行されているとマッキンタイアに愚痴ると、次のパブ、ザ・フェザントで飲み直すことになった。そのパブに移動したあと、マッキンタイアはクリームにムルヴァニー警部とハーヴェイ警部補を紹介し、このふたりは所轄の刑事で、君の警察に対する不満を詳しく聞きたいそうだと語った。ランベスの毒殺事件を捜査中の刑事らはクリームの名を何度も耳にしてはいたが、本人と面と向かって会うのははじめてだった。

クリームは自前のサンプルケースを持参していた。彼がまさに製薬会社の販売代理人であると立証するかのように、ケースは使い込まれ、角が摩耗していた。警察が自分に関心を持つのは、自分が持ち歩いている「わいせつな肖像写真」のせいとしか考えられないとクリームは語った。写真は破棄したと刑事らにきっぱり言った。マッキンタイアが覚えている会話によると、ク

クリームの自筆サンプルを収集したロンドン警視庁所属のパトリック・マッキンタイア巡査（著者所蔵）

リームは、娼婦だと悟られないよう言葉を選びつつ、「多くの女性と交際した」のは認めたが、「それが犯罪だという意識はなかった」とも語った。

数日後、マッキンタイアはクリームの下宿先で彼と面会した。クリームはヘインズに語ったのと同じ内容をマッキンタイアにも話したが、マレーという探偵から、ウォルター・ハーパーへの申し立てについての話を聞いたという話題にも触れた。果たしてこの男は、医学生がランベス在住の女性四人中二名を毒殺したとの内容の書簡をワイアット検視官に送ったのと同一人物なのだろうか？　このマレーという人物が実在するかはわからないが、確かなことがひとつある。クリームはランベスの毒殺事件についてよく知っている、ということだ。

マッキンタイア巡査部長は述懐する。「クリームは犠牲者の女性のことばかり話題にしていたので、事件の経緯をよく知っているようだねとカマをかけてみました」

クリームはマッキンタイアの誘導尋問には乗らず、ブリティッシュ・メディカル・ジャーナルに掲載された殺人事件の展開を追っていること、誌上では早くも、ランベスの「娼婦毒殺犯」を切り裂きジャックになぞらえているといった話をした。クリームは「医療従事者として、この手の事件には興味があるんだ」と語った。

マッキンタイアはこの機に乗じて、筆跡鑑定用のサンプルとして、自筆したものを何かほしいとクリームに頼んだ。意外にも彼はマッキンタイアの申し出に応じた。部屋には医学論文があり、マッキンタイアが読み上げた一節をクリームが鉛筆で書き留めた。クリームは高価な便せんを使っていた。マッキンタイアは紙に入った透かしを見て驚く。高級ブランド、フェアフィールド社のスーパーファインという上質紙だった。

＊＊＊

ロバート・アンダーソンは、ランベス連続毒殺事件の犯人を逮捕しなければという重圧に悩まされていた。切り裂きジャック事件の捜査中にロンドン警視庁副警視総監に任命された彼は、前年一〇月のドンワース殺害からL部門の捜査を監督する任にあたっていた。ところが五月半ばになり、ロンドン警視庁を統括するヘンリー・マシューズ内務大臣から捜査の状況を尋ねられても、アンダーソンには報告できる新しい情報がなかった。フレッドと会ったとされる娼婦の身元を特定したうえで尋問したことまでは大臣に報告できたが、真相を究明できる情報はまだ得ていなかった。「あの手の女たちはまったく信頼できない」進まぬ捜査に苛立つあまり、とある捜査官が署内報告書にこんな言葉を残している。L部門ではまだ、フレッドが船乗りだった場合を想定し、四月と前年一〇月にロンドンの波止場に着いた船舶のリスト作りに追われていた。ブライトンに派遣された警官はハーパーという医学生を知る人物の特定もできず、クリームがこの医学生を告発した事実を裏付ける証拠も見つけられずにいた。また別の警官は、ストランド地区のサマセット・ハウスでロンドン市民の死亡記録を保管する政府機関を訪れはしたが、ルイーザ・ハーヴェイに関する記録を見つけられぬまま、すごすごとロンドン警視庁に戻ってきた。トマス・スティーヴンソン博士は五月二三日、墓地から掘り起こしたマチルダ・クローヴァーの遺体で実施した検査の途中経過を報告し、現場は捜査のさらなる進展が求められていた。博士はストリキニーネの存在を認めた。毒殺魔はクローヴァー、ドンワース、マーシュ、シリヴェルの四名の殺害が確定し、五人目としてハーヴェイが加わると見込まれた。

こうしてクリームは、確実にアンダーソンの手中に落ちていった。クリームはウォーターズ・アンド・ブライアンという法律事務所と契約し、警察の不祥事を告発する正式な訴状を提出した。クリームは数度にわたって警察に尾行や尋問をされ、五月二六日付の書簡では、ロンドンから出ようものなら逮捕するぞと脅迫されたと代理人弁護士が「依頼人は警察からこのようなことをされる覚えが一切なく、多大な迷惑を受けたと感じております」と申し立てた。彼の薬物販売人としての営業活動にも支障をきたした。警察がこれ以上接触する場合、以降はクリームの事務弁護士が対応すると弁護団は申し渡した。

ロンドン警視庁の警視総監はこの申し立てへの対応をアンダーソン副警視総監に命じ、アンダーソンはマッキンタイアを呼んだ。マッキンタイア巡査部長は事情を説明した。バーカムステッドにいる婚約者、ローラ・サバティーニに会うためロンドンを離れたら、自分は逮捕されるのだろうかとクリームは案じている、と。「心配はいらないと話したのですが」と言って、マッキンタイアはクリームと一緒にロンドン警視庁まで徒歩で出向き、自分には移動の自由があると、彼を安心させようとした。ロンドン警視庁本部、通称ロンドン警視庁が見えるウエストミンスターブリッジを途中までわたったところで、クリームから申し立てを取り下げたいと申し出があった。どうやらマッキンタイアが自分を罠《わな》にはめようとしていると疑っているようだった。マッキンタイアが当時を振り返って語る。「クリームは私とこれ以上関わりたくなかったのでしょう。自分の味方をするわけでもなし、彼にはもう弁護士が付いているわけですから」マッキンタイアは、この事態が正式な申し立てへと進展するとは思わなかった。

アンダーソン副警視総監は、クリームが警察にいやがらせをされたと申し立てたのを、ロンドン警視庁に有利な形に持っていけないかと、いい機会を見計らっていた。このままでは、ランベスの毒殺事件の捜査は暗礁に乗り上げてしまう。そろそろ経験豊富な刑事にゼロから任せようと考えた。アンダーソンはクリームの弁護士団に接触し「警察の不祥事について、一度細かく検討してみたいのです」と持ちかけて弁護団の疑念を打ち消したあと、依頼人であるクリームの主張を聞き出そうとした。ベテラン刑事の中からジョン・ベネット・タンブリッジ警部の身辺調査が行われた。アンダーソンが面談しようとしていたタンブリッジ刑事はクリームとは面識がなく、警察が自分をどう扱おうが気にしないタイプの男だった。こうして彼は、ロンドン警視庁でランベス毒殺事件の捜査をあらたに担当する刑事となる。

タンブリッジはスコットランドヤード期待の星だった。一九歳でロンドン警視庁に採用され、四年も経たぬ間に巡査部長に昇進し、二〇代のうちに警部となった。冴えた推理は署内でもトップクラスと同僚が認める人物でもあった。「ヨタカのように用心深く、針のように鋭い」これはタンブリッジの仕事ぶりに感服した記者が述べた、彼の印象である。警官から作家に転じたジョージ・ディルノットは、「乏しい手がかりから立派な成果を挙げる」と当時を振り返り、タンブリッジが緻密な仕事をする刑事であったと述べている。だが、犯罪捜査に斬新な手段を使い、取り調べに科学的手法を導入する彼の姿勢は仲間たちから不評を買っていた。犯罪者の特定に指紋を使う提案を検討する係に任命された一八八八年、指紋を集めて比較する手順は、彼に言わせると「細かすぎて」、警察の業務では使えないという結論を下している。タンブリッジは当時四一歳、クリームと同い年だが、ずっと年下に見えた。丁寧に分け目を付けた髪、濃い口ひげの両端をキュッと上げたスタイルから、身だしなみも捜査と同様にぬかりないことがうかがえた。

タンブリッジは与えられた任務に虚心坦懐に取り組み、アーサー・コナン・ドイルが世に送り出したシャーロック・ホームズが提唱した、事実に基づく捜査法を取った。「まだデータがそろっていない。判断の根拠となるデータもなしに、やみくもに理論を立てるのは、愚の骨頂だよ」ホームズは、前年七月『ストランド・マガジン』に掲載された『ボヘミアの醜聞』でワトスンに言う。「事実に沿って理論を立てるのではなく、つい事実の方を理論に合わせてねじ曲げるようになる」L部門の刑事らは、エレン・ドンワースが自殺したと早々に決め付けたかと思うと、いきなり態度を一変し、無実の人間に殺人罪をなすりつけた。また、途方もない時間と労力を費やし、今やアリス・マーシュやエマ・シリヴェルの死と何の関係もない船乗りや魚の缶詰の製造元を探したりもした。タンブリッジは証拠のあらゆる断片を再検討すると決め、まっさらな目で事実に目を向け、犯人の人物像を発表した。すると、新聞雑誌はすぐさま「ランベスの毒殺魔」と命名した。

五月二六日の午後、タンブリッジはケニントン・レーン駅でブラナン警視の指示を仰いだ。ムルヴァニーとハーヴェイが警視にかいつまんで説明し、その後に分厚い捜査ファイルを開いて検討する。タンブリッジは実情を知る。L部門はこの期におよんで、ウォルター・ハーパーがまだ真犯人だと思っているのか。しかも、この医学生の方がクリームより怪しいと述べる捜査官もいるとは。とはいえ、タンブリッジの見立ても間違っていた。クリームはハーパーが脅迫状を送っていたという話をでっち上げ、友人のヘインズを利用して別件で取り調べをさせて時間稼ぎをした、というのが彼の見立てだった。

「ヨタカのように用心深く、針のように鋭い」
ジョン・ベネット・タンブリッジ警部補
（著者所蔵）

「ヘインズの供述が真実だとして」タンブリッジは最初に書いた報告書でこう述べた。「警察はニールにハーパーが殺人犯だと断言させていたわけです。ではなぜ彼はそんなことをしたのか？　ニールの頭がおかしいか、それとも彼が犯人のどちらかであり、ハーパー氏が犯人である可能性はまったく考えられません」タンブリッジはフレッドを見たという人物を大急ぎで探し回った。目撃者の多くが、ニールは内斜視だ、いやあれは流し目だ、「ニールはこんな変な振る舞いをする」と、口々に言う。タンブリッジはそれ以外の特徴に着目した。薬をくれた男は医者だったという、シリヴェルの証言だ。「ニールについて尋ねると、体格や年齢について、眼鏡をかけているといった特徴を述べる。もっとも大事なのは、彼が医師として認知されているかだ」

五月二九日の一一時、警察不祥事の件でお話が聞きたいと、もっともらしい理由を述べ、タンブリッジはクリームを訪ねた。彼の部屋にはサバティーニもいた。「クリームはひどく落ち着きがなく、見てすぐわかるほど震えていました」と、タンブリッジ警部は述懐する。クリームはアヘンとモルヒネを普段より多く服用し、警察の執拗な取り調べによる重圧で平静を失いかけていた。クリームが毒殺事件についての話し合いを拒むと、タンブリッジは譲歩し、実業家の仕事について尋ねた。クリームは自前のサンプルケースを取り出すと、一部の薬物について説明した。G・F・ハーヴェイ社の錠剤は「スプーンで飲む旧来の液状薬より、効き目がはるかに良くて扱いやすい」と語った。タンブリッジの視線がある瓶のところで止まる。瓶に貼ってあるラベルには、錠剤にはそれぞれ一六分の一グレイン（約〇・〇〇四グラム）のストリキニーネが配合されていると書いてあった。「この品が一般大衆の手に渡ると、とても厄介なことになりますよ」クリームは仰々しく言った。彼の顧客は「適量を自分の患者に処方する」医師や薬剤師に限定していた。

タンブリッジはクリームと一時間ほど過ごした。春の明るい日差しの下に出て、タンブリッジは腹を決めた。彼は上司ふたりに言った。「これまでの状況を鑑みた結果、現状ではニールを犯人であるという疑いがいっそう深まったことを謹んで報告します」

13 誤認逮捕

一八九二年六月

ご令息が人殺しであることを公表いたしましょう——という脅迫状を受け取ったドクター・ジョセフ・ハーパーは衝撃を受けていた。手紙が届いたのは五月、送り主であるW・H・マレーという人物は、ウォルター・ハーパーがアリス・マーシュとエマ・シリヴェルを毒殺したという「疑問の余地のない証拠」があると断言している。一五〇〇ポンドを支払えば情報の公開を控えるが、さもなければ警察に届けると、マレーは金銭を要求した。手紙には「真実が明らかになれば、貴殿や貴殿のご家族の将来は台無しになるだろう」という脅しのせりふがあった。マーシュとシリヴェルの死を報じるロイズ・ウィークリー・ニュースペーパー紙の記事の切り抜きが同封されていた。ドクター・ハーパーは、マレーの「尽力」に対し、喜んで支払うとの旨を示した広告をロンドンのデイリー・クロニクル紙に掲載するよう指示された。

マレーと名乗る人物が自分の息子に殺人者の罪を着せる書簡をロンドン警視庁にも送っていたのを、ドクター・ハーパーは知るよしもなかった。事務弁護士に相談を持ちかけても、警察に届け出る必要はないとあしらわれた。ハーパー医師はその書簡を処分することなく、二週間後に医学校から戻ってきた息子に見せた。ウォルター・ハーパーも思い当たる節がまったくないわけではなく、いったんは動揺したが、どちらとも面識はなく、しかもふたりが息を引き取った日、彼はロンドンにはいなかった。誰かが悪いいたずらをしたのだろうとウォルターは思った。W・H・マレーという名にも聞き覚えがなかった。

その後一か月以上経った六月二日、例の

テムズ川を挟んでランベスの対岸に位置する、ロンドン警視庁本部（スコットランドヤード）。1891年（著者所蔵）

書簡を確認するため、ハーパーのバーンスタープルの実家にロンドン警視庁のタンブリッジ刑事が向かった。タンブリッジがロンドンから列車でデヴォン北部の町まで来たのには、息子にかけられた口さがない言いがかりに対する父親の意見を聞きたかったからだ。まさかハーパー家が脅迫されているとは思いもしなかった。筆跡を見るや、タンブリッジは送り主が誰かわかった。「送り主は、あのニールです」タンブリッジは上司に報告した。「間違いありません」筆跡はクリームがマッキンタイア巡査部長に提出した筆跡標本と一致していた。『ボヘミアの醜聞』の導入部、手紙を受け取ったシャーロック・ホームズが確かめたのが〝透かし〟だ。タンブリッジも透かしを見た。クリームの筆跡標本と同じく、書簡はフェアフィールド・スーパーファインの便せんに書いてあった。タンブリッジはロンドンの文房具商が扱わない珍しいブランドだと気付く。アメリカで作られた便せんだった。

恐喝容疑でクリームを起訴するに足り、最高刑である終身刑を科すだけの重罪である。だが、タンブリッジは早急に動かなければならなかった。ウォルター・ヘインズは、クリームが六月四日の午後、バーカムステッドのサバティーニ一家を訪ねるという名目でロンドンを発つとの情報を得た。彼が国外に逃亡するのだけは阻止せねばと、タンブリッジは、すぐにでも逮捕状を発行するよう上司に求めた。「さもないと手遅れになります」

ロバート・アンダーソン副警視総監が今回発覚した脅迫の証拠をサー・アウグストゥス・スティーヴンソン検察局長に提出し、局長は令状の発行を許可した。内務省が通知を出した。「慎重かつ詳細にわたる捜査」を経て、アンダーソンは国務大臣に、クリームがクローヴァー、ドンワース、マーシュ、シリヴェルを殺害したのは間違いないと語った。

アンダーソンはさらに話を続けた。「クリームが犯人である道義的な証拠は十二分にあり、手を尽くしてはいるのですが、今のところ、クリームとそれぞれの犯罪を結び付ける直接的な証拠が入手できていません」ロンドン警視庁は、ランベスの事件でも切り裂きジャックと同様に、断定的な証拠と信頼できる証人がいないという問題に直面していると、アンダーソンは語った。「被害者らが属する階級が持つ特性や慣習により、ホワイトチャペルで起こった切り裂きジャックの事件と同様、如何ともしがたい問題があるため、警察も十分な対応ができません」クリームの国外逃亡を回避するため、まず恐喝容疑で起訴する。殺人についての取り調べは第一容疑者を収監したまま継続できるからだ。アンダーソンは続けざまに言った。「あの男を極刑に処すだけの証拠を固めるという希望は、まだ捨ててはいません」

＊＊＊

六月三日、午後五時半、タンブリッジはランベス・パレス・ロード103番地の下宿にいたクリームを逮捕。「誤認逮捕だ」恐喝罪の逮捕状が読み上げられると、クリームは言った。「話をもっと聞こうじゃないか」

タンブリッジはジョセフ・ハーパーに宛てた書簡の封筒を見せた。

「この手紙が起訴の根拠となっている」

「私の筆跡ではない」

タンブリッジは封筒の中から、彼がクリームの筆跡と断定した手紙を取り出した。

クリームは無言のままだった。

ポケットの中を確認したところ、総額で五ポンドにも満たない硬貨があった。

クリームは市の中心部にあるボウ・ストリート署に連行された。ロンドン初の警察隊、ボウ・ストリート・ランナーズの拠点があったことで知られる警察署だ。クリームは弁護士の接見を求めた。

「君には弁護士に電報を送る権利がある」タンブリッジは言った。「申込書類を持ってこよう」

「もう文字は書きません」マッキンタイアに筆跡のサンプルを渡したのを後悔したのだろう、クリームはそう応じた。「電報は、僕の代わりに警察が送ってください」

翌日、クリームは恐喝罪でボウ・ストリート治安判事裁判所に召喚された。保釈申請は却下され、クリームは裁判の日まで拘束されることになった。イリノイ州立刑務所を出てから三一七日後、クリームは塀の中に戻った。

捜査の今後について話し合うため、タンブリッジは検察側と打ち合わせた。ロンドン警視庁が殺人罪でクリームを立件する場合、イギリス国外での取り調べを行う必然性が生じたからだ。クリームの下宿から見つかった書類から、彼の本名と、親族がケベックシティにいることが判明した。彼が前年一〇月にニューヨークから来たのは警察も把握していたが、その前の足取りはほぼつかめていなかった。打ち合わせを終えたタンブリッジは「アメリカ合衆国とカナダに照会状を送り、過去数年（最低五年）のニールの足取りを綿密に追わねばならない」と書き残している。薬物のサンプルケースを所持していたことから、クリームは四件の毒殺事件すべてに関与している疑いがあり、ニューヨーク州のG・F・ハーヴェイ社への照会も急務とされた。

タンブリッジが六月一一日に取りまとめた報告書にはこうした記述がある。「同社から、特にクリームが提供を受けた錠剤等を入手する際には注意が必要だ。サンプルケースは一か所が空《から》で、ここにはストリキニーネを含む錠剤の瓶が本来あったと考えられる」

六月一三日、アンダーソンにタンブリッジの報告書が届いた。クリームの逮捕に続き、内務省は「本被疑者に関わるあらゆる手がかりを」追うようにとの通達を警察に出した。アンダーソンはペンを執り、報告書にメモを書き添えた。「アメリカに刑事をひとり派遣する予定」

第Ⅲ部

頼れる男

ニューヨーク市、ケベック州、オンタリオ州、
イギリス、スコットランド
一八五〇年〜一八七九年

14 フレデリック・スミス・ジャーヴィス

ニューヨーク市、ケベック州
一八九二年六月

六月下旬、フレデリック・スミス・ジャーヴィス警部補は、海路、ニューヨーク市に到着した。蒸気船アンブリア号でアメリカに着いたジャーヴィス警部補を、ニューヨークタイムズ紙は「ロンドン警視庁《スコットランドヤード》の刑事きっての切れ者」と見ていた。岳父はニューヨーク州ヨンカース在住で、アメリカには以前から足を運んでいたと報じている。だが同紙は間もなく、ジャーヴィス訪米の真の目的を知る――恐喝罪で起訴され、殺人罪の疑いもある医師の過去を追うことだった。

ジャーヴィスは六四歳、身長は六フィートを超え、押し出しの強い風貌である。「ロンドン警視庁でもっともデカい男」と揶揄する記者もいたが、デカいのは背丈にかぎったことではなかった。偽札造りの犯人から、ブライトン行きの列車の車中で起こった殺人事件の解決にいたるまで、ジャーヴィスの捜査や逮捕の逸話は錚々《そうそう》たるものだった。パトリック・マッキンタイアやジョン・ヘインズと同様、彼もフィニアン同盟の爆破事件を解決に導いたメンバーだった。一八五〇年代初期にロンドン警視庁に入庁したジャーヴィスの職歴について記した中に、「ある課題に全力を尽くして取り組んだ――犯罪の手口を徹底的に調べ上げた」とある。彼は裁判を傍聴し、刑務所に面会に行き、悪党や裏社会の人間と接触した。ジャーヴィスの刑事としての才覚はすぐさま上の者の知るところとなる。「下層階級にもなじめる粗雑な一面」と「教養と集団を率いる指導力」を兼ねそろえ、刑事として申し分のない人物――とは、ジャーヴィス警部補の信奉者の弁である。

込み入った国外捜査の担当者として、ジャーヴィスの人選は理にかなっていた。「俗事に長け、国際的視野が広い」とは、刑事仲間の弁だ。「ジャーヴィスにとってロンドンが庭なら、ニューヨークも彼の庭だ」逃亡した詐欺師を追って、ロンドンからはるばるフィラデルフィアまで行ったこともあった。重圧にさらされても落ち着いていられるのには、同僚らも舌を巻いた。殺人罪の被疑者が彼の頭にピストルを突き付けたときも、彼がゆっくりと片手で銃をつかむと、圧倒された犯人は銃を取り落とした。元警察官のジョージ・ディルノットは「たとえ地震が来ようが、ジャーヴィスは冷静さを失いはしない」と語っている。ジャーヴィスは尾行もうまく、見通しのいい場所で気配が消せた。「尾行中のミスター・ジャーヴィスに疑問の目を向けもしなかった市民のなんと多かったことか」と、ロンドンのデイリー・テレグラフ紙が報じた。だが、すでに起訴され、五人もの女性を毒殺した容疑がかけられた男の裁判後となると話は別だ。ジャーヴィスの北米での捜査活動は耳目を集め、彼が訪れた町の新聞は第一面で報じた。

ジャーヴィスはニューヨーク市警の新任署長、トマス・バーンズと面会した。バーンズは、自分なら切り裂きジャックを四八時間以内に逮捕すると豪語した男である。バーンズは援軍として刑事二名をあてがい、三人はニューヨークとブルックリン、ニュージャージー州ホーボーケンとジャージーシティの警察記録と保健当局の記録を徹底的に調べ上げた。クリームがこの地域で医師として開業していた記録はなく、過去五年で「疑わしい死亡」を記録した書類が作成されていないとジャーヴィスは報告した。はかばかしい結果が得られなかったのも、クリームについての情報がなかったからだ。彼はせいぜい数日しかニューヨークに滞在していなかった。

ジャーヴィスは北へと向かう。六月末、夜行列車に乗って国境を渡り、ケベック州に入った。ケベックシティでクリームの弟ダニエルと、父親と懇意にしていたトマス・デイヴィッドソンと会い、彼の恵まれた幼少期の細かなエピソードをいくつか聞いた。モントリオールではマギル大学関係者から、クリームが一八七六年に同校医学部を卒業した事実を確認した。続いてマギル大キャンパスから徒歩ですぐのドーチェスター・ストリート999番地で開業している、一八七六年卒業生のドクター・ヒューバート・レディを訪ねた。レディもクリームと同じくロンドンの聖トマス病院で学び、彼の逸話をいくつもジャーヴィスに聞かせた。

その晩、ホテルに戻ったジャーヴィスは取り急ぎ、その日聞いたばかりのすべてを書き付けた。モントリオール時代、クリームが下宿していた建物で起こった火災についても保険証書を取り寄せる手配をした。クリームは卒業直後、ケベック州イースタン・タウンシップスの小さな町、ウォータールー出身の若い女性と政略結婚をしていた。何より目を引いたのが、一八七〇年代末、オンタリオ州で開業していた彼の医院付近で女性の遺体が見つかった一件で逮捕騒ぎになったことだ。

放火。保険金詐欺。結婚歴。クリームはカナダでも殺人事件の容疑者だった。ロンドン警視庁がつかんでいなかった情報ばかりだ。オンタリオの殺害事件についてレディはあまり知らなかったとジャーヴィスは上司に報告したが、クリームは何らかの形で「逃げ切った」に違いないと踏んだ。ジャーヴィスはアメリカとカナダの東海岸一帯を行きつ戻りつしながら、こうした手がかりの追跡取材をすることになる。

15 有能な青年

グラスゴー、ケベックシティ
一八五〇年〜一八七二年

石造りで屋根が真鍮の建築物、銅像やモニュメント、曲がりくねった小路のどこをとっても、ケベックシティは歴史が染みわたっている街だ。一時は北米でのフランス人勢力の要所であり、セントローレンス川とその先の北米大陸の入り口として、新聞が「古都」と称する都市。市街地よりはずれたところにあるエイブラハム平原では一八世紀、この大陸の未来を決する戦いが繰り広げられた。独立戦争のさなか、アメリカ勢の侵攻をイギリス兵《レッドコート》とカナダ人民兵とで阻止した要塞が石畳の下に眠る。シャトーを模して作られた建築物や狭い小径は、フランス人開拓者が北米に移住した当時の面影を残している。カナダの旅行ガイドのはしりとされる文書には、こんな注意書きがある。「商業活動、瀟洒な建造物、最新式に改良された品々を求めて旅に出た諸兄よ、ケベックに来ることなかれ」

かつて隆盛を極めた木材の輸出業と木造帆船の造船業は、蒸気と鋼鉄の時代、すなわち産業革命期に急速な落ち込みを見せた。ジャーヴィス警部補による公式報告書によると、ケベックシティは近代社会の発展の波に乗り遅れ「北米大陸から隔絶され、片隅に追いやられていた」とある。一九世紀も残り一〇年となった当時、ケベックシティに人を呼び寄せた産業は、すでに過去のものとなっていたようだ。だがジャーヴィスは、まさにその過去を探るため、イギリスからやってきたのだ。

ケベックシティの港湾部と要塞。クリーム10歳当時
（ハーパーズ・ウィークリー、1860年8月25日号、著者所蔵）

＊＊＊

ジャーヴィスのカナダ・アメリカ出張は、トマス・ニール・クリームがロンドンのニューゲート刑務所に収監されていたころの話である。彼の父、

ウィリアム・クリームは、一八二〇年ごろアイルランドで生まれ、ベルファストで育った。国政調査員がクリーム家の記録を確認した一八四一年、一家はスコットランドに移住し、エディンバラ近郊のダルキースに住みはじめる。一八四九年六月、グラスゴー地区出身のメアリ・エルダーと結婚、一八五〇年五月二七日、ダルキースのすぐ北の町、バロニーで第一子トマスが生まれた。それから一年足らずでウィリアム・クリームは石炭から灯用ガスを生成するグラスゴー・ガス・ライト・カンパニーで集金人としての職を得たのち、夫妻は市の中心部に近いウェリントン・レーン60番地で暮らすようになる。子どもがあとふたり、ダニエルとクリスチーナが誕生したのち、一家は北米大陸のイギリス植民地に移住した。アメリカ合衆国北端の細長い土地が新国家建設に乗り出し、一八六七年にカナダ自治領が成立する。

一八五四年、クリーム一家はケベックシティに着く。この町を訪れた、かのチャールズ・ディケンズは、高さ百メートルほどの絶壁に立つ堂々たる要塞を見上げ、その下の斜面を這うように続く「麗々たる急坂や険しい小路」をひと巡りすると、「ここはアメリカのジブラルタルだ」と宣言した。人口わずか四万とはいえ、ケベックシティは交易の要所であり、軍事的には前哨基地であった。内陸部で切り出されたおびただしい数の材木が川面に浮きながらケベックに行き着き、仕分けを経てイギリスに輸出される。歴史家のアーサー・ロウアーは、その様子を「四角形に切り出された材木はすべてセントローレンス川の流れに乗り、ケベックへと向かう」と述べている。一九世紀も半ばになると建設中の船舶が次々と海岸に並び、やがて「一大造船所」が出現する。

ジャーヴィスの調査によると、ウィリアム・クリームはアラン・ギルモアの造船所に事務員として雇われ、市街地から二キロメートル半ほど川をさかのぼったところにある、ウルヴス・コーヴの木材仕分け場で働いていた。ギルモアは当時、欧米大西洋岸で手広く材木取引を展開していたグラスゴーの企業、ポロック・ギルモア・アンド・カンパニーで海洋事業のトップにいた。ギルモアら同社の経営幹部は皆、グラスゴー周辺地域の出で、海外事業の人員補充では、クラスメートや親戚、すなわち信頼できる縁故を採用していた。ウィリアム・クリームは、ケベックシティで働き口が確保できると踏んだ上でグラスゴーを出たと思われる。

ウルヴス・コーヴは高い崖の下に位置し、作業場や住居、埠頭が肩を寄せ合うように集まる町だった。人の手で選別され、船倉に積み込まれる前の大量の丸太はダムフェンスで覆われて、川のはるか先まで続いている。さまざまな建造段階にある新造船が川べりの造船台に並ぶ。クリーム家は社宅の一軒に引っ越した。タールと切ったばかりの木のにおい、絶え間なく聞こえる槌《つち》の音、木材をさばくいかだ師の大声。高くそびえる船や木材の裏で、トマスは一六歳まで過ごす。

ウィリアム・クリームは、千人ほどの造船工や港湾労働者をまとめる現場監督に昇進した。加工場から木材を輸出する担当者も兼務していた。ギルモア社が所有する船が座礁し、海上で消息を絶つと、ウィリアムが船の残骸を拾いに出た。船長や海外の顧客、政府関係者との間で揉め事が起こっても、ウィリアムは木材をせっせとさばいた。次の不況と北大西洋を直撃する嵐に備えるのは、好調な業績と破産との頃合いを図ることなのかもしれない。とある同業者が嘆く。「木材業に人が集まるのは絶望によるもので、そのままこの業界に残るのは、きっと頭がおかしいからに違いない」

クリームの技量は競合の輸出業者の目に留まった。やはりグラスゴーからの移民、ジェイムズ・マクラレンは「熱意ある賢い商人」で、オタワ川沿いで木材業と製材業の一大拠点を築こうとしていた。このふたりが出会ったのが一八六五年、マクラレンがギルモア社と木材販売契約を結んだときだった。イギリスの買い付け担当者との直接取引を任せてくれれば売上増に貢献しますよと持ちかけ、ウィリアム・クリームはマクラレンのケベックシティ駐在代理人となる。だがふたりの関係は決して良好ではなかった。クリームは強情で感情を激しやすく、マクラレンから不当な扱いを受けると怒りをあらわにした。提携した事業をめぐって紛争中、カッとなったクリームはマクラレンにこのような手紙を送っている。「先般の書状で私を使用人扱いしているが、貴殿の使用人になった覚えはさらさらない」

クリームは川べりのドックにごく近いケベックシティの金融街、セントピーター・ストリート28番地にあるジェイムズ・マクラレン・アンド・カンパニーの事務所で、事務系の社員をまとめる立場にあった。この事務所は本来、彼が家族と夏期休暇を過ごすつもりで手に入れた家で、対岸のインディアン・コーヴ・ウエストにあるマクラレン社の木材置き場との間を一日に何度も行き来していた。同社からかなりの給与を得ており、勤務先の木材流通業が歩合制だったため、資産をよく投資していた。ウィリアム・クリームはケベックシティでも裕福な商人の仲間入りをしつつあった。

＊＊＊

ケベックシティはフランス語が定着した町ではあるが、政府の文書やビジネスでは英語が公用語だった。一八六〇年代、住民の四〇パーセントがイギリスにルーツがあるか、イギリスからの移民第一世代であり、イギリス系カナダ人が社会の中枢を担い、フランス系カナダ人の大半が第二級市民の座に甘んじていた。民族の分断は都市の配置を見るとよくわかる。英語が第一言語の官僚、商人、法律家、医師はオートヴィルと呼ばれる地域か、郊外の快適な住宅地に住んでいた。フランス系やアイルランド系カトリック教徒の職人や労働者の住居は、旧市街でも造船所と境を接するバースヴィルに集中していた。「押しの強い荒くれ者で馬のように働き……仲間同士で酒を酌《く》み交わし、けんかをする」港湾労働者や材木のいかだ師は、酒場や娼館に足繁く通った。乗組員が足りないと、商船主はクリンプと呼ばれる荒手の斡旋業者を雇い、波止場や宿泊所で船に乗ってくれそうな水夫を探した――場合によっては銃を突き付けて脅したりもした。

ウィリアム・クリームがギルモア社をやめてマクラレン社に転職すると、家族全員で引っ越しすることになった。混沌としたウルヴス・コーヴを離れ、住民の四人中三人が英語を話す、郊外のセントルイスに新居を見つける。トマスが一七歳だった一八六七年の住民登録簿によると、クリーム家の住所はアルティニー通り26番地、オートヴィルから続く坂のてっぺんに位置していた。

トマスはそのころ六人きょうだいの長男だった。アイルランド人の若い女性が住み込みのメイドとして同居していた。

トマスの父は熱心に教会に通い、時間も金もふんだんにつぎ込んだ。アイルランドから来たばかりの移民を支援する目的でアイルランド系プロテスタント慈善教会が設立された一八五九年、ウィリアム・クリームは創設メンバーとなり、財務委員会に所属した。彼は熱心な長老派信者であり、家族ぐるみの付き合いがあった事業家、トマス・デイヴィッドソンによると「信心深く」、神の教えを子どもたちに少しずつ伝えていったという。主は「生涯にわたって私に食べ物を与え、お導きくださる」と説き、子どもたちが「一生にわたって主にお仕えするよう」祈った。長老派はジョン・カルヴァンとジョン・ノックスの教えを守り、罪人は生まれながらにして罪人であり、善人が罪人になることはないと信じていた。人が内心の罪に打ち勝ち、主の赦《ゆる》しと救いを得るには、自制心と慎みを持つしかない。クリーム家の子どもたちが守っていたとされる、堅く厳しい教えだった。デイヴィッドソンはのちに「(クリームの)子どもたちは皆上品で高潔であり……教会や日曜学校のほか、人格を高めるあらゆる集まりには熱心に通っていた」と語っている。ケベックシティーでも高い塔があることで知られるチャルマーズ教会の、ネオゴシック様式の石壁の中で、クリーム家は信仰を深めていった。

少年期のトマスにまつわる逸話から、ウィリアム・クリームの宗教に対する厳格な姿勢と、キリスト教徒らしからぬ振る舞いをする人たちに寛容ではいられなかった性格がうかがえる。一八六六年五月、「聖歌隊に満足できなかった」のを理由にウィリアムがチャルマーズ教会を退会したという記録が、同教会のアーカイブに残っている。トマスの歌声は良かったのだが、彼の父親は、息子の聖歌隊での扱いに不満を抱いていたようだ。一家は長老派から、会衆派教会に移った。ウィリアム・クリームがシャルマーズ教会の信徒に復帰するのは、それから十四年以上経ってからのことだった。

ウルヴス・コーヴのギルモア社木材仕分け場。クリームは10代までここで過ごし、学校に通った（マッコード美術館／N-0000.193.200.2）

　トマスは初等教育をウルヴス・コーヴで受け、ギルモア社が従業員の子弟向けに運営する学校に通った。長老派の信徒は教育の重要性を強く信じていた。字がわかり、聖書が読めることが人としての救いに欠かせず、教会の伝道活動が促されるとみなされていた。クリーム家がまだチャルマーズ教会に通っていたころ、トマスは一〇代から日曜学校で教える立場にあった。長老派が教育を重んじるのなら、彼が信徒の中で信頼され、責任のある役目を担うメンバーと認められるのも当然だろう。トマスは父親の理想にかなう、高い基準を満たした息子だったと思われる――トマス・クリームは「不面目なことを一切しない」若者だと、トマス・デイヴィッドソンは信頼を置いていた。

＊＊＊

トマス・クリームが生きた時代は、人の命が当たり前のように突然奪われていた。病、感染症、衛生設備の不備により、特に年少者の死が目立つ。一九世紀半ばのモントリオールでは、五人中三人の子どもが五歳の誕生日を迎えられず、カナダ国内の平均寿命は四二歳だった。「一九世紀の家族が安全な今の時代と違うのは、病や死が身近にあったことだ」と、ある歴史家が百年後に語っている。「死はたいてい、無慈悲なほどあっけなくやってくるものと覚悟することが必要だ」

クリーム家も例外ではなかった。妹のクリスチーナがグラスゴーで生まれ、船でカナダに渡る直前に亡くなったとき、トマスはまだ五歳だった。クリスチーナは一歳になったばかりで、死因は「生歯熱」〔乳歯が生えるときの発熱症状〕と記録された。一八六一年二月、もうひとりの妹、ハンナが肺感染症になり、生後一〇か月で命を落とした。続いて母親が体調を崩した。おそらく産後の合併症と思われる――メアリ・クリームは一八六七年、四二歳で八度目の出産を終えていた。トマスにとって大きな衝撃だった。「長きにわたる母親の闘病中、母を愛し、案じた彼は、病状が改善されるなら、どんなことでもやる覚悟でいました」と、トマスの恩師のひとりが語っている。一八七〇年一月一七日、雪まじりの雨が降る憂鬱な冬の日、母は事切れた。トマスはあと四か月で二〇歳の誕生日を迎えるところだった。二日後の午後二時、取り急ぎ掲載された新聞広告を見た友人たちがアルティニー通りのクリーム家に集まり、葬列に加わった。

そのころトマスは、ケベックシティの北を流れるサン・シャルル川のほとり、サン・ロック近郊にあるボールドウィン造船所で事務員として働いていた。ウィリアム・H・ボールドウィンはスコットランド移民三世の造船会社経営者で、ウィリアム・クリームと親しく、彼の就職先を斡旋したのは彼に違いない。ボールドウィンといとこのペーターはケベックでも屈指の忙しい職場で知られる造船所を切り盛りし、四百人ほどの社員を抱えていた。トマスは秘書を務めながら、帳簿付けと時間給で働く従業員の出退勤を記録する立場にあった。社員は午前六時には出勤するため、トマスはいつも、まだ夜も明けきらぬうちに家を出て、二五分歩いて造船所に通っていた。大型船は完成まで最低六か月を要し、春に出航できるようにと作業の大半が冬場に行われていた。たとえ厳冬であっても。ケベックの造船所労働者の多くがフレンチ・カナディアンだったため、トマスは英語と仏語の両方が達者だったのだろう。

トマスはボールドウィン家のふたりから高い評価を得ていた。「申し分のない青年で、しかも敬虔なキリスト教徒だ」というのが、ウィリアム・ボールドウィンのトマス評である。一八七〇年以降はピーター・ボールドウィンが経営を引き継いだが、彼もトマスの働きぶりを「誠実で冷静、目配りが利き、全面的に信頼できるため、どこを取っても不満はない」と好意的に評価している。

＊＊＊

この時期、大きな災害に見舞われる。一八七〇年五月、大火がサン・ロック一帯を襲い、ボールドウィン造船所は大半を消失した。この大火はケベックシティの造船業全体に深刻な打撃を与えた。イギリスの造船所は数年前から鋼鉄製船舶の製造を開始し、ケベックの造船所は近代化に追われていた。ボールドウィン造船所は船梁や他の構造物に鉄を採用した船をいち早く設計し、強靱な船舶、すなわち「木鉄交造船」の製造に乗り出したところだった。あるジャーナリストは語る。こうした船舶は木造船より耐久性に優れ、「造船工学において、ケベックは世界と肩を並べる存在になれると立証することになるだろう」と。だが、ボールドウィンが作りかけていた試作品は火災で失われた。

ボールドウィンは造船所を再建し、火災前よりも多くの船を建造したが、その設計はすべて旧来の木造構造だった。地元の造船技師は木鉄交造船や鉄船の製造にあえて挑戦しなかった。蒸気船や鋼鉄製の船体は将来性があったが、ケベックの造船所は依然として、需要が減るばかりの木造船を作り続けたのだ。イギリスの木材市場も崩壊しつつあり、ケベックシティの経済にさらなる打撃を与えた。サン・ペテール通りの実業家らは新事業に着手する。トマスの父親もそのひとりだった。ウィリアム・クリームはセメント製造業に乗り出し、陶器工房を買収して、銀行や保険会社に投資した。

トマスは斜陽産業から抜け出そうと必死だったようだ。大火から一年ほど、ボールドウィン社での勤務を続けた。そして一八七一年、彼はモントリオール北西部のラシュートで長老派の牧師が開いた私立学校に通うことになった。ラシュート・アカデミーは、パブリックスクールの基礎科目を終えた上級生たちに高等教育を教える場だった。ラテン語やギリシャ語、哲学、数学、化学と、意欲的なカリキュラムを組んでいた。生徒の半数以上が一六歳以上で、二〇歳を過ぎていたトマスも疎外感を抱かずに済んだ。この学校は卒業生に多大な期待をかけていた。元校長が自慢げに語る。「アカデミーの薫陶を受けた結果人生のスタートを切る上で頼りになるに違いない級友と出会い、その後の成功の多くはアカデミーで受けた講義に帰するものである」

トマスはある講師の自宅に下宿していた。この講師は彼の性格と可能性を高く買った。トマスは「規律正しく真面目で思いやりがあり、彼を悪く言う者はいない」と、ジェイムズ・エムシルが当時を振り返って語っている。エムシルは教室以外での彼の素行も好ましい印象を抱いていた。「品行は実直で礼儀正しく、教会へは必ず顔を出し、特に級友に接する様は素晴らしかった」

最終的には医学の道に進みたいと、トマスは父に語った。なぜ医療だったんです？　トマス・デイヴィッドソンへの聞き取り調査で、ジャーヴィス警部補は訊いた。デイヴィッドソンが知るかぎり、トマスはある時期から「医師になる夢を語るようになった」という。医師という職業は、裕福で尊敬される一家の長男にふさわしかった。母親が長く病床に伏せっていたとき、幼い妹を続けて失った無力感が、病から人を助けたい、治療したいという思いに火を付けたのかもしれない。一八七二年、トマスはマギル大学医学部への入学を許可される。

同年秋、トマス・クリームはモントリオールに向かった。家族ぐるみの付き合いがあったもうひとりの人物、ジェイムズ・ロバートソンが、当時のクリームをこう評している。「世界に名を残す運命のもとに生まれた、希有な才能を持つ青年でした」

16

血気盛んな医学生

モントリオール

一八七二年〜一八七六年

一八七五年秋、墓荒らしで逮捕された級友を支援しようと、モントリオール裁判所でマギル大学医学部有志が蜂起した。事件そのものは軽微だったが罰金が課されたため、学生らは、カンパはここに入れてくれと帽子を回して支援金を募った。有罪となった学生を大勢で担ぎ上げ、町じゅうを練り歩く彼らの様子を、モントリオールのデイリー・ウィットネス紙は「墓荒らしの張本人を担ぎ上げ、勝利の歌を放吟しつつ行進する」との記事を載せた。

裁判所での騒動直後、解剖用の遺体が不足し、医学生の手術実習ができなくなったという釈明記事がマギル大の校内新聞に載った。イギリスの医学校では一日三体の遺体で解剖実習が行われていたが、マギル大では当時、解剖用の遺体が学期の終わりまでほとんど手に入らなかった。外科医の実習では解剖学の知識が不可欠であり、そのためには本物の遺体が是非とも必要だった。墓荒らしに参加した医学生は言う。「生きた患者の手術で失態を演じるより、死体を解剖して腕を磨く方がましだ」と。だが、病院や精神病院、監獄、その他公的機関で引き取り手のいない遺体を医学校に寄贈するよう定める法律がケベックに導入されるまで、あと一〇年を要することになる。そうこうする間に、マギル大で解剖学講師を務めるフランシス・シェパードは闇市場に出向き、一体五〇ドルで遺体を買っては大学に運ばせていた。マギル大の生徒も含めた墓荒らしたちは「死体泥棒」を自称し、盗んだ遺体を売って数ドル程度の金を稼ぎ、死体へのゆがんだ情熱を満たしていた。シェパードが後日述べているが、クリームが医学部に入学した年、「解剖用の遺体はほぼすべて」、意欲的な医学生や一般の墓荒らしから「違法に入手したものだった」という。

＊＊＊

一八七二年、湿度が高く寒々とした一〇月の朝、マギル大学で医師として学ぼうとする新入生が集まった。彼らに間もなく調剤技術を教えることになる、ウィリアム・ライト教授が医師の将来像について語っている。冒頭はこんな感じだ。「はじめて学び舎に足を踏み入れた今日、この日の朝が、諸君らの人生のカレンダーに赤い文字で刻まれんことを願う」

この日はマギル大医学部棟が正式に開館し、大学側にとっても記念すべき日だった。二階建て校舎には解剖模型や標本が博物館のように並び、衛生面を考慮して床に鉛を敷き詰めた研究室や解剖室がある。クリームと同じ一八七二年秋入学者は一五四名。彼らは四年間のプログラムを履修した。ライト教授は、これから病人や死人を相手にすることになる新入生たちを奮起させるスピーチをした。教授いわく、医学の学位は「人生に付きまとうさまざまな災難を制圧する力を医学生に与える」ものであり、君たちは「生と死の狭間」に立つのだから「神のごとく」振る舞うようにと求めた。

モントリオールに来たこのとき、クリームは二二歳。セントローレンス川の中州に位置するモントリオール市の人口は一一万人と、クリームの故郷の倍にあたる。幅のある道路に広々とした店舗、そして「上品で新しい建物」が建ち並び、ここでの生活をはじめようとするクリームの目に、モントリオールは「堅実で進歩的な」都市と映っただろう。ケベックシティと同様、英語を話す裕福な知識階級がゴールデン・スクエア・マイルと呼ばれる邸宅街に居住し、住民の過半数を占めるフレンチ・カナディアンを支配していた。マギル大学は医学部だけが本部のキャンパスから離れ、モントリオールという町の名の由来となったモン・ロワイヤルという山のふもとから他学部を見おろす場所にある。カナダ初の医学部であり、マギル大の看板学部でもあった。クリームが大学に入学した当時、医学は、科学を教養《アート》とみなしていた古代から、科学の専門性を追究する現代社会へと移行する時期に差しかかっていた。イギリス人外科医のジョセフ・リスターは、手術中に殺菌剤を使った先駆的存在である。フランス人の著名な科学者、ルイ・パスツールは、バクテリアが疾病や感染症の原因であることを立証した。クロロホルムは一八四七年当初、患者を手術時の疼痛から解放するため、ブランデーやエーテルに代わる麻酔薬として使われた。

だが、使い慣れた麻酔薬からの切り替えはなかなか難しかった。医師の多くが、大気中の腐敗物質が感染症や病原菌を広めるという説を支持し、目に見えない微生物が原因で一命を落とすこともあるという説を鼻で笑っていた。エディンバラで医学を学びはじめた一八七〇年代、アーサー・コナン・ドイルは病原菌説を退け、リスターの殺菌剤を使った術式を「一過性の流行りものに過ぎない」と一笑に付す懐疑論者と議論を戦わせた。ドイルの記憶によると、ベテラン医師らはクロロホルムを「危険な技術進歩」とし、聴診器は半世紀もの間、「目新しいだけのフランスのおもちゃ」と呼ばれていた。一八七〇年代とは、医師の多くが瀉血《しゃけつ》では病気の本質を放出できないとの認識を持っていても、薬剤師が倉庫に瓶詰めのヒルを在庫していた時代である。

コナン・ドイルが出会った頭の古い医師もそうだが、マギル大学も時代から取り残されていた。手術の講師で、モントリオール一の名外科医とうたわれたジョージ・フェンウィックは、手術中に血液が飛び散った黒のフロックコートをそのまま着ていた。メスや手術器具の洗浄や消毒など誰も考えはしなかった。フランシス・シェパードは「少しでもきれいなメスを使うと、不思議なことに、どんな症状も改善する」と断言した。だが、シェパードに倣《なら》う者はごく少数だった。術前感染症の致死率が高いため、外科医らは開腹して腫瘍を切除する手術を拒み、盲腸破裂にいたっては、にべもなく退けた。複雑骨折や切断手術は死を宣告されたも同然の扱いだった。シェパードが過去を振り返って言う。マギルの医学生は生きた人間にメスを入れる日に備え、解剖用遺体の四肢や筋肉を詳細に検分しているが、内臓や脳は滅多に解剖しない――手術することがない臓器で練習する必要がないからだ。

クリームや同級生は解剖実習を見学し、講師から説明を聞くことはあっても、実際に手を動かしたことはなかった。講師陣は実技を伴う講義を好み、資料は教科書から、それこそ一言一句変えずに転用していた。学生らは講師の指導を受けずに解剖実習を行っていた。モントリオール総合病院の回診に同行することがあっても、患者の診察や治療は許されていなかった。外科手術は最後の治療手段であるため、医学生が見学できるのはせいぜい月に三度の大手術ぐらいだ。クリームは、担当の助産師による分娩を一、二回見学すれば産科学を修了できた。外科医が鉗子《かんし》を使うのを見たこともなければ、出産の手伝いもせず卒業する医学生が多かった。

出産はまさに人の生死を左右する、神のような行為が求められる場だとクリームは実感する。産科学の講義では、人工中絶の時期と術式について学んだ。クリームはのちに「中絶はときに母胎を守る上で必要な処置だ」と語っている。分娩学の担当教授は、中絶の理由が事故が、それとも疾病によるものかを判断する基準を生徒たちに伝授した。意図的に中絶を「引き起こす」行為が犯罪とみなされることがあるのも、そのときに教えた。犯罪を医学の見地からとらえた当時最先端の科学分野である法医学の講座では、死因が自然死か、殺されたのかを判定する方法や、もう一歩踏み込んで、首を吊ると人が死にいたるプロセスを学んだ。別の教授からは、クロロホルムは適量を投与すれば手術時の麻酔薬として効力を発するが、大量に投与すると致命的である「諸刃の剣」だと教わった。その教授によると、希釈していないクロロホルムを無理やり嗅がされると心停止ですぐに死ぬという。医師の多くが自分で調薬するため、ライト教授は薬草や化学物質、アヘンなどの麻薬の使い方を実地で教えた。クリームは、処方薬の多くにストリキニーネや砒素などの毒物が少量添加されていることを知った。治療《ヒール》には必須の知識だった。人殺し《キル》の知識としても。

医学生は血を見ても驚かなくなり、死臭にも慣れていく。病院勤務の外科医が使う旧式の手術台は、何人もの患者を載せてきたため、木製の天板は黒く変色していた。ある医学生の回顧録によると、手術台の下は「血に染まり、異臭を放つ」ありさまだったという。遺体の内臓をかき出し、その奥にある筋肉を露出させるといういやな役目を誰が引き受けるかをめぐって、解剖実習室では学生たちがコインを投げて決めていた。その一方で、地元の墓地で墓を暴き、遺体を持ち逃げするグループへの参加を熱望する学生もいた。クリームがこうした夜の採掘活動に参加した記録はないが、解剖実習に並ぶ遺体がどこから来たのかは知っていただろうし、墓を暴いたクラスメートが誰かは察しが付いていたはずだ。大学側も墓場から持ってきた遺体での解剖を黙認したため、学生たちは出所を突き止めることなく、「イキのいい素材がふんだんにある」解剖を心待ちにしていた。

死が隣り合わせのこんな大学生活を謳歌する学生もいた。一八七四年にクリームの同級生が語っている。「医学部の校風とカリキュラムには何ともいえぬ魅力があり、学生たちははしかにかかったかのように、次々とそのとりこになった。血気盛んな若者たちは、その内なる野生を」放出した。

マギル大学在学中、クリームは人生ではじめてひとり暮らしを体験した。大学には寮がなかった。ジャーヴィスがロンドン警視庁の上司に送った報告書によると、医学生は「望めばどこにでも住めた」とある。彼がクリームの学生時代を調べたところ、マギル大学の医学生は「私生活はほぼ野放し」だったという。うんざりするほど講義ノートを書き、教科書を読むことに精根を傾けていた学生たちにも、キャンパスからのんびり二十分も歩けばモントリオールの赤線地帯があり、そこには酒場や娼館があった。学内紙マギル・ガゼットの論説欄に、学生の居住施設を学内に作るべきだとの記事が載った。「良識ある紳士なら、わが国最大の都市にある大学で学ぶ息子を信頼しているはずだ」と述べ、さらに「令息の生活に制約がないのも同然なのをご存じなら」彼はきっと「あらゆる誘惑にさらされているだろう」と忠告している。

一八七〇年代、マギル大学には三五〇名の学生が在学していたが、ほぼ半数が医学部で、全員が男性だった。女子学生の入学が認められるのは、これから一〇年後のことである。学生生活は、文学愛好会やスノーシューを履いてスキーのように雪上を走る人気クラブのメンバーのほか、フットボールやホッケーなどの大学代表チームの部員を中心に回っている。音楽好きはグリークラブに入って慈善コンサートのステージに上り、マギル・ガゼットは「歌の精神が……当校の学生諸君に浸透すること」を望んでいた。クリームもグリークラブの一員だったかもしれない――美声の持ち主で、一八七六年一月、同大文学愛好会主催のディナーの席で歌うよう誘われている。

一八七六年に入学した新入生向け研修の場で、ライト教授は喫煙や飲酒など「悪い習慣の罠」に陥らないよう警告した。「頼むから酔いどれ医者にはなるな」と。クリームは、ライト教授が戒めた誘惑のひとつに耽溺する――最初は細長いクレイパイプを愛好し、その後は嚙みタバコに替えた。ご多分に漏れず、彼も同級生と同じく大酒飲みだった。ハーパーズ・マガジンによると、当時の医学生は「血の気が多くて手に負えず、夜遊びからなかなか抜け出せない」との評判だった。モントリオールのレストランで飲酒を伴うディナーが終わると、酔っ払ったマギル大学の学生が通りに繰り出し、警察と衝突することがままあった。

クリームは、キャンパスから数ブロック南のマンスフィールド・ストリート106番地で部屋を貸していた音楽教師、ジェーン・ポーター宅に下宿先を決めた。彼はマギル大学在学中の四年間をそこで暮らした。下宿には銀行員や鉄道会社の事務員などが入れ替わり立ち替わり入居したが、クリームと同じく長期間居住したのが、メアリ・ブラックウッドという未亡人だ。「クリームは常に紳士らしく振る舞っていました」ポーターを訪ねたジャーヴィスに、彼女はこう証言した。だが、同級生や教授連はクリームの別の顔を知っていた――裕福さを鼻にかけ、素行が悪い若者、という一面を。クリームの一学年下にあたるジェイムズ・ベルと、一八七四年入学組のウォルター・サザーランドは、クリームはなるべく接触を避けたい要注意人物とみなしていた。「このふたりは、できることならクリームと会わせたくはなかった」と、ジャーヴィスは報告書に記している。「クリームの態度が気に入らなかったからだ」と、理由を添えて。クリームのどんな態度がふたりの神経を逆なでしたのか、ベルとサザーランドはその理由を述べず、大学の管理者も、マギル大学在学中のクリームの素行について、どこからも苦情を受け取ってはいないのをジャーヴィスは確認している。だが、クリームは浪費家で享楽的だという、悪い評判はあった。医学部で化学を教えていたロバート・クライクの記憶に残るクリームは、「いささか乱暴で、衣服や宝石をこれ見よがしに見せつけるのを好む」学生だった。

医学生は進級前の四月上旬から九月下旬まで半年間の休暇を取り、その間に地元病院の選択科目を受講して、疾病や治療についての知識を深めることになっていた。クリームはケベックシティに戻り、父の下で働くことを選んだ。大学二年生になった一八七四年三月、父ウィリアム・クリームは再婚した。ケベックシティの会計士の令嬢、エリザベス・ハーブゾンは、新しい夫より一四歳年下だった。新しい母はクリームにとって、まさに理想の存在だった。彼が父の結婚をどう受け止め、継母とどのような関係にあったかは不明である。

弟のダニエル・クリームによると、父が当時、高所得の仕事を与えたため、彼は「冬に復学した際には十分な資金があった」という――金のかかる趣味にふける上で必要な資金である。マギル大学在学中に写真スタジオでポーズを取り、モントリオールの著名な写真家で、自称「女王御用達フォトグラファー」として、当時の政治家、実業家、セレブリティを顧客にしていたウィリアム・ノットマンに撮影を頼んでいた。このころ撮影代として最低でも四シリングを払っていた。よそ行きの外套にシルクハット、のりの効いた襟、縞模様のクラヴァット〔幅広のネクタイ〕に飾りピンをあしらった装いの写真が残っている。別の写真ではその外套を脱いでベストとシャツだけでくつろぎ、腰から懐中時計をぶらさげ、片手にクレイパイプ、もう一方の手にはマギル大学の学生新聞を持ってポーズを取っている。分厚い毛皮のコートをまとって柱に寄りかかり、右手をボタンの間に入れてナポレオンを気取ったポーズの写真もある。高価な衣服ばかりだ。一八七四年、トマスはマンスフィールド・ストリートの自室に掛けた保険金を引き出した。モントリオールのコマーシャル・ユニオン・インシュアランス・カンパニーは、彼の衣類と私物を保険料の上限、一〇〇〇カナダドル（現在の米ドルに換算して一万八〇〇〇ドル）と評価した。

クリームは当時まだ二〇代半ばだったが、写真を見ると茶色の髪は中央にひと房を残し、こめかみの上まで後退している。太い眉と浅黒い肌、灰色の瞳で、ますます印象がきつくなる。顔の造作で印象的なのは、四角くてがっしりとしており、うっすらと割れているあごだ。肩幅が狭いせいもあって、体の割に頭が少し大きく見える。「大柄でがっしりとした体型、豊かな顔と額……えらが張り、頤《おとがい》がしっかりしている」と、お世辞にも褒めているとは言えない書きぶりである。身長は一七五センチメートルほど、体重およそ八二キログラム、ブーツ購入時にはサイズ九（二七・五センチメートル）がほしいと本人が語っている。クリームは口ひげを蓄えるようになり、マギル大学在学中の四年間でひげの幅は広く、濃くなり、一時期は両端を上に上げたカイゼルひげに整えていた。二六歳になると、とび色を帯びたもみあげを長く伸ばし、濃いひげとつなげ、あごの割れた部分だけを剃る、マトンチョップというスタイルにも挑戦していた。この新しいスタイルを取り入れたおかげで、本人が気にしていたあごや顔の大きさが目立たなくなった。

1874年、パイプとマギル大学の学生新聞を手に、ノットマン写真スタジオでポーズを取るクリーム（マッコード美術館／I-99946.1）

見た目が変わると性格も変わる。ラシュート・アカデミーでジェイムズ・エルシルが教えていた心根の優しい少年の面影も、日曜学校で教師を務めていたころの敬虔なクリスチャンの姿も、故郷での雇用主、ウィリアム・ボールドウィンを感心させた青年の名残も消えつつあった。横柄で粗野で自分勝手な、浪費癖のある青年がそこにいた。見た目に対するうぬぼれが強いわりに、放埒で女に手が早い、知り合いにはなりたくないないなど、人が見た自分の印象には無頓着だった。ライト教授は口を酸っぱくして言い続けた。マギル大の未来の医師諸君、模範的な生活を送りたまえ。「温和で優しく、にこやかに」振る舞い、「子どもじみた乱暴狼藉」は慎め――と。クリームは恩師の助言を忘れてしまったのか、それとも聞く耳を持たなくなったのか。

＊＊＊

三月三一日の午後三時、マギル大学本部校舎棟西側にあるウィリアム・モリソン・ホールで、一八七六年入学組の卒業式がはじまった。ホールの外では、この冬積もった雪の名残が溶けつつあり、ホールの中は受験生がひしめき合い、息が詰まりそうなほど暑かった。クリームは「気障ったらしい乱暴者」だったと述べた化学講師のロバート・クライクを従え、ジョン・ウィリアム・ドーソン校長が卒業生に学位を授与した。有名な地理学者で、医学部では植物学を教えていたドーソンは、卒業生ひとり一人に助言と励ましの言葉をかけていった。クリームほか三三名の卒業生は、MD、CM――医学士および外科学修士号――を名前に付することが認められた。

式のあとには祝辞が続いた。法学部のジョン・S・アーチボルト講師は「自らが選んだ職業を最大限高められるよう、全身全霊を捧げるように」と訓辞をした。フレデリック・W・トランス判事は「医師という専門職では、何より潔白であることを目指すようであってほしい」と述べた。

マギル大学医学部1876年入学組の卒業生。クリームは写真中央2列目、ひざを付いて写っている（マギル大学文書館／PL007815）

法律家は世間が向ける冷たい目にもめげずに働くものだが、医師は「詮索する世間の目から逃れ」、神のみがその行為を見守り、判断を下す「病室という閉ざされた場」で責務を全うする。判事は念を押すように述べた。「諸君らの患者はすべてを君たちにゆだね、彼らの運命は何もかもすべて、君たちの手にかかっている」と。

間もなくクリームは医師として、生と死を支配する力を振るう立場になった。外科学、解剖学、産婦人科、衛生学と複数の教科で、筆記試験と口述試験の両方の最終試験で合格した。ある試験では「毒物が致死性の効力を発するメカニズム」や「毒物が細胞組織におよぼす影響」について答えた。卒業生はそれぞれ医学がテーマの論文を作成し、級友たちや教授らの反論に立ち向かい、論文の正当性を立証する。クリームの論文は論破されてしまった。彼はクロロホルムをテーマに選んだが、過去に講義で取り上げた問題を掘り下げ、不適切な扱いや濃度が高すぎると致死性の薬効がみられる可能性に触れたようだ。卒業生は各自ラテン語で「慎重、公正、かつ優れた知識をもって医療を施し、病人の健康や健全な精神については常に誠意をもって処置する」と宣誓した。クリームは医学部の大きな革張りの登記簿に自ら署名した。クラスの集合写真では、クリームは画面中央で膝を付き、彼の前で腰を低くしているオンタリオ州出身の医学生、スティーヴン・ロビンソンの肩に右腕を回してポーズを取っている。身じろぎもせず、もったいぶった顔、愁いに満ちた顔で長い露出時間が終わるのを待ち続ける未来の医師たち。クリームは満足げに写真におさまっていた。

17 フローラ・エリザ・ブルックス

ケベック州ウォータールー
一八七六年

傍目《はため》には良い縁談だった。花婿はケベックシティの裕福で立派な商家の息子で、間もなく医師の免許を取得する。花嫁はウォータールーの目抜き通りに位置する、フランス第二帝政期に建てられたさび色のレンガ造り、四階建ての村一番のホテル、ブルックス・ハウスのオーナー、ライマン・ブルックスの令嬢。ブルックスは、ホテル業に乗り出す前は酒場と商店を経営し、この地域の郵便局長を二十年ほど務めるなど、近隣住民や旅行客と毎日のように接する仕事を続けてきた。初対面の人々とも会う機会が多く、ブルックスには人を見る目があった。一八七六年春、娘のフローラ・エリザに言い寄ってきた若者、トマス・ニール・クリームに疑念や懸念を抱いても、なかなか人には言い出せなかったのかもしれない。

モントリオールから一〇キロメートル弱東にあるウォータールーは、クリームの過去を調査するジャーヴィスが次に向かった場所だった。眠りに落ちた巨大な獣の背のごとく、氷河をまといそびえ立つ山々。その手前に位置する湖畔の村は、モントリオール発の列車が最初に停まり、イースタン・タウンシップと呼ばれる地域の入り口にあたる。「このあたりはカナダでも風光明媚で、おそらく北米大陸随一だろう」と、ある旅行ガイドが述べたとおり、農場と湖と森林地帯が織り成す田園風景は「まさにイギリスそのもの」だった。独立戦争時、親英派の入植者やロイヤリストはアメリカからカナダへと逃れた。アメリカ合衆国バーモント州から国境を越え、ケベック側に少し入ったところにあるウォータールーは、ナポレオンの運命を決めた戦場にちなんで名付けられた場所で、そもそもはフランス語話者の居住地だったが、ロイヤリストがイギリス人の拠点であると宣言した。人口わずか二五〇〇人の村、ウォータールー・アカデミー校長のサイルス・トマスは、一八七七年発行の郷土史で自慢げにこう記している。「ウォータールーを訪ねる旅人は、都市のような優美な雰囲気と、価値ある公共建築や私邸がいくつもあることに圧倒される」

一八七六年初旬、友人を訪ねてモントリオールに滞在中だったフローラ・ブルックスは、クリームとはじめて会った。彼女は二三歳、クリームは五月に二六歳になるところだった。男性のクリームがフローラと目を合わせ、フローラがその視線に応じる。それがヴィクトリア期、男女

ケベック州ウォータールーでクリームの義父が経営するブルックス・ハウス（著者所蔵）

が交際にいたる際の決まりごとだった。若い女性に求婚した男性は彼女の自宅に招待され、ふたりきりで会うときは家族が最低一名立ち会うことになっていた。家の外に出る際には付添人を伴うが、多少機転の利く恋人同士なら、お目付役の目を盗んで外出し、ふたりだけの時間を楽しんだりもした。ライマン・ブルックスの回想によると、数か月が過ぎるころ、クリームはウォータールーで「フローラと逢瀬を重ね、周囲も婚約するものと見なしていた」という。クリームはブルックス・ハウスの常連となり、彼がモントリオールに戻ってからは手紙を取り交わした。ふたりには共通点が多々あったが、何より双方の父親の潤沢な財産に惹かれ合っていた。第一子同士のカップルで、親を亡くした悲しみを乗り越えてきた境遇も同じ——フローラの母親は二年前に他界していた。ブルックス家の宗教は聖公会で、両家族ともプロテスタントを信仰している。一九世紀では結婚の重大な条件である。

だが、ブルックス家は娘の求婚者の素性を何ひとつ知らず、フローラはクリームがどんな資格を取得したのかも知らなかった。マギル大学卒業から二週間ほど経ったこの年の四月、クリームは下宿屋の女主人、ジェーン・ポーターに、マンスフィールド・ストリート106番地の部屋を引き払うと告げた。また、退去の目処《めど》が付くまで身の回りの品を自室に置いてもいいかと尋ねた。ポーターは同意したが、退去の瀬戸際になって、クリームは人体骨格標本も置いていきたいと言い出した（当時は解剖学の研究目的で、骨格標本や骨、ホルマリン漬けの臓器を買い求める医学部の学生や外科医が多かった）。二日後の四月一八日、この部屋で火災が発生する。消防隊が到着するころには、家財道具の大半が焼失していた。炎は書き物机から上がったようで、炭と化していた。クリームは骨格標本をベッドに寝かせていた。標本を見た消防士は、部屋の住民が焼死したと信じて疑わなかった。

ベッドに骨格標本が横たわっていた件はポーターにも説明できたが、誰もいない部屋の書き物机から火の手が上がった理由まではわからなかった。人の出入りがなかったことだけは確かだった。保険会社は放火を疑った。クリームは焼失財産の詳細な目録を提出し、保険証書が保証する上限額をわずかに下回る九七八・四〇カナダドルの支払いを請求したが、コマーシャル・ユニオン・インシュアランス・カンパニーは支払いを却下した。紛争は調停にもつれ込み、クリームは最終的に三五〇ドルの支払いで手を打った。

この事件を境に、クリームの周囲で物損がらみの奇妙なできごとが続いた。一八九二年夏、クリームの過去を調査中、火災の一件を知ったジャーヴィスは、クリームが自室に戻って火を付けたに違いないと考えた。これほどいやな予感がする疑問は投げたこともなければ、投げられたこともない。放火や不正行為を働く知恵が回るクリームなら、自分の死を偽装することも容易に想像できた。骨格標本を手に入れた経緯も理解できる。燃えたベッドから見つかった骨格標本は、誰の遺体にするつもりで置いたかということも。

＊＊＊

一八七六年夏、ウォータールーを猛暑が襲った――地元の週刊紙、ウォータールー・アドヴァタイザーによると「カナダでは観測史上異例の」高温で湿度の低い日が続いた。小川は枯渇した。農家では早生《わせ》の穀物の収穫を急いだ。土埃があまりにひどく、誰かが大急ぎで水を載せた荷車を用立て、ブルックス・ハウスなどの建物が建ち並ぶ砂利道に水を撒く。

酷暑だろうが、若いふたりには時間が十分にあった。この年の夏、長い間屋外スポーツの王者だったクリケットに代わり、ウォータールー・レッドストッキングスが村ではじめて野球の試合を行った。フローラとクリームは散歩がてら、ヒュバーズ・ブラスバンド主催の野外イブニングコンサートに出かけていた。村の若者たちとボートでウォータールー湖の対岸まで行き、付添人の目を逃れ、人があまりいない場所でピクニックを楽しんだりもした。八月四日、ピエロや命知らずの軽業師、見知らぬ国の珍奇な動物たちを連れ、W・W・コールのサーカスが三六台の客車を満杯にして村にやってきた。ウォータールーに集まった観客の数はおよそ八千人。彼らはブルックス・ハウスなどのホテルに滞在し、サーカスに足を運んでは、ゾウやシマウマ、二輪馬車レース、ライオン使いのコンクリンの勇姿に驚嘆の声を上げた。自分と腕を組み、エスコートしてくれる男性がいるのをフローラがうれしく思わないはずがなかった。町ゆく地元の女性らは、路上でみだらな声をかける浮浪者や酔っ払いに辟易《へきえき》していたからだ。「レディたるもの、暗くなってからの外出は必ず、しかるべき男性と一緒に行動するよう忠告したい」と、アドヴァタイザー紙の記者は断じた。「荒くれ者が多すぎて、おちおち外も歩けやしない」

求婚されたのだから、フローラがクリームに体を許しても不思議はなかった。ところが九月九日の夜、彼女は突然、ひどく体調を崩した。悲鳴を聞き付けた家族がフローラの寝室に行くと、彼女は苦悶に身をよじらせていた。ライマン・ブルックスは家族のかかり付け医を呼んだ。ドクター・コーネリウス・フェランは「薬物か器具のいずれかによる」中絶処置を受けていると衝撃的な診断を下した。どんな処置を受けたかまではドクター・フェランも特定できなかったが、どう考えても、クリームがおなかの子の父親であり、中絶の張本人である。

翌日、ドクター・フェランは、フローラの父親に中絶の事実を話した。父ライマンが警察に乗り込み、いつクリームを訴えても不思議ではなかった。中絶手術や流産を起こす目的で有毒な物質を処方する、または服用させる行為はカナダ法では有罪とされていた。ヨモギギク、サビン、綿花の根、麦角《ばっかく》といった薬草に含まれる特定の物質には流産を引き起こす作用があるのは広く知られており、医学校を卒業したクリームなら、入手も処方も簡単だったはずだ。その一方で、訴訟に持ち込めば娘が世間の恥さらしになり、何の得にもならないのはブルックスも承知していた。非嫡出子を身ごもったという心の傷は「生きながら死ぬ」ことに等しいと、同時代のとある人物が語っている。ウォータールーのように狭い地域社会では、フローラの評判は地に落ちてしまうだろう。

ライマン・ブルックスは、クリームが投宿中のモントリオール行きの列車に乗った。娘婿候補をウォータールーに連れ戻すだけなのに警察まで動員する騒ぎとなった。警官二名がライマンに同行し、クリームが滞在しているホテルに行った。

「いったいどういうことです?」警官がいるのに気付くと、クリームは驚いた顔で尋ねた。

「村に戻って娘と結婚しろということだ」

言い争ったり拒んだりする余地はなかった。

「仰せのままに」と、クリームは答えた。嘘に決まっていた。

九月一一日月曜日の昼下がり、ブルックス家で結婚契約書に関する話し合いの場が設けられ、集まった人々は神経をとがらせていた。地元弁護士のトマス・ブラサードは契約書の草案を預かっていた。郷土史家で学校の校長でもあるサイルス・トマスが証人として出席した。六ページにおよぶ契約書には、事務的な内容が小難しい法律用語で書かれており、この結婚には反対で、不本意であることが透けて見えた。契約書はブラサードの流ちょうな文章が最初の四ページを占め、そののち、新郎新婦が取って付けたように、お互いの「親愛の情」を認め合う言葉があった。単語を線で打ち消し、行間に書き足しているところから、交渉が難航した末、結婚証明書を慌てて作ったことがうかがえる。ライマン・ブルックスが同意書に最終合意の署名をすると、厳しい条件をクリームに突き付けた。

ブルックス家からクリームには財産分与もなく、結婚持参金もなかった。クリームは妻がすでに所有していた財産——明細によると、フローラの母が所有する地所から一〇〇〇ドル、「着用している衣類、宝石および装身具」二〇〇ドル相当——それに、彼女が父親から相続するはずだった一切が手に入らないことになっていた。クリームは妻の家計を負担し、「婚姻により生まれるはずだった」子どもたちの養育費と教育費を支払うことに同意した。ふたりに子どもが生まれたあと、クリームが離婚の意志を示した場合は、フローラに一万ドル支払うことにも同意した——現在の米ドルに換算すると二〇万ドルと、法外な金額である。子どもができぬままフローラが死亡した場合、この多額の「贈与」は「法的に無効になる」。

残るは正式な挙式だけだ。聖ルーク・アングリカン教会で教区司祭を務めるデイヴィッド・リンゼイ大執事がブルックス家で内輪の式を挙げた。花嫁は立ち上がれないほど衰弱し、式の間じゅう長椅子に横たわっていた。夏の猛暑はおさまり、夜になると凍えそうなほど気温が下がった。屋外の冷気に勝るとも劣らず、屋内の空気も寒々としていた。クリームの家族は誰も式に参列していない――後日、弟のダニエルは、フローラ・ブルックスと会ったことが一度もなかったとジャーヴィス警部補に語っている。クリーム・ブルックス両家の婚礼を伝えるささやかな広告がアドヴァタイザー紙に載ったが、式前日に繰り広げられたドラマについては触れていなかった。

婚礼が終わると、クリームはその日のうちに逃げ出した。彼は岳父にこう言付《ことづ》けていた。「学業を終えるため、しばらくイギリスにおります」

ライマンとフローラ・ブルックス親子は、その後二度とクリームと会うことはなかった。

18 学籍番号二〇一六号

ロンドン

一八七六〜一八七七年

ヴィクトリア女王の主治医は、その場所は不健全であり、不適切だとした。「ぬかるんだ川岸が病院に最適な立地とは思えません」と、サー・ジェイムズ・クラークは抗議した。「風通しはいいでしょうが、四季を通じて好条件とは言いがたい——夏は川から放射熱が、冬は川から湿気が上り、街全体を煙突の煙が覆い尽くし、凍てつく東風に悩まされます」彼の懸念は聞き入れられなかった。テムズ川べりに場所を変更し、聖トマス病院は多階構造の建物として新築された。一八六八年の定礎式には、ヴィクトリア女王が御自ら赴いている。ふたたび女王臨席のもと、病床数六〇〇の新施設が正式に開院した三年後、ロンドンの湿度とスモッグは過去最悪の状況にあったが、幸いにも新設の下水処理システムがテムズ川の水を浄化したため、吐き気を催すような汚水の悪臭からは解放されていた。

ロンドン最古の病院に名を連ねる聖トマス病院は、一一〇六年、修道院の救護所として発足した。イングランドではごく初期の医学校として、一五五〇年ごろから医学生の研修制度がはじまっている。ワクチン投与の先駆的存在で、クロロホルムを麻酔薬として採用したのも聖トマス病院が最初である。クリミア戦争から帰還し、看護学校の設立に臨んだフローレンス・ナイチンゲールは、一八六〇年に聖トマス病院を選んだ。鉄道敷設工事のため、やはり川べりに新築されたばかりの国会議事堂と向かい合う場所への移転を余儀なくされた。

最新の手技や技術を学ぶため、また、産科学や病理学の専門知識を深めるため、マギル大学の卒業生がイギリスや他のヨーロッパ諸国に留学するのはそう珍しいことでもなかった。ロンドンに身を落ち着け、聖トマス病院での研修も決まったクリームの目標は、イギリス伝統の王立外科医師会の会員になることだった。名前の後ろに「MRCS」の称号が付くと、成功の扉が開き、患者の札入れも開くからだ。

＊＊＊

聖トマス病院は八棟からなり、ブリティッシュ・メディカル・ジャーナルの見立てでは「世界一とは言わないが、大英帝国随一の病院」で、ウエストミンスターブリッジの南、トマス川べり

ロンドン・ランベスの聖トマス病院（著者所蔵）

に一キロメートル弱ほどの敷地を有していた。ナイチンゲールが設計に参画した別館は、四階建ての同じ建物が日当たりと風通しの良い廊下でつながっている。医学校は敷地の南端に位置し、屋上にそびえ立つイタリア風建築の塔は陸の灯台のように、医学校の存在感を町じゅうに知らしめていた。学校の周囲には名所旧跡が建ち並ぶ。裏手には、中世に建造されたカンタベリー大司教の公邸、ランベス宮殿を守る銃眼付きの守衛小屋がある。学生たちがテムズ川の向こう岸を見やると、ビッグベンの時計で時間が確認できた。

最新鋭の施設と名門病院としての威光が輝く聖トマス病院は、クリームがマギル大学時代に不足していた知識を補うのにうってつけの場所だった。入院患者は年間三四〇〇名、外来には七万人が受診するという、ロンドンでも一、二を争う人気の病院だった。同医学校の目論見書には「学生は全員、実際の医療現場に関与する機会を得られる」とあり、精神医学、眼科、皮膚科、歯科のほか、女性や子ども特有の疾病など、当時は新興の各種医療分野を学べた。ランベスへの移転後、「医学校のルネサンスが起こった」という。同病院公式記録には「外科やその他の全診療現場で優れた研修の場を医学生に伝授する」才能ある若き医師らが集まったとある。

聖トマス病院が貧困、犯罪、工場街が交差するランベスに建ったのもうなずける話だ。慈善病院として、医療費や自宅介護の費用がまかなえない貧しい人々を支援していた。「病院は工場や事件の発生源である地域に隣接し、多くの患者が利用しやすい人口密集地域に建てるものです」と語るのは、医学校で講座を持っていた外科医のシドニー・ジョーンズだ。まさにそのとおりだった。むさ苦しいアパートや劣悪な衛生事情で聖トマス病院の病棟は満杯、襲撃事件や酔っ払い同士の口論の末に負傷した人々が傷の手当てを求めて外来にやってくる。工場は機械に挟まれた負傷者を次々と病院に送り込む。

聖トマス病院のランベス移転計画には問題点がひとつあった。ランベスの街角に立つ娼婦や娼館が、聖トマス病院で研修中の若き医師たちを籠絡したのだ。名誉回復に立ち上がった医学生のひとりが言う。「長い人生の一時期、ちょっとした放蕩にふけるのは誰にでもあることだ」

ランベス連続毒殺事件真相究明チームのトップ、ジョン・ベネット・タンブリッジ警部補は、クリームが聖トマス病院の関係者だった事実を、捜査の初期の段階で確認していた。クリームがはじめてロンドンを訪れたのは一八七六年一〇月、二六歳の彼は学籍番号二〇一六番で登録されていた。当時二百名ほどいた病院関係者から「駆け出し」と呼ばれていた研修生のひとりで、皆クリームと同様に医学士号を取得し、専門分野を極めるか、医師としての地位を高めようとやって来た若者たちだった。クリームは産科の専門医を目指していた。産科は伝統的に助産師が采配を振るっており、医療従事者はこのころ参入をはじめたばかりで、若手医師に門戸を広く開いていた。彼はのちに、自分は二年間の研修期間で五百名ほどの妊婦の診察や治療にあたったと豪語し、ほかの産科医を手伝いながら、中絶は母体を守るための処置だとの持論を展開していた。

クリームは学業で優等賞を取り、聖トマス病院で頭角を現せると信じていた。ところが同病院が医学生の学業と実績を記録した帳面によると、クリームに関する記載はただひとつ、彼が手術助手を務めたというものだった。助手は手術中に外科医のそばで、指導教官である彼の診断や評価を見学し、傷の手当てや包帯の交換といった下働きを担当する。聖トマス病院でクリームを指導した医師が書き記している。「有能な手術助手は総じて優秀な外科医になる」

経験を積みたいと希望した医学生は病棟か外来の受付に指名された。クリームの場合、受付を志願しなかったか、志願しても断られたかのどちらかである。外科医として認められると、産科や眼科など、外科以外の診療科を学ぶ学生を指導できた。クリームはそうした立場にはなかった。医学校のジョージ・レンドル事務局長は「暇があったら自主的に病棟や外来の臨床研究に参加するよう」、学生らに勧めた。クリームの学籍簿に情報があまりないのは、暇があったら学業以外

聖トマス病院の化学研究室で調剤する学生たち
（絵、1886年10月2日、著者所蔵）

のことに取り組んでいたからと思われる。

彼がロンドンに留学したのは医師としての実績作りだけではなく、自分の過去と政略結婚から逃げたかったからという理由もあった。だが、カナダとは大海を隔てた大都市に逃げたはずが、クリームは故郷の知人に出会ってしまう。一八七六年秋の時点で、マギル大学を卒業した四名が聖トマス病院で学んでおり、そのうち三名がクリームと同期だった。ロンドンでの最初の年、クリームは祖国でのいざこざを知る、ドクター・ヒューバート・レディとは顔を合わせないよう努めた。モントリオール時代、ミス・ポーターの下宿で起こった火事はどうだろう？　その噂はレディも耳にしており、クリームが保険金を手に入れるため、部屋に火を付けたに違いないと思っていた。クリームが誘惑し、未婚のまま孕《はら》ませたホテルの令嬢のことは？　レディはその噂もよく知っていた。

続いて一八七六年一一月、ロンドンで貿易商を営んでいた弟が亡くなったため、ケベック州でクリームの挙式を執り行ったデイヴィッド・リンゼイ大執事がイギリスにやってきた。フローラ・ブルックスは夫宛の荷物をリンゼイに託し、クリームはロンドン北部にあるリンゼイの弟宅を訪ねて荷物を受け取った。クリームが帰ったあと、来客について尋ねたリンゼイの親類は、その名前に聞き覚えがあった。近隣に住む裕福な若い女性、ミス・アレクサンダーと交際中の男だった。ミス・アレクサンダーは間もなくクリームに結婚歴があるのを知り、交際はそこで終わった。

数か月も経たぬうち、クリームは下宿先の女主人の娘を追い回すようになる。下宿は彼がかつて部屋を借りていたフリート・ストリート付近の袋小路、ゴフ・スクエアにあった。この女主人もカナダに縁があった。一八七七年三月前後、彼女はモントリオールの友人、シャーロッテ・ルイーザ・ボッティルが書いた、クリームがしかるべき家柄の女性と「不祥事」を起こし、婚礼のあと彼女を捨てたという内容の手紙を受け取っている。告発に激怒したクリームは弁護士を呼び、文書による誹謗であり、訴えると脅した。その内容は事実であるにもかかわらず。ボッティルは口出しをしたことを陳謝し、紛争を終えようとした。そうこうするうち、下宿屋の娘との火遊びも、当然のごとく終わりを告げた。

＊＊＊

当時イギリスには医師免許授与機関が一九あり、ある著名な外科医が言及したとおり「資格の多さに当惑する」状況が生まれていた。総勢一万六〇〇〇名を擁するイングランド王立外科医師会が、最大で、もっとも影響力があった。会員資格を得るためには過去の医学履修状況や資格に応じ、一度ないしは二度ある試験への合格が義務付けられていた。試験官委員会はカレッジの特別研究員で構成され、全員が外科医の実務経験が最低六年あり、試験の監督と出題を担当する。不合格になる比率は高い。一八七六年、会員資格を得るため七〇〇名が一次試験に挑んだが、合格者は半分にも満たなかった。外科解剖学、手術・医療の原則や実技を見る二次試験では四人に一人が不合格となり、会員資格が得られなかった。

一八七七年四月一六日の午後、クリームは五ポンド五シリングの受験料を払い、聖バーソロミュー病院やユニバーシティカレッジ〔学位授与権を持たない高等教育機関〕のほか、ロンドンの別の学校を出た受験生と一緒に認定試験を受けた。大学の記録には、クリームが一次試験を受けたかも、マギル大学や聖トマス病院での実習経験が考慮され、最終試験に進めたのかも記されていない。彼は三時間で、解剖、疾病、治療に関する深い知識が求められる四つの質問に答えた。受験者は認定か、あるいは「差し戻し」か、いずれかの結果しか得られない。差し戻しとは体のいい「不合格」である。

クリームの判定は〝差し戻し〟だった。

出願者は所定の数か月以内に試験解答を書き直せたが、彼は二度目の挑戦で大学に入ろうとはしなかった。そのままロンドンに残り、一八七七年七月、手術助手として聖トマス病院の研修を終えた。

医学生は自主研修と称してランベスのスラムに乗り込み、病院で治療が受けられない患者を往診することがよくあった。産科研修には助産婦の手助けもあり、当時出産は自宅で行われていたため、クリームは他の医学生と、ランベス界隈の劣悪な出産事情を目の当たりにした。著名な作家、W・サマセット・モームは、クリームより十年ほどあとに聖トマス病院で研修を受けたひとりだが、この界隈に不慣れだと強盗や傷害に遭いやすい深夜、ランベスの迷路のような路地に繰り出した日のことを回想している。じめじめとした小径の先、貧しい人々がひしめき合って暮らす薄汚い安アパートに向かう途中、誰からも襲われなかったのは「警察も尻込みする場所だったのもそうだが、手にした黒い鞄が私の身を守ってくれたからだ」と、モームは語っている。

クリームもモームと同じく、ランベスの住民が医師を信頼し、敬意を持っていると感じた。ロンドンの貧民街での暮らしは心がすさんで救いようがなく、善と悪、生と死というナイフの刃の上を毎日のように歩くようだと回想している。

ランベスの街角で体を売る女性たちのことも、彼の頭をよぎったはずだ。

19 早すぎる死

ケベック州ウォータールー
一八七七年夏

暑い夏の日、ウォータールーの公証人がフローラとの面会のため、ライマン・ブルックスの自宅に呼ばれた。フローラは自室から出られないほど体調を崩してもいたが、彼女は公証人に依頼できる年齢にも達していなかった。公証人のルイ・ジョーダンは万年筆のペン先にインクを付け、何も書いていない用紙の一番上に、一八七七年七月二五日と日付を書くと、縁起でもない依頼に着手した。

「体調は不良だが、精神状態や記憶力、判断力、理解力は健全で」と、フランス語話者の彼は、さほど流ちょうではない英語で書いた。「外科医で内科医のトマス・N・クリーム」の妻が「瀕死の状態にあると判断し、……彼女に公証人を差し向け、遺言状を書かせるよう要請した」

フローラ・ブルックスの急な体調の悪化は、周囲も納得が行かなかった。「かなりよくなっていた」と父親も言うように、彼女はほぼ一年前の中絶手術による体調不良から回復しつつあった。フローラは婚礼の日から夫と会ってなかったが、聖トマス病院で研修中のクリームに手紙を送り、リンゼイ大執事がロンドンを訪問すると聞くと、彼に小包を託している。学業を終えたらクリームは帰ってくる、そして自分を名実ともに医者の妻にしてくれると、フローラは望みをかけていたのかもしれない。

そして前回とほぼ同様、彼女は重症に陥った。ある記述には、フローラは「ほぼ意識不明」となり、「認知機能も失われた」とある。話ができるほど病状が回復するまでしばらくかかった。家族のかかり付け医、ドクター・コーネリウス・フェランが呼び出されたが、フローラの症状から原因を見いだすことができなかった。

そしてフローラは、クリームから送られた薬を飲んだと認めた。

ドクター・フェランが服薬をやめるよう命じると、彼女の症状はおさまった。薬物の成分は検査しなかったが、フローラが体調を崩す原因となる、何らかの物質が入っていたに違いないと医師は確信していた。

ただ、彼女の体調は相変わらず不安定だった。一八七七年夏には重体に陥り、弁護士を呼んで遺言状を書き取らせた。クリームが自分を毒殺しようと企んでいると、フローラもうすうす察しが付いていたようだ。クリームのロンドンでの放埒な女遊びも気付いていたと考えられる。死後夫に財産を残すなとライマン・ブルックスから言い含められていたのだろう。理由はどうあれ、フローラは相続した土地はすべて、自分の死後は父親に引き渡すと弁護士に口述した。

それから一八日後、ウォータールーに降水量三〇ミリを上回る大雨が降った八月一二日、フローラは亡くなった。亡骸は聖ルーク・アングリカン教会の一ブロック南にある墓地に埋葬された。墓石の上部には一輪のバラと彼女の旧姓が刻まれた。墓石には「ドクター・T・N・クリームの妻」と刻まれ、その名誉ある立場を後世に残すことになった。フローラ死亡時の年齢も墓石にある。二四歳と九か月と三日――若くして命を失った純然たる事実が刻まれている。

ケベック州ウォータールーにある、フローラ・エリザ・ブルックスの墓石。「ドクター・T・N・クリームの妻」と刻まれている（著者撮影）

この知らせはすぐクリームに届いた。お悔やみの言葉ではなく、彼がロンドンの法律事務所からライマン・ブルックスに送った手紙は、財産を一切残さないという亡き妻フローラの遺言を受け入れるどころか、彼女の妻の地所から一〇〇〇ドルを送れという内容だった。その後二通の手紙が届き、一八七八年四月一〇日付で、二〇〇ドルで手を打とうという最後の書状が届く。ジョーダンはブルックス家に要求を呑むよう助言した。苦渋の決断ではあったが、ブルックスは娘婿に小切手を振り出した。

フローラの正式な死亡通知は残っていないようだ。ウォータールー・アドヴァタイザー紙の記事によると、フローラは「長患いの末」に亡くなったとある。一八七〇年代のウォータールー周辺では肺病で亡くなる人が多く、ライマン・ブルックスは後日、娘は気管支炎を患っており、そののち、消耗性疾患を発症したと述べている――現在で言う、結核という病名が知られるようになったばかりのころの話である。

フローラ・ブルックスは殺されたのだろうか。クリームは毒物を少量混ぜた薬を彼女に送ったのだろうか。彼にはフローラを亡きものにしたい動機が確かにあった。カナダに法律上の妻がいると、ロンドンで交際中の、少なくともふたりの女性と縁を切らなければならない。離婚は選択肢になかった――この結婚契約はフローラが生きているかぎり有効であり、彼の方から婚姻解消を申し出ると、一万ドルの慰謝料を支払うことになり、クリームにとっては足かせも同然だった。フローラの死は突然訪れただけではなく、好都合でもあったのだ。

フローラの死因が毒殺か、昨年九月の中絶によるものなら、クリームは殺人罪に問われただろう。カナダ法では、一年以内に「不測の事態が生じたか、または死因となる物質が投与された場合」、殺人罪の申し立てを刑事事件に切り替えることが認められている。ほぼ同時期、やはりマギル大学の卒業生が被疑者となる、同様の事件が起こっている。オンタリオ州ブロックヴィルの開業医、エリック・スパーハムは一八七五年、中絶手術後に亡くなった女性を殺害した容疑に問われた。

回復の見込みがないフローラの症状について、クリームがロンドンから彼女に送ってきた疑わしい薬について、ドクター・フェランは地元の監察医に報告して注意を喚起するべきだった。それどころか、彼は無言を貫いた。フローラを死にいたらしめた不穏な一連のできごとについての取り調べは行われなかった。

ドクター・フェランはのちに、このときの行いを後悔することになる。一五年後、彼はロンドン警視庁の刑事の訪問を受けた。ジャーヴィス警部補は、ライマン・ブルックス、デイヴィッド・リンゼイ大執事の口から、中絶のこと、政略結婚のこと、花婿が聖トマス病院に留学すると言い、イギリスに逃げたことを聞く。続いて警部補はドクター・フェラン医師を訪ねた。フローラの早すぎる死の原因について、是非とも医師の見解を聞きたかった。増える一方だったクリームのえじきの第一号がフローラだったのかも知りたかった。

一八九二年夏、面談を終えたジャーヴィス警部補は報告書を書いた。ドクター・フェランは「クリームが妻に送った薬に覚えがないが、彼が犯人だとの疑いは深い」と語った。

20 医師免許取得

エディンバラ

一八七八年四月

イギリス全土の医学校卒業生が年に三度、エディンバラに集結した。同市にあるふたつの医師専門機関、王立外科大学と王立内科大学では、一月と四月、そして七月に、内科学と外科学両方の国家試験が行われていた。当時のイギリスでは医師の国家資格は内科と外科に限定され、両方受験しても受験料が二一ポンドであることも人気の一因だった。「受験料が手頃で交通の便も良く、エディンバラという場所も興味深くて面白い。試験官面接が一回で済むのも、受験生の手間が大いに省ける」とは、一八七〇年代にイギリスでの医学教育の概要について書いた著者の印象である。この著者によると、エディンバラは医学生にとって「医学士号が格安で、しかも取得しやすいとみなされる場所」らしい。

　スコットランド啓蒙主義発祥の地であるエディンバラは長年にわたって学問の中枢であり、熱心な哲学徒の間で「北のアテネ」と称されていた。その一方で石炭によるスモッグまみれの汚い街でもあり、「オールド・リーキー」――煙の古都――と揶揄されていた。岩がちの台地の頂上に、エディンバラという名の由来となった城址があり、周囲を取り囲むように家々がひしめき合う、そんな街だ。当時の人口は二〇万。六五キロメートルほど西にあり、クリームが幼少期に一時暮らしたグラスゴーの半分にも満たない。エディンバラ大学医学部は学生数一三〇〇名とイギリス最大で――当時ロンドンの大学一一校の入学者総数が一九〇〇名に満たなかった――優秀さにかけては海外の評価も高かった。手術の術式は、クリームがモントリオールで見てきたものより数段上だった。エディンバラ大学の講師らが実習で使う手術台は清潔に保たれ、防水処置を施した布で覆われていた。患者の血液を吸い取るため、手術台の下にはおがくずが撒《ま》かれていた。当時マギル大学では最新の技術だったジョセフ・リスターの殺菌法は、エディンバラ大学では当たり前のように使われていた。

　ロンドンで医師国家試験が取得できなかったクリームは、北上して再受験に臨んだ。エディンバラに到着した一八七八年春、彼は二八歳の誕生日を迎えたばかりだった。丸一日を要する筆記試験に二度挑戦し、数日後にまた呼び出され、試験官の前でさらに念の入った査定と口頭試問を受けた。受験生は解剖用の遺体で外科手技を披露するよう言われたが、これは、あくまでも遺体が用意できたらの話である。王立外科大学の評価官は「病気を抱えながら出産する」入院患者を診察し、的確な診断を下せる学生を採用したいと考えていた。

選考試験は延々と続き、クリームは二週間もエディンバラに拘束された。曇りがちで冴えない春の天気、陰鬱な気分を晴らしてくれる日差しが望めるのは二時間程度だった。滞在中、クリームはアーサー・コナン・ドイルと会ったか、すれ違った可能性があった。その後作家となるドイルは医学校で二年目の学業を終えたところで、四月の大半をエディンバラで過ごしていた。コナン・ドイルと学友たちとの行き付けの店であるラザフォーズ・バーで、クリームもビールのパイントジョッキを飲み干し、シェリーをちびちび舐《な》めていたかもしれない。

ただクリームは、エディンバラでも著名な外科医で医学校の講師を務め、コナン・ドイルが恩師として尊敬したジョセフ・ベル博士とは直接顔を合わせている。一八七八年当時、彼はエディンバラの王立外科大学の書記会計官であり、クリームら受験生はメルヴィル・ストリート40番地にあるベル博士の自宅に行って学務および実習記録を提出し、受験料を支払うよう指示されていた。鷲鼻で針金のように細身のベル博士は外科学を教えていたが、患者を見る眼の確かさに、学生らは舌を巻いた――患者の外見や目視でわかる症状ぐらいしか診断の基準がなかった時代の医師にとって必要不可欠の資質だったからだ。博士は心も読めたようだ。新しい患者に会うや、出生地、育った場所、職業など、さまざまな個人情報をすぐさま正確に言い当てた。学生時代にベル博士の助手を務め、博士がカルテを書く際の予備情報として問診を担当したドイルは「ベル博士の直感的な能力は、驚嘆以外のなにものでもない」と絶賛した。数年後、ドイルは医師をやめ、執筆業に専念したが、自作の探偵のモデルとなる人物を探していた。そのとき頭に浮かんだのがベル博士の驚くべき観察眼、論理的な思考法、手元の証拠から即座に推理する能力だった。シャーロック・ホームズ誕生の瞬間である。

ベル博士は、入念な観察眼から推理するという卓越した能力の持ち主だった。博士は学生らに説いた。アクセントはその人の出生地を語る。衣類はその人の経済力を語る。手はその人の生業を声高に語る。「炭鉱作業員の瘢痕は石切工とは違う」とも指摘している。大工の手にできるたこが、「石工の」それとは違うことも。兵士と水夫の歩き方は違う。出航歴を刻んだタトゥーの逸話。看過できない身体の細かな痕跡について。ベル博士は教え子たちに強く訴えた。「些細な違いが決定的な決め手となる。些末であっても、調べればいくらでも重大な所見が得られるのを忘れてはいけない」

エディンバラの警察付き外科医、ヘンリー・リトルジョン博士の諮問役として、ベル博士はときおり、自らの推理で犯罪捜査に貢献していた。事実、一八七七年、博士の推理が殺人犯の究明につながった事件が一件ある。ユージン・シャントレルがエディンバラの自宅に取り付けたガス栓をゆるめ、不慮の事故で亡くなったと見せかけ、妻を殺害したと指摘できたのは、ベル博士ただひとりだった。彼は自分が編み出した推理法が今後、犯罪捜査で広く採用されるはずだと踏んでいた。被疑者の歩き方、殺人被害者のズボンに飛んだ泥はねなど、一見どうでもいい些末なことが問題解決の糸口となりえる。ベル博士は日頃からこう考えていた。「物事をつぶさに観察する訓練を警察官全員に義務付ければいいのだが」

＊＊＊

エディンバラ医師国家試験は四月二日にはじまり、クリームは解剖学、生理学、化学の知識を見る試験を受けた。一八七八年、この筆記試験で三人にひとりが落とされた。

クリームは筆記試験に合格した。

二次選考では、外科学、外科解剖学、薬学、医療実技、分娩など、専門性が高い知識が問われた。二次選考の筆記試験から数日後の四月一三日。この日は土曜日で、クリームは六人の試験官による口頭試問の場に現れた。ベル博士は王立外科大学の代表として試験官に名を連ねていた。

この年、二次選考に進んだ受験生の四分の一が不合格となった。クリームは医師免許取得者一五九名のひとりになった。

王立外科大学学長のパトリック・ヘロン・ワトソン教授が署名した試験官所見によると、クリームは「解剖学、外科学、薬学の能力」を試され、「医師として開業するに足りる能力があると見受けられる」と評価された。両専門機関で開業有資格者となったクリームは、ＬＲＣＰ・Ｅｄ（エディンバラ王立内科大学認定医）とＬＲＣＳ・Ｅｄ（エディンバラ王立外科大学認定医）の称号を名前の後ろに付記することを認められる。当時、外科と内科の両方で認定医になるのは医療専門家の証であり、「両方の有資格者は、女王陛下の統治下であればどこででも、何科でも医師として開業できる」とされた。

四月一三日の口頭試問中、ベル博士にはクリームの外見や振る舞いから情報を集め、学生たちを何度となく驚かせた推理力で彼の本質をつかむだけの時間は十分あった。クリームは最後までスコットランド訛りが抜けず、ベル博士なら、彼がグラスゴーにゆかりのある人物だと見抜けただろう。クリームが身に着けていた高価な衣類から、彼は裕福なカナダ人一家の跡取りであり、医師として箔《はく》を付けるため海外留学をしたはいいが、見栄っ張りで自分勝手、甘やかされて育ったお坊ちゃんであると正確に推理できただろう。だが、観察眼と推理力にかけては超人的

1870年代半ばのクリーム（マッコード美術館／II-24647.1）

能力の持ち主、ジョセフ・ベルであっても、トマス・ニール・クリームが内に秘めた悪辣さを見抜くことはできなかったはずだ。

21
キャサリン・ハッチンソン・ガードナー

オンタリオ州ロンドン
一八七九年

若い娘が家業のベネッツ・ファンシー・ストアの裏にある厠《かわや》に向かっていた。五月最初の日だというのに、この年のオンタリオ州ロンドンに春が来るのは遅かった。朝霜が三日も続けて窓ガラスに降りるほどだった。

ジェシー・ベネットはドアを開いた。

二〇代半ばの女性が壁にぐったりと身を預け、身じろぎもせず座っていた。つばをネットチュールが覆い、灰色をしたダチョウの羽が付いた黒い麦わら帽子が足下に落ちている。色あせた紫のドレス、すり減った靴、右手にはまがい物のガーネットが付いた安物の指輪——決して裕福には見えない女性である。ベネットは兄を連れてきたが、この人は眠っているか、酔っ払っているかのどちらかだよと決め付けた。子どもたちは通りがかりの警官に事情を話した。ウィリアム・ライダー巡査が女性に触れる。彼女は死んでいた。

遺体の脇にある椅子の座部には絹の小ぶりなハンカチーフと、無色の液体が入った薬瓶が栓を抜いたまま、口を上に向けて置いてあった。ライダーが呼んだ医師のジェイムズ・ニーヴンは、女性の死亡時刻は夜明け近くだろうと見立てた。彼は医療従事者ならよく知っているにおいを嗅ぎ取った。アーサー・コナン・ドイルが「甘く、じわじわと広がるような香り」と形容した、クロロホルムである。女性の鼻と頬にできた病斑と剝けた肌は、化学薬品に接触したことによるやけどではないかとニーヴンは考えた。

検視のため、遺体をロンドン・ジェネラル・ホスピタルに移そうとしていると、別の医師が現れた。彼の医院はダンダス・ストリート204番地、ヒズコックスの馬預かり所の二階にあり、ベネットの店とは隣同士だった。医院がある建物とベネット宅とは路地と外階段を使えば行き来できた。亡くなった女性は近くのテカムセ・ハウス・ホテルでメイドとして働いていた。医師は名も知っていた——彼女はキティ・ガードナーという。ガードナーはその医師の診察を数回受けていた。通りすがりのよく気が回る医師の名を、その場にいた記者が書き留めていた——ドクター・クリームと。

＊＊＊

マギル大学時代の同級生が十年以上前、オンタリオ州のある町で亡くなった女性の一件に巻き込まれたそうだ——というドクター・ヒューバート・レディの情報を頼りに、ジャーヴィス警部補がカナダのロンドンを訪れたのは一八九二年、七月半ばのことだった。そこでジャーヴィスは、クリームが一八七八年秋にロンドンで医院を開業したことを知る。エディンバラで内科医・外科医の国家試験を取得したクリームは、医師が必要な町はないかと北米大陸に戻った。手はじめに炭鉱業の中核都市であり、アイオワ州の州都、デモインに向かった。本人はのちに「水が合わない」と語っているが、クリームはデモインを離れてカナダに戻り、デトロイトとトロントの中間地点にあたるロンドンで列車を降りた。

オンタリオ州南西部最大の都市ロンドンは郊外に工場や鋳造所が建ち並び、「小さなピッツバーグ」と呼ばれていた。人口はたちまち二万人を超え、一九世紀初頭の数十年は「垢抜けない目新しさとはかなさをまとった」町だったと、ある郷土史家が述べている。テカムセ・ハウス・ホテルは王室の宿泊先にふさわしい威厳があり、ゆくゆくは次代の英国王の宿泊先になるようにと建てられ、一八六〇年に完成した。だが実際は、隣接するグレート・ウェスタン・レールウェイの停車場に降り立つ旅行者らの定宿となった。それにしても舗道が板で覆われ、車道がぬかるんでいては、せっかくのレンガと石造りの権威あるテカムセ・ハウス・ホテルや商業街の新築ビルも形無しだった。

イギリスの首都で二年間生活したクリームは、新天地でロンドンという、なじみ深い名の街にたどり着いた。こちらのロンドンにもテムズ川が蕩々《とうとう》と流れ、オックスフォードやリージェント、ポール・モールという名の通りをふたたびそぞろ歩くこともできた。近隣にはランベスという村もあった。

一八七八年九月、ロンドン・フリー・プレス、デイリー・アドヴァタイザーなど、ロンドン市内各紙の第一面に、クリームが開いた医院の広告が載るようになる。彼は名だたる医師や歯科医を押しのけ、医院向け広告欄で一番目立つ場所に自分の広告を載せろと求め、エディンバラ認定医の経歴、産科専門医であること、聖トマス病院で研修を受けたことをでかでかと書き立てた。市内でも有数の高級住宅地で開業し、そこから徒歩数分のクイーンズ・アヴェニュー250番地に賄い付きの下宿を借りた。

クリームは新天地の地域社会で精力的に活動している。オンタリオ州議員選挙の有権者登録をした。パークアヴェニュー長老派教会に通い、ロンドンに長く住み、クリームと親しかったジェイムズ・レイドは、彼は教会の「中心人物」だったと述べている。毎週日曜学校の教壇に立ち、子どもたちに読み書きを教え、福音書の教義を説き、教会の布教活動にもあたった。キリスト教青年会《YMCA》の支部にも参加した。一八四〇年代に設立されたYMCAは、クリームのような独身青年のための組織だった。ある作家の著述によると、「アルコールや賭けごと、買春の誘

オンタリオ州ロンドンでクリームが開業した医院は、この写真の右側にある馬預かり所の2階にあった。この建物の裏にある厠でキャサリン・ガードナーの遺体が発見された
（マッコード美術館／N-0000.193.271.1-2）

惑」から会員を遠ざけ、「クリスチャンとして健全な環境」を提供する団体だとしている。ロンドンYMCAはスポーツのイベントやキャンプ旅行を企画した。毎週金曜の夜、彼はオッドフェローズ・ホールに出向き、「社交を深め、倫理観を高める」目的で独身男性が集うバチェラーズ・クラブの集会に参加していたようだ。マギル大学に通っていたころのように、公の場で歌うことも続けていた。一八七九年三月、やはり長老派の団体である女性援助協会主催で音楽と朗読の夕べが催された際、クリームは六百名ほどの聴衆の前でフランス国歌「ラ・マルセイエーズ」を歌った。
　だが、トマス・ニール・クリームは

ふたつの顔を持っていた。教会に通い、しかも美しい歌声の持ち主で、地元に貢献する立派な若き医師は、日没とともに消え去ったとみられる。代わりに登場する邪悪な人物は、YMCAが若者に近づかぬよう忠告したはずの誘惑の世界に引き寄せられていく。夜になると「彼はいつも、大勢のロンドンの同好の士と一緒にいるところを見かけました」と、ジェイムズ・レイドは当時を振り返る。彼は「懇意にする友人たちと」町のホテルに通い詰めては「酒が今にもあふれそうなボウルの中でおぼれていた」――泥酔を当時の丁寧な言葉遣いで言うとこうなる。名門の出で、学のある専門職の男性にとってはスキャンダラスな振る舞いである。ヴィクトリア期の生活研究書には、クリームのように「尊敬に値する人物は、泥酔することもなければ、不届きな振る舞いもしない」とある。彼は二重生活を送るようになった。レイドはさらに言う。「彼は自分の良い評判を守るため、明るいうちから乱行におよぶことはなかった」

クリームは、まやかしの時代を生きた偽善者だった。酒への欲求や不義の密通など、毎週日曜、YMCAの説教壇で非難されていた数々の罪深い行為は、医師という立場で表沙汰にはならなかった。同時代の歴史家が語る。ヴィクトリア期に「性については純潔であり、自制心を重んじると公言する」男性は、「みだらな街を毎夜のごとくうろついては、女性を買い、道をはずれた性行為にふける」ものと相場が決まっていた。それから数年も経たないころ、作家のロバート・ルイス・スティーヴンソンが実体験を元に、「人間の持つ徹底した二面性」を追求したのが、かの名作『ジキル博士とハイド氏』である。医師のヘンリー・ジキルはクリームと同じく「賢明で善良な人物としての信望の厚さ」に浴しつつ、背徳の歓びを内に秘めた人物である。ひた隠しにしていた自我が衆人にさらされると、彼は「慎みを捨て、恥辱の世界へと飛び込む」のだ。ジキル博士は放蕩のかぎりを尽くす、残忍な内なる自我を表出する薬をこしらえる。クリームは、自身の内面に潜むハイド氏を解放しつつあった。

ロンドンに移住して六か月も経つと、クリームの医師としての評判をおとしめるできごとがあった。一八七九年二月、彼の無免許での医療行為がオンタリオ州医療法違反の疑いがあるため、ローレンス・ローラソン警察治安判事が審議することとなった。クリームはすべて誤解だと主張した。求められた金額の免許料を支払ったというのに、オンタリオ州医療評議会が医師免許を発行しなかったのだと述べた。評議会の検査官がトロント本部の上司と確認を取るため、審議は一週間休廷となった。数日も経たぬ間に、ロンドンの地元紙は申し立てが却下されたことをそろって伝えた。クリームは「同市で開業する前の段階で医師免許を取得し、医師免許登録料はすでに支払い済みである。よって、手続き上の過失は医療当局にある」と、デイリー・アドヴァタイザー紙は自信たっぷりの記事を載せた。だが、この報道は正しくなかった。この報道が出るまで医療当局は手続きを終えていない。事件番号一一九番と索引番号が付いた事件記録によると、ローラソンが数回の休廷を認めたため、この審議は数か月間棚上げになっていた。同紙は訴訟中断中に続報を出していなかったようだ。実情はどうあれ、クリームは免許を取得した医師であると世間は認めた。

治安判事が違法診療の申し立てを審議中、クリームの医院と目と鼻の先にある厠でキャサリン・ガードナーの遺体が発見された。五月三日付ロンドン・フリー・プレス紙は「自殺との見方が有力である」との第一報を読者に伝えた。亡くなった女性は妊娠中だったとされ、「恥ずべき事実を隠蔽するため毒をあおったと推察される」とある。

同記事ではこう呼びかけてもいる。「だが真相は検視陪審をもって明らかになる」

＊＊＊

オンタリオ州弁護士であり、同地区検視官事務所のトップを務めるウィリアム・フラー・アルヴズ・ボーイズは、予期せぬ突然死の検視陪審では「一刻の遅れも容赦できないが、むやみに急ぐのもいかがなものか」と述べている。自分が担当したいあまり、暴力事件や事故で死の床にいる被害者のそばをうろうろ歩きながら、死を待っている検視官がいたのだ。かくもはしたない行いは検視官事務所の権威をおとしめるものだとボーイズは苦言を呈している。同検視官の権威ある著作『オンタリオ州検視官事務所の任務に関する実用書（A Practical Treatise on the Office and Duties of Coroners in Ontario）』によると、「突然命を奪われた人にさらなる苦痛を与える検視官など、どれだけ非難しても足りぬほどだ」と記している。

ガードナーが自ら命を絶ったという確定した事実を検視陪審であらためて確認する必要があったのだろうか。その判断は医療従事者として二〇年の経験を持つ四六歳の検視官、ジョン・R・

フロックにゆだねられた。彼の任務は法律が明確に定めている。フロックは非合法の行為、過失、あるいは「暴力や理不尽な手段」による死を検証しても、「事件性のない事故や不運による」死者の検視は行わない。苦渋の決断だった。この年は数々の検視陪審で議論が伯仲し、オンタリオ州地方紙各紙では、検視官の決定をめぐって論戦が繰り広げられていた。ある批評家が、カナダの首都オタワで痛切な内容の書簡を公開した。納得のいく論証ができた検視陪審など滅多にないと、論争の口火を切った——書き手の主張では、百件のうち一件もあればいい方だという。検視官は納税者の血税で報酬を水増しし、対立関係にある検視官同士で「殴り合いへと発展しかねない口げんか」を起こした。小さな町では検視官が孤軍奮闘して事務所を守った。検視陪審が開かれても殺人罪が確定もされず、排除もされないとなると、「人命保護がおろそかになる——特権で免罪となる人物が意のままに、しかも何のおとがめもなく殺人に手を染める」

一九世紀の末まで、検視官は殺人捜査で重要な役割を担ってきた。彼らは証拠を集め、犯罪であるかを判定する陪審員に提示し、場合によっては殺人犯を特定することから、判事や刑事の仕事も一部務めた。ウィリアム・ボーイズの言葉を借りると、殺人事件の通報があれば、検視官は「遺体がまだ新鮮ならちに」現場に急行する。検視官は遺体の傷や打撲傷、その他死因を特定できそうな兆候を調べる。被害者の体や衣類に付着した血痕や泥を記録し、周囲をくまなく検分して、血跡や足跡を探す。毒殺が疑われる場合は「最近食事に使ったあらゆる容器を検査し、胃の内容物を分析に出す」。死に不審な点があれば、「むやみに急ぐのはいかがなものか」というボーイズの懸念は杞憂に終わった。検視陪審を早急に開かなければならないからだ。犯罪捜査の次の段階、すなわち、証人の選定や、目撃者から話を聞き、その内容をつぶさに書き取るような作業も検視官がすべて取りしきる。陪審員が殺人と評決を下すと、検視官は被疑者に逮捕状を出す権限を持つ。集まった証拠は所轄の検察官に送られ、法廷で事件を審議する。検査官の業務には欠かせない大事な学問だというのに、オンタリオ州では検察官の被任命者に医学や法学の研修を義務付けてはいなかった。フロックのように検視官の大半が医師だが、求められる素養は「健全な精神」と「検視官としての責務を適切にこなす上で必要な教育を受け、知識があること」のみである。まず求められるのが、身元が堅い人材の確保だ。オンタリオ州では、政府に影響力を持つ地元の政治家や有力者から推薦があった人物が検視官に任命された。ボーイズは裁判と似た公聴会の実施手順から謀殺と故殺の違いにいたるまで、検視官が押さえておくべき知識をまとめた指南書を書いており、検視官必携の書である。フロック検視官も事務所の机上にこの指南書を置き、いつでも内容を確認できるようにしていた。彼は「細心の注意を払って」検視捜査にあたり、たとえ疑わしき点がなくとも、指南書にあるとおり「拙速に結論にいたること、不注意による情報の漏れはいずれも検視官自身の評判をおとしめるだけではなく、同業者の生活をも脅かすことになるのをゆめゆめ忘れてはならない」と肝に銘じていた。

経験が浅い、または注意力散漫な検視官は、捜査に悪影響をおよぼすこともあれば、殺人犯を罰することなく逃がしかねない。キャサリン・ガードナーの死の数日前、オンタリオ州サーニアで亡くなった女性の検視解剖では、胃を切除してガラス容器に移し替え、州都トロントに送り、化学分析にかけた。彼女の死には医師が関与しており、中絶時に何らかの毒が投与されたと当局はみていた。だが、証拠を提出した検視官とその助手が容器をしっかりと封入しなかったため、容器内の液体が一部漏出した。オンタリオ州の司法長官代理は不審に思った。ジョン・スコットは「こうした不手際があると、胃およびその内容物が検視官の手を離れたときと同じ条件で分析官の手に渡ったと立証のしようがない」と、地元当局を叱責した。

一九世紀も半ばを過ぎると、犯罪捜査で検視官が担っていた役割は警察へと移管されていく。一八六〇年代、ボストン、ニューヨーク、シカゴといったアメリカの主要都市では刑事部が創設され、警察が単独で殺人事件を捜査するようになった。イギリスでは、検視官の調査がなかなか終わらないのに業を煮やしたロンドン警視庁の刑事らが、殺人罪の被疑者を一斉逮捕し、直接裁判所に送り込んで審議にかけることもあった。捜査の主導権をどちらが握るかをめぐって、検視官と警察のいがみ合いは激化するが、どちらが担当するかは状況に応じて二転三転した。イギリスのとある検視官のぼやきに耳を傾けると、「犯人を先に確保した方」の手にわたったという。

オンタリオ州ロンドンのような小規模な地域では、警察は人手不足で人殺しも滅多に起こらず、殺人事件の捜査は検視官が主に担当するという、従来の慣習が守られていた。フロック検視官の専門知識に敬意をもって従い、犯罪現場に立ち会えば検視陪審で証言台に立ち、目撃者集めに協力するなど、警察は彼の捜査を支える側に回った。警察トップのウィリアム・T・T・ウィリアムズはイギリスで刑事の経験があり、拡大を続けるオンタリオ州ロンドンの町を警邏《けいら》する上で必要な人員のおよそ半分を自力でかき集めた。部下の警官は低賃金で研修もろくに受けておらず、諜報や捜査の能力以前に、警察官の人員の拡大とならず者を制圧する力が重んじられていた。「日当一・二五ドルでは紳士を警官に採用できない」と、その点はウィリアムズも認識していた。一八七八年当時二〇人いた巡査らは、逮捕件数のおよそ半数にあたる、ごろつきや酔っ払いの摘発で手一杯だった。ガードナーの遺体が発見された週、新聞各紙は厄介者を取り逃がしたと警邏隊を非難した。庶民の安全な暮らしが大きく脅かされたことに変わりはない――牛が脱走したのだから。ある地元紙は不満をぶつけた。「夜のさなかに牛が町をうろつき、街路樹や並木道を破壊したのである」

フロック検視官はガードナーの遺体を検視陪審にかけるよう早急に求めたが、その前に重大な過失があった。検視陪審の陪審員が確認する前に、彼女の遺体が厠から持ち出されていたのだ。ボーイズは「できることなら、遺体は発見されたそのままの状態で陪審員に見せるべきだった」と、所轄の検視官らに苦言を呈した。フロック検視官は陪審員をベネッツ・ファンシー・ストアの裏まで案内し、厠にガードナーの遺体がまだあること、傍らの席にクロロホルムの瓶が残されていたのを見せるべきだった。遺体を動かす前に、顔面の熱傷をはじめとする創傷や身体、衣類に見られるあらゆる兆候に目を向けるべきだった。フロックは周囲の地面にありありと残った足跡を指摘できたはずだった――被害者以外の人物がいた可能性を示唆する証拠を。

ボーイズは指南書でこう忠告している。「殺人犯は、自己や自死に見えるよう計算した上で、犠牲者の遺体をわざと動かすことがわかっている」

22 犯人不明の殺人

一八七九年五月〜七月

遺体発見から数時間後、病院の「遺体仮置き場」、すなわちモルグで、フロック検視官はキャサリン・ガードナーの検視陪審を開いた。陪審員は宣誓のあと遺体と対面し、証言を聞く。オンタリオ州の検視陪審では最低一二人の陪審員を集める必要があった――「法を遵守する誠実な人物」で、年齢は六〇歳未満、自分の名前が書ける程度の識字能力が求められた。

ウィリアム・ライダー巡査が厠から薬瓶とハンカチーフを回収し、ガードナーのポケットにあった手紙二通とともに検視陪審へ提出した。彼女の友人やテカムセ・ハウス・ホテルの同僚らが宣誓し、親しい者たちからキティと呼ばれていた女性の人となりについて述べた。キャサリン・ハッチンソン・ガードナーは、ロンドンから一六〇キロメートルほど北にあるキンカーディン近郊の農場で育った。死の一週間前から体調が優れず、ホテルを欠勤していた。証人のひとりが、キティは働けないほど衰弱して「意気消沈していた」が、まさか自死を図るとは誰も思っていなかったと述べた。クロロホルムが入っていた瓶のラベルに名前があった地元薬局の店主は、医師のみに販売する薬品だと断言した。

すでに検視解剖を終えたドクター・ジェイムズ・ニーヴンは——医学を学んだ経験のある検視官に依頼した場合も、解剖は適任な地元医師に任せることが当時義務付けられていた——ガードナーの体調不良の原因究明に成功した。彼女は妊娠二か月だった。自死を疑わなかったのはそのためだった。顔の熱傷はクロロホルムが肌に密着したために生じたもので、死にいたるまで自分の顔にハンカチーフを押し当てていられたかについて、医師は疑問を呈していた。「顔の熱傷から、被害者は本人の前に立つ、別の人物から毒物を強制的に摂取させられたと考えるにいたりました」彼は、キャサリン・ガードナーが殺害されたと見立てた。

多くの証人を召喚できるようにと、フロック検視官は検視陪審公聴会を延期した。亡くなる数日前のガードナーの足取りに関する情報がほしかったからだ。ガードナーを妊娠させた相手も、クロロホルムの入手先も明らかにする必要があった。ガードナー殺人事件の捜査はここからはじまった。

＊＊＊

五月七日の午後に検視陪審が再開すると、医師二名が専門家証人として加わり、ドクター・ニーヴンが立てた仮説の論証に入った。このふたりは、ガードナーの遺体脇にあったハンカチーフは、致死量のクロロホルムを吸うだけの大きさがないと指摘した。ハンカチーフは小さすぎて、クロロホルムを相当染みこませ、顔に何度も押し付けなければならない。致死量を吸い込む前にガードナーは意識を消失するはずだとの指摘もあった。専門家証人のひとり、ドクター・チャールズ・ムーアは遺体安置所でガードナーの両手の様子を検分した。「クロロホルムによる変色は認められなかった」との報告が残っている。

ロンドンの町じゅうが、犯人は誰かという噂で持ち切りになった。検視陪審ではずっと、ひとりの人物の名が何度も取りざたされた。ガードナーが生前最後に目撃されたのは金曜日の夕方、クリームの医院に行くためダンダス・ストリートを歩く姿だった。

ガードナーと同じ部屋に下宿していたテカムセ・ハウス・ホテルのメイド、セアラ・ロングは、おなかの子の父親はジョンソンという、別の町に住む男性だと明かした。続いてロングが語った、聞くもおぞましい詐欺と脅迫状の謀略に、傍聴人たちは唖然とした。中絶手術を受けようとガードナーはクリームの医院を訪ねたが、彼は薬の処方も手術も断った。ロングの証言によると、クリームはあろうことか、テカムセ・ハウスを定宿とする裕福な実業家、ウィリアム・H・ビレルを誘惑し、肉体関係を結ぶようガードナーに迫ったという。関係を持てば、おなかの子の父親はビレルだと告発できるだろうとし、クリームは父親と認知させる訴訟を支援すると確約した。この一件はあくまでも内密にし、「私の名を決して口にしないように」とガードナーに釘を刺したんです――と、ロングは証言した。

次の証人がビレル当人だった。彼はガードナーと話したどころか、会ったことすらないとフロック検視官に語った。その次がクリームの番だ。ふたりが出会ったのはクリームがこの町に来たばかりのころ――ふたりとも長老派の信者であり、教会で顔見知りになったと思われる――その後、軽く体調を崩したガードナーをクリームが診察していた。彼女の妊娠が判明したのは四月五日の診察だったと語った。

「彼女から、一〇〇ドルで名誉を回復してくれないかと持ちかけられました。一〇〇〇ドルもらっても、君には指一本たりとも触れるものかと答えました。彼女はうちの事務所で泣きだし、毒を飲んでやると言ったのです。ですから、私ではどうすることもできないよと言いました」三日後、事務所のドアの下に一通の手紙が差し込まれていたという。封筒の下にはガードナーの名前があり、彼女の筆跡だとクリームが確認した。彼は同日の朝、検視官に手紙を提出していた。

先週の土曜日にお話しした件につき、ふたたびお目にかかろうと先生の医院を訪ねましたが、お留守のようでした。体調は悪くなるばかり、おなかは大きくなるばかりで……。先般お話ししたとおり、すべての責任はW・H・ビレル氏にあります。彼は私のことをたいそう案じており、よしなに計らってくだされば医療費をはずむと言っていました。

明日は外出できませんが、ご依頼した件をご快諾いただければ、木曜日にもお目にかかれればと存じます。

クリームは、ガードナーと最後に会ったのが四月二〇日だと主張し、医院にクロロホルムは在庫していないと言い切った。意外にも、脅迫の件は問題視していなかった。

ガードナーの遺体が発見された晩、クリームにはそれまでの間に確実なアリバイがなかった。夜通し外出しており、一一時に医院に戻り、そのまま朝まで眠っていたと本人は語っている。彼女の遺体が厠に置かれた時間帯に、そのそばにいたことは認めた。クリームがガードナーから届いたと言い張る――おなかの子の父親がビレルだとする――手紙の信憑性が疑われた。セアラ・ロングがその手紙を確認したところ、自分がガードナーから受け取った別の手紙と、署名や文面の筆跡が一致しないと述べたのだ。キャサリンの兄、ロバート・ガードナーは「妹の筆跡ならすぐにわかる」と断言し、妹以外が書いたものだと、はっきりと否定した。

九〇分以上にわたる慎重な審議の末、陪審員は、キャサリン・ガードナーは「ひとりないしは複数名が摂取させた」クロロホルムで謀殺されたと評決を下した。陪審員らは厠で実際にガードナーの遺体を見てはいないが、殺害後に遺体をそこに置き、自殺に見せかけるよう工作したと判断した。また、ガードナーの体内で亡くなった子どもの父親はジョンソンであるとの結論も出し、ビレルにかけられた「あらゆる嫌疑」を晴らした。

クリームの容疑は晴れず、第一容疑者であることに変わりはなかった。ロンドン・フリー・プレス紙はロンドン市民に偏見を持たぬよう呼びかけた。評決から二日後の社説では、くだんの医師が「クロロホルムの取り扱いをある程度知っているようでも、その事実が彼に不利な形で結び付くことはない」と注意を呼びかけている。ガードナーの妊娠を終わらせた件について、クリームは「かたくなに否定」するも、彼を含め、彼女を殺す動機のある人物を示唆する証拠はどこにもなかった。同紙はそれを念頭に置いた上で「かくも重い罪を犯した容疑者を特定し、殺人罪に問うべきだ」と忠告した。

翌日、ロンドン・フリー・プレス紙は、編集者宛に届いた、クリームを「きわめて一方的な」検視陪審の犠牲者であるかのように書いた書簡を公表した。クリームが提出した手紙にまだ疑いがあるのなら、専門家を呼んでガードナーの筆跡かを判定させるべきだ、とある。手紙の最後には「今回の摩訶不思議な一件は公平な視点が失われており、捜査には十分な〝理解〟がなされていない」とあった。この手紙には〈ヴェリタス〉〔ラテン語で〝真理〟のこと〕との署名があった。

誰がガードナーを殺したのか。彼女はいつ、どこで死んだのか。クリームが関与する証拠は間接的とはいえ、犯人と断定してもおかしくないものだった。彼はガードナーの主治医だった。

〝名誉回復〟を頼んだのはガードナーであり、クリームの供述によると、子どもを堕ろす薬を出してくれるか、中絶手術をしてくれれば、それなりの額の謝礼を払うと申し出たのも彼女の方からだった。生前最後に会ったとき、彼女は徒歩でクリームの医院を来院した。ガードナーの遺体はクリームの医院から目と鼻の先の場所で見つかり、しかも彼は遺体の第一発見者のひとりである。中絶手術の麻酔薬として嗅がせたクロロホルムが致死量だったのでは、という噂が流れた。遺体を厠に捨て置き、自殺に見せかけたのだ、と。

〈ヴェリタス〉と署名された書簡を書いた人物を不審に思ったなら、フロック検視官はガードナーの筆跡かどうかを専門家に鑑定させれば、彼女の死に関わるあらたな被疑者を早急に特定できたはずだ。ボストンの殺人事件の裁判で筆跡鑑定が事件の究明に大きく寄与してから三〇年が経ち、この裁判が行われた時点では、民事、刑事、どちらの事件でも、筆跡鑑定の専門家が意見を述べるのが通例となっていた。筆跡鑑定の証拠能力をどの程度までオンタリオ州検視官事務所の指針に取り込めるか、セアラ・ロングやガードナーの兄など、彼女の筆跡をよく知る証人が書き手に疑念を呈した書簡が証拠として提出された場合、偽造されたものとして却下できるだけの効力があるかについて、ウィリアム・ボーイズ検視官事務所長は助言を求めた。また、クリームのような目撃者は保身に走り、自分の嫌疑が晴れ、他人に罪をなすりつけることならどんなことでもするため、用心してかかるようにと検視官らに命じた。ボーイズが書いた捜査指南書には「犯人は過度に慎重になるか、死因について饒舌に語り、普通では考えられない提案をして墓穴を掘りやすい」という忠告が載っている。

フロック検視官はクリームの虫のいい主張に異を唱えもせず、ガードナーが書いた手紙かどうかも検証しなかった。彼は陪審員の評決と宣誓証言の書き起こしを所轄の検察官に提出し、検視官が担当する義務をすべて果たした。当局もあらたな行動を起こさなかった。ガードナー殺害事件は解決をみることはなかった。

フローラ・ブルックスが受けた中絶手術の内容、クリームがマギル大学でクロロホルムを学んだことが事前にわかっていれば、検視官も検事も不審に思って起訴事実を深く掘り下げて確認していただろう。

まさかクリームが、手紙をねつ造し、非難をかわし、脅迫を企むとは。悪知恵がここまで回るとは、その場にいた全員が予想すらしていなかった。

＊＊＊

二九歳の誕生日である五月二七日、警察判事裁判所にふたたび出廷したクリームは、無免許による医師業務違反で有罪の判決が下った。罰金最低額と法定費用、合わせてわずか二七ドルを支払うよう命じられた。地元紙各紙は彼の無免許での開業について報じなかった。ただ、悪い評判がたちまち広がり、ガードナーの死についての疑問にも答えなかったため、クリームはもはやロンドンにはいられなくなった。ロンドンでの友人、ジェイムズ・レイドが当時を振り返って語る。

「法の見地では潔白だとしても、友人たちですら彼は有罪だと信じていたし、汚名をそそぐことはできなかった」

初夏の熱波のさなかにあり、気が遠くなるほど暑かった七月五日、クリームは町を出た。彼は西を目指した。

＊＊＊

それから一三年後のほぼ同日、フレデリック・スミス・ジャーヴィス警部補を乗せた列車がオンタリオ州ロンドンに到着した。モントリオールの医師、ヒューバート・レディから聞いた情報は正しかった――レディのマギル大学での級友、クリームは、この地でとある女性の死に関わっていた。ジャーヴィスが面会したのは同市の警察署長で、クリームの医院そばの厠からキャサリン・ガードナーの遺体が発見されたこと、彼女の顔にあった熱傷のこと、遺体の脇にクロロホルムの瓶があったことを語った。本件を審議した検視陪審と同様、ジャーヴィスも、本件は自殺ではなく、謀殺であると確信した。「クロロホルムはかなりの時間、顔に押し当てられており、故人が自分の意思でやり遂げるのは不可能である」ロンドン警視庁に提出したジャーヴィスの報告書にはこうある。「彼女はすぐさま意識を失ったため、顔に擦過傷ができるほど、ハンカチーフを長時間、自分の顔に押し付けていられるだけの力もなかった」また、クリームはその晩彼女に会っていないと述べた件について、ジャーヴィスはこう付記している。「ただし、彼の証言を論破する証拠もない」

ジャーヴィスの上司らも、並行してイギリスからクリームの過去を洗っていた。ロンドン警視庁はランベス連続殺人事件のうち複数に関与しているとしてクリームの立件手続きを進め、手はじめにマチルダ・クローヴァーの死について検視陪審を実施した。ランベス連続殺人事件の主任捜査官、ジョン・ベネット・タンブリッジ警部補は、クリームがシカゴでも女性殺害事件に関与しているとの噂を耳にする。時を同じくしてピンカートン探偵社から書状が届く。同探偵社のシカゴ事務所に所属するフランク・マレー局長がクリーム逮捕の報を地元紙で読み、殺人罪でイリノイ州立刑務所に服役していた元クライアント、自称トマス・ニールと同一人物であるとの確信を得たというのだ。

この情報を「可及的速やかに」ジャーヴィスに届けるよう、タンブリッジは指示した。ロンドンで検視陪審が進められていたそのころ、カナダ地域で繰り広げられたトマス・ニール・クリームの犯罪捜査は、間もなくアメリカ合衆国に舞台を移すことになる。

第IV部

検視陪審のゆくえ

ロンドン
一八九二年六月～七月

23 ミッシングリンク

タンブリッジ警部補は、パーラメント・ストリート22番地にあるベンジャミン・プリーストの薬局に立ち寄った。クリームがG・F・ハーヴェイ社から購入し、革のサンプルケースに入れ、アメリカからロンドンに持ち込んだストリキニーネの錠剤を入れたガラス瓶についての情報をもう少し手に入れたかった。プリーストの薬局に狙いを付けたのは、たまたまロンドン警視庁《スコットランドヤード》から近かったからだ。そこで驚くべき事実と遭遇する。

「何たる偶然だろう」、店員はクリームと顔見知りだったのだ。

クリームは前年秋に来店し、自筆で注文書に必要事項を記入していた。薬局の記録によると、クリームはエレン・ドンワースが死亡した一〇月一三日の二日前にストリキニーネを購入している――「複数名を死にいたらしめる量」である点にタンブリッジは着目した。店主のジョン・カークビーは、クリームがここで空《から》のゼラチンカプセルを購入したと告げると、店内に在庫していた同じカプセルをタンブリッジに見せた。エマ・シリヴェルがフレッドからもらった「長い錠剤」という表現が頭をよぎったと彼は記している。カプセルは長円形だったが、と前置きし、タンブリッジは「彼女らの語彙では〝長い錠剤〟と呼ぶしかなかったのだろう」とした。プリーストの記録によると、クリームがカプセルを購入したのは一〇月中旬、ドンワースが毒殺される数日前のことだった。タンブリッジは確信した。クリームが飲み物にストリキニーネを入れ、彼女を殺害した経緯がわかった。ゼラチンカプセルを手に入れ、ストリキニーネを中に仕込んでから一週間後にマチルダ・クローヴァーを毒殺したのだ。

タンブリッジが突き止めたクリームのストリキニーネ入手先は、この時点でたったの一か所だった。それまで警察はロンドン全域に捜査網を張り、フレッドの人相書きと一致する人物に長円形のカプセルとストリキニーネを販売した薬剤師、薬問屋、医師を探していたが、手がかりは得られなかった。判明してみると、入手先はあれほど血まなこになって探していた相手はロンドン警視庁と目と鼻の先にいた。パーラメント・ストリートの薬局は捜査網から漏れたか、店側も、タンブリッジが来店するまで、あえて警察に協力しなかったのか。

ランベス連続殺人事件の主任捜査官であるタンブリッジは、自分たちがいかに無能だったかと大きな衝撃を受けた。ウィリアム・ドクター・ブロードベントに宛てた脅迫状が前年秋からロンドン警視庁のファイルに綴じてあったのにタンブリッジが気付いたのは、六月にクリームが逮捕される数日前のことだった。ストリキニーネでマチルダ・クローヴァーを毒殺したのは、かのドクター・ブロードベントだ。タンブリッジは、この脅迫状が大きな意味を持つと瞬時に察した。「クローヴァーの死因がストリキニーネ中毒だという事実を知っているのは、一〇日ほど前に投与した当人だけだ」クローヴァーの遺体を掘り起こして検査を終えた六月六日、タンブリッジは報告書にこう記した。「よって、脅迫状を書いたのは毒を飲ませた本人と見て間違いない」

タンブリッジは提示された手紙をクリームの筆跡と比べてみた。筆跡は一致していた。ロンドン警視庁は決定的な証拠を握っていたのに、数か月もの間、何の手も打っていなかった。今度は国会議員のフレデリック・スミスをエレン・ドンワース殺害の件で告発した手紙の筆跡を見た。こちらもクリームの筆跡と一致した。警察のファイルには、メイベル・ラッセル伯爵夫人に宛て、夫がクローヴァーを毒殺したと脅迫した手紙に言及する部分が複数あった。この脅迫状もクリームが書いたのなら、彼がエレン・ドンワース殺害犯であるとの証拠が固まる。だが、ラッセル伯爵夫人の御者と接触した警官は、この書状を紛失していた。伯爵夫人が「すぐに」警察と連絡を取り、書状を渡してくだされればよかったのに――タンブリッジはこんな注釈を書き足している。

ロンドンを離れたところであらたな証拠を得た。タンブリッジは、バーカムステッドにある母親の実家にいたローラ・サバティーニから話を聞いた。殺人と脅迫容疑のかかった男との交際を恥じたのか、サバティーニはクリーム自筆の文書を警察に提出しようとはしなかった。それでもタンブリッジがロンドンに戻る列車に乗るころには、サバティーニがクリームの求婚に応じた際、彼が書いた遺言状と書簡を手に入れていた。もうひとつの手がかりである、アリス・マーシュとエマ・シリヴェルの名が書かれた紙と、スタンフォード・ストリートの住所を携え、タンブリッジはブライトンへと向かった。マーシュの姉、ファニー・テイラーは妹の筆跡を間違いなく判別した。この紙はランベス・パレス・ロードにあるクリームの自室を捜索中、彼のズボンのポケットから見つかったものだ。

この走り書きで、クリームとふたりの犠牲者がつながった。ところがロンドン警視庁当局は、さらに別の証拠を探してこいと命じた——容疑者が謎の人物フレッドであると断定できる目撃証人がほしい。殺された女性たちがクリームと一緒のところを彼らが目撃していればなおよし、と。大した進展もなく、焦りだけが募る仕事だった。そこでタンブリッジは、クローヴァーが住んでいた下宿屋のメイド、ルーシー・ローズに、ウエストミンスター・ブリッジロードを歩く男たちを見て、クローヴァーが亡くなる前に一緒にいた男がいたら教えてくれないかと頼んだ。ローズが特定した男たちの中にはクリームもいた。タンブリッジの報告書によると、目の前を通り過ぎるクリームを「じっと見ていた」ローズは、フレッドの「いでたちとだいたいの風貌」と合致すると言った。だが、この首実検は昼日向《ひるひなた》に行われ、しかもクリームは眼鏡をかけていた——ローズが目撃したのは七か月前のうす暗い街灯の下、男のひげの色はもっと濃く、肌はもっと白く、

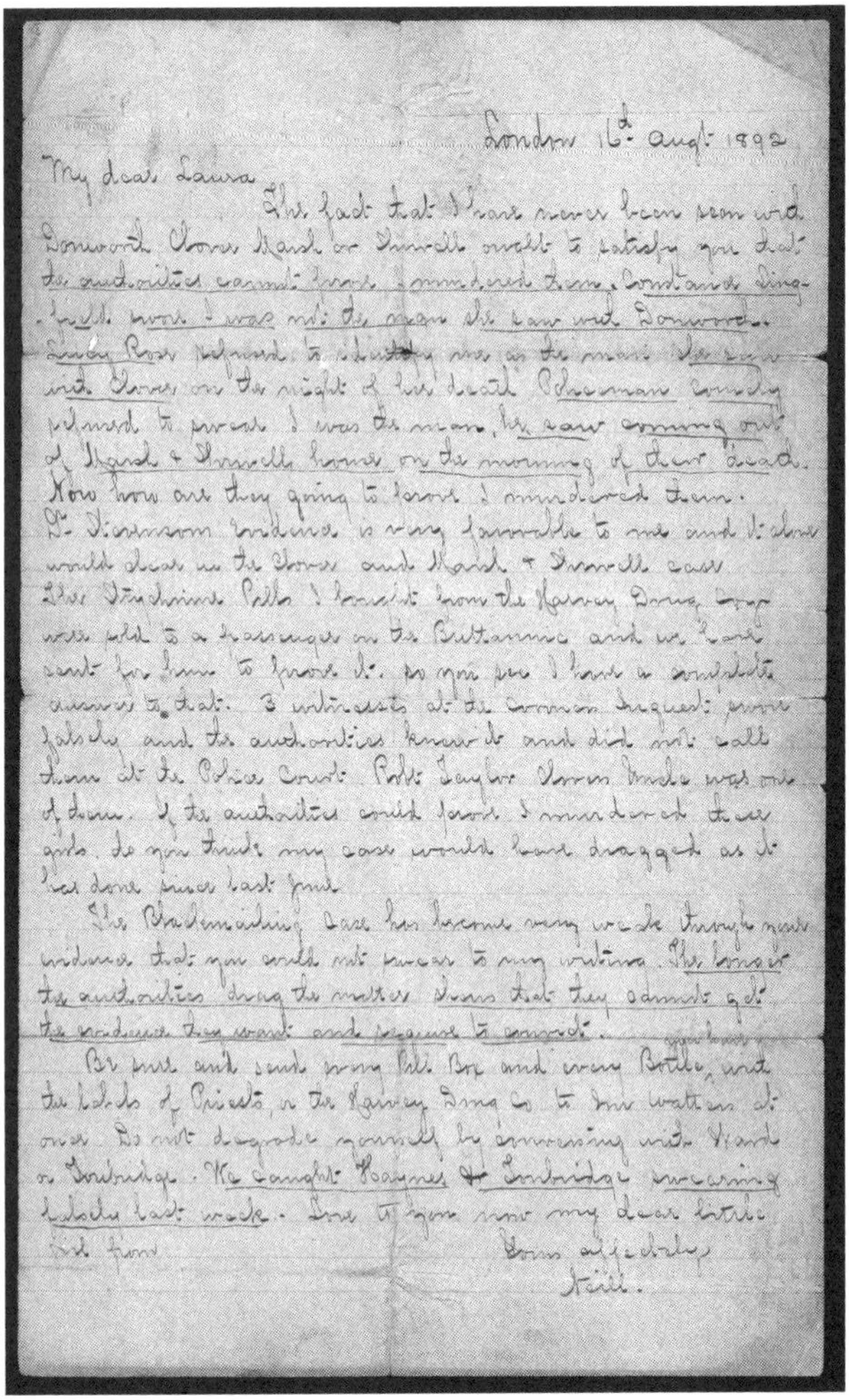

London 16th Augt 1892

My dear Laura

The fact that I have never been seen with Donworth, Clover, Marsh or Shrivell ought to satisfy you that the authorities cannot prove I murdered them. Const and Lingfield swore I was not the man she saw with Donworth. Lucy Rose refused to identify me as the man she saw with Clover on the night of her death. Policeman Comley refused to swear I was the man he saw coming out of Marsh & Shrivell's house on the morning of their death. Now how are they going to prove I murdered them. Dr Stevenson evidence is very favorable to me and it alone would clear me in the Clover and Marsh & Shrivell case. The Strychnine Pills I bought from the Harvey Drug Co were sold to a passenger on the Britannic and we have sent for him to prove it. so you see I have a complete answer to that. 3 witnesses at the Coroner Inquest swore falsely and the authorities knew it and did not call them at the Police Court. Robt Taylor Clover's uncle was one of them. If the authorities could prove I murdered these girls, do you think my case would have dragged as it has done since last June.

The Blackmailing Case has become very weak through your evidence that you could not swear to my writing. The longer the authorities drag the matter shows that they cannot get the evidence they want and require to convict. your lover

Be sure and send every Pill Box and every Bottle, and the labels of Priests, & the Harvey Drug Co to Mr Waters at once. Do not degrade yourself by conversing with Ward or Tunbridge. We caught Haynes & Tunbridge swearing falsely last week. Love to you now my dear little bird from

Yours affectionately

Neill.

クリームの特徴ある筆跡の手紙。元婚約者のローラ・サバティーニに書いたもの
（サイエンス&ソサエティ・ピクチャーライブラリー／画像番号10658283）

眼鏡をかけていなかった。落胆したタンブリッジは、「以上により、彼女はクリームを判別できなかった」と書き残している。

エレン・ドンワースが毒殺された夜、リンフィールド巡査は彼女と一緒にいた男を目撃していたが、クリームだったとは断言できずにいた。アリス・マーシュの友人で役者のチャールズ・バーデットは、クリームがスタンフォード・ストリートで見かけた「船乗り」と同一人物だと認めた。だがそれより数週間前、バーデットは警官とされる人物からクリームが殺人事件の容疑者だとの情報を事前に得ていたため、彼の証言は法廷で法的効力を持たないとされた。クリームの身元を特定できそうな人物をボウ・ストリート署に集め、クリームには脅迫容疑で出廷するよう、同署に呼んだ。首実検には多くの新聞記者が名乗りを上げ、過去に目撃者として新聞が記事にした二名の脇に立った。ところが誰もクリームの顔を判別できなかったばかりか、著名な記者を指さし「私が目撃した人物に似ている」と断言する者もいた。

ロンドンの地元各紙はすぐさま、クリームの脅迫容疑とランベス連続殺人事件との関連性について取り上げた。クリームの罪状認否から数日後、ロンドン警視庁は被疑者を毒殺の線で取り調べようとしているとの記事が複数掲載された。オブザーバー紙の記事には「未解決の毒殺事件がまだあることから、問題の人物は、これらの連続殺人事件との関連性が疑われている」とある。記事ではクリームを名指ししてはいない。イギリスの判事は報道が裁判に口出しするのをよしとせず、性急な判断や憶測で犯人を特定した新聞記者には、見せしめとして強権を発動し、罰金や拘留を科したことがあったからだ。

司法の心証を損ねずに容疑者の身元を示し、読者に注意喚起を促そうと、ある新聞は、不特定の人物の罪を指摘した直後、クリームが脅迫罪で起訴された記事を流すという離れ業をやってのけた。ポール・モール・ガゼット紙は、警察が「婦女子を次々と毒殺にいたらしめたことを示す」証拠を握ったと報じ、スタンダード紙は「ミッシングリンクは近日中に解き明かされるもよう」と報じた。デイリー・ニュース紙はいち早く、犯人のゆがんだ心理の究明に着手した。「彼は人を殺《あや》めることに快感を見いだすという、一風変わった精神錯乱状態にある」との憶測を述べたあと、ロンドンの娼婦殺しという共通点から、クリームを稀代の殺人者、切り裂きジャックになぞらえた。「ホワイトチャペルで起こった切り裂きジャックによる連続殺人事件が示すとおり、特に社会的な後ろ盾を持たない女性を狙い、殺人にふける行為は、ランベスの毒殺魔にかぎったことではない」

アメリカではイギリスよりも新聞の発行部数が少なく——しかもイギリスのように法廷侮辱罪に問われることがないため——早々にクリームを殺人事件の容疑者として特定した。脅迫罪の罪状認否に問われてから一週間足らずで、フィラデルフィアとシンシナティの地元各紙は大見出しと記事の両方で毒殺事件との関連性に触れた。「ふしだらな娘たちにストリキニーネの錠剤を与え、四人もしくはそれ以上を殺害した重要参考人に問われている」と、シンシナティ・インクワイアー紙はロンドンからの特報として伝えている。記事はこのように続く。「ロンドン警視庁の刑事らは同様の事件八件もニールの犯行とみている」ニューヨークタイムズ紙はクローヴァー、ドンワース、シリヴェル、マーシュを殺害した容疑者としてクリームの実名を公表し、「恐喝を企てた以上、ニールは最大級の知恵を絞らなければ逃げられない苦境に立たされるだろう」と述べた。タイムズ紙は「謀殺罪は間もなく彼にとって不利になるだろうというのが当紙の見解である」と、読者に伝えた。ニューヨーク州のバッファロー・モーニング・エクスプレス紙は、有罪になるのは告訴を待たずして必然であると見ていた。クリームが事件に関与した証拠が得られたという報道では、「毒盛りジャック」との見出しが冒頭を飾った。

そのころロンドン警視庁のタンブリッジ主任捜査官は、クリームの殺人容疑を裏付ける「ミッシングリンク」を埋める作業を進めていた。マチルダ・クローヴァー死亡に関する次回の検視陪審では、クリームと彼女との関連性を特定し、毒殺された三名の女性たちに関するあらたな証拠と手がかりが明らかになるはずだった。続いてタンブリッジは、クリームがジョン・ヘインズとパトリック・マッキンタイアに、あの子が五人目の獲物だとほのめかしたルイーザ・ハーヴェイの捜索に着手した。一八九一年九月から一二月の間にロンドンで登録されたあらゆる死亡記録をしらみつぶしに調べるよう、ロンドン全域に配置されたロンドン警視庁の警官に命令が下った。ハーヴェイが殺害された日は、そう日を置かずに明らかになる。タンブリッジはそう信じてやまなかった。

＊＊＊

埋葬から半年以上経過した五月の初旬、マチルダ・クローヴァーの遺体が掘り起こされた。遺体はその後、南ロンドンの郊外、トゥーティングにあるランベス墓地の安置所でさらに七週間保管され、六月末に行われる検視陪審での検討を待った。棺の蓋にはクローヴァーの名が記されているが、遺体の顔は本人と判別できないほど膨張していた。そこで、衣類や茶色の長い髪、突き出た前歯、変形がはじまった右手人差し指の爪から、遺体がクローヴァーであることを確認した。

気が滅入る使命を終えた二三名の陪審員は検視陪審のため、墓地から二キロメートル弱離れたトゥーティングのヴェストリー・ホールに再集合した。ドンワース、マーシュ、シリヴェルの検視ではワイアット検視官が立ち会い、クローヴァーの遺体掘り起こしと解剖は、ミッドサリー検視官事務所のA・ブラクストン・ヒックスが担当した。カナダ・オンタリオ州でクリームと彼の患者であるキャサリン・ガードナー殺害との関連性を見いだせなかった一年前より、さらに詳細な部分が検討できると予想された。「私は全力を尽くして問題を究明する」と、ヒックスはロンドン警視庁のロバート・アンダーソン副総監に明言した。

一五〇人収容可能なホールの座席の大半を、弁護士、証人、警官、新聞記者が占めた。ホールの廊下を埋め尽くし、その様子をある記者が、地元トゥーティングの住民らは「自分たちの娯楽のため、わざわざ企画された催しを前にして、笑いさざめきながら」検視陪審のゆくえを見守っているとと記している。主要目撃者が証人台に立って証言するたび、傍聴席では「しーっ！」という声があちこちから聞こえてくる。女性の多くが子連れで、泣き声に耐えきれなくなったヒックス検視官は女性数名に退去を命じた。彼はあからさまな皮肉を込めて注意した。「検視法廷は簡易託児所ではない」

クリームは独房から看守に連れられて公聴会に姿を見せると、法廷前方にあるテーブルに着席した。担当弁護士が遅れて到着した。紙と鉛筆が渡され、メモを取ることが許可されても、クリームは文字を書くことをためらった。警察が証拠として押収するだろうからと拒んだ。「事務弁護士から、何も書き残すなと指示があったため、逮捕以降は一筆たりとも字を書いておりません」というクリームの疑念を払うように、ヒックスは、メモを自由に取ってよいと述べた。そこでクリームは証人が証言台に立つたび、紙に何か書き付け、弁護士が法廷に着いてからもメモを取り続けた。記者たちはクリームの行動を逐一観察した。彼は片手で肘を付き、視線を落として、自分が書いたメモを見ていた。クリームはふてぶてしいほどに落ち着き払っていた、と、記者のひとりが書き残している。

ランベス・ロード27番地にある下宿屋のメイド、ルーシー・ローズをはじめとする証人らが、クローヴァーのいたましい死について証言した。ヒックス検視官は、クローヴァーの症状を誤診したため死亡証明書に不備が生じ、結果的に数か月間殺人と断定できなかった点を集中的に審議した。ヒックスは、医師免許を取得していない医療助手、フランシス・コピンの評価を鵜呑みにした件をロバート・グラハムに質した。「この分野でしかるべき知識さえあれば医療行為ができるなら、君だって医師免許などいらないはずだ」と、ヒックスはグラハムを叱責した。プリースト薬局の店員で、クリームにストリキニーネを売ったカークビーは厳重注意を受けた。ヒックスは「これからは慎重に職務にあたりなさい」と、カークビーを諭した。

マーシュとシリヴェルの体内に含有するストリキニーネを検出した名うての監察医、トマス・スティーヴンソン博士は、クローヴァーの遺体で行った検査結果を提出した。彼は一六分の一グレイン（約〇・〇〇四グラム）のストリキニーネを回収した。残存量では殺傷能力はなかったが、クローヴァーが生前に「致死量のストリキニーネを摂取した証拠」が示された。ヒックス検視官は、クローヴァーの症状について証人から採取した証言のメモを読み上げた。「複数証人の証言内容が一致したほか、ストリキニーネ中毒を指摘する証言も相次いだ」とあった。スティーヴンソン博士は振戦譫妄《しんせんせんもう》を死因と認めたドクター・グラハムの怠慢を踏まえた上で、死因を正式に認定した。

だが、ルーシー・ローズは、クローヴァーの下宿のうす暗い廊下で一時すれ違った男がクリームであるとは断言できなかった。ロバート・テイラーは、メイソンズ・アームズというパブで、姪のクローヴァーから「大金」をくれる「金持ちそうな男」を紹介された。姪は男をフレッドと呼び、クリームと「とてもよく似ている」と証言した。ただ、その出会いは少なくともクローヴァーが亡くなる一か月ほど前のことで、クリームはまだロンドンに到着していなかった。クローヴァーが住んでいた下宿屋の女主人、エマ・フィリップスが、フレッドはクローヴァーの子の父親であり、何度も会ったことがあると証言すると、事実関係がさらに混乱した。フィリップスは、クリームとは一度も会ったことがないと述べた。

一方、脅迫容疑の方でも厄介な問題が生じつつあった。クリームはこの年の六月、ボウ・ストリート治安判事裁判所に数回出廷していたため、検察官はジョセフ・ハーパー医師の脅迫容疑を裏付ける証人を召喚した。ドクター・ブロードベントと閣僚フレデリック・スミス宛の手紙をタンブリッジが発見し、検察当局は恐喝容疑でも起訴すると発表した。検視陪審開廷から二日後の六月二〇日、問題の書状が読み上げられた。筆跡鑑定の専門家、ジョージ・スミス・イングリスは、マーシュとシリヴェルを殺害したのはハーパーだとする三通も含め、すべての手紙をクリームが書いたと証言した。「これらはすべて同一人物が書いたと私はみております」と、イングリスは述べた。彼はまた、クリームは筆跡を偽ろうと試みたが成功しなかったとも証言した。

サー・ジョン・ブリッジ治安判事は、判定に迷いがあるかイングリスに尋ねた。

「一切ありません」と答え、イングリスは二通の手紙を証拠として示した。「こちらの手紙は文字を右に傾け、こちらは左に傾けて書いていますが、どちらも同一人物が書いたものです」

イングリスは筆跡鑑定家として一〇年の経験がある。法廷で遺言状の署名の真偽を暴き、訴訟書類の信憑性を分析してきた。ストランド誌は「現時点における筆跡鑑定の第一人者」と、イングリスを高く評価している。一方法廷に立ったタンブリッジは、クリームの代理人であるジョン・ウォーターズの反対尋問を聞くうちに不安になってきた。自分のクライアントが脅迫状を書いた張本人と、著名な筆跡鑑定家が頭から信じ込んでいるのを本気で面白がっているように見えたからだ。タンブリッジはその後、こう述懐している。「私はこの段階で、イングリスの誤解に気付いた」

いやな予感がした。公聴会のあと、タンブリッジはローラ・サバティーニの自筆原稿を見本として提出した。三通の脅迫状を一字一字比較した彼は「すぐにわかった」と、後日報告書で述べている。三通すべて「サバティーニが書いたものに相違なかった」ロンドンにある彼女のアパートを訪ねて問いただすと、クリームに頼まれて下書きを書いたのをサバティーニは認めた。イングリスは過ちを認め、報告書の改訂版を提出したが、彼の信用は失墜した。

クローヴァーの検視陪審が進むにつれ、警察の捜査も軌道に乗ってきた。タンブリッジはようやくお目当ての目撃者を探し出した。エリザベス・マスターズとエリザベス・メイ。前年の秋、クリームと会った娼婦たちだ。警察の面通しで集められた中からクリームを特定し、クローヴァーと一緒にいたのは彼ですと検視陪審で証言した。クリームの下宿先であるランベス・パレス・ロード103番地の下宿屋の女主人の娘、エミリー・スリーパーは、クリームと気がかりな会話を交わしたと法廷で述べた。自分の代わりに、クローヴァーが住んでいたランベス・ロード27番地の様子を見てきてくれないかとクリームから頼まれたというのだ。「そこに住んでいる若い娘が毒を飲まされたはずなんだが、死んだかどうかを確かめたいんだ」と。殺したのはロード・ラッセルだと彼は言った。使い走りなんてまっぴらとスリーパーは断った。マーシュとシリヴェルが亡くなって間を置かず、女性ふたりを殺したのはウォルター・ハーパーだと言い、クリームはまた様子を見に行くようスリーパーに頼んだ。そしてこう付け加えた。「悪党には正義の鉄槌を下さないとね」

マチルダ・クローヴァーの死を巡る検視陪審で、ローラ・サバティーニが証言台に立ったときの様子を法廷画家が描いたもの
（ペニー・イラストレイテッド・ペーパー、1892年7月2日）

続いて証人として呼ばれたのがローラ・サバティーニだ。傍聴席からざわめきが聞こえる。入れ替わり立ち替わり証人が登壇しても無関心だったクリームも、元婚約者を見て明らかに驚き、動揺した。警察への協力をそれとなく示すように、サバティーニはタンブリッジの案内でホールに入廷した。レースの袖に

ピンクの小さなリボンをあしらった黒のドレスといういでたちだった。顔をベールで覆ってはいたが、クリームの冷え冷えとしたまなざしと一瞬目を合わせると、彼に背を向けて席に着いた。小ぶりな新約聖書を手に、真実を語りますと宣誓する際、サバティーニの手は震えていた。彼女はささやくような小さな声で宣誓した。そのため検視官や陪審員に聞こえるよう、宣誓を何度も繰り返す羽目になった。

クリームとは婚約していましたと彼女は認め、バーカムステッドの実家に彼が訪ねてきた際、手紙を書いてくれないかと頼まれたと証言した。彼が口述したとおり、サバティーニは、マーシュとシリヴェルを殺したのはウォルター・ハーパーだというメモの草稿を書いた。ウィリアム・マレーという名で署名するのが腑に落ちなかったサバティーニは、こんな申し立てをする理由をクリームに尋ねた。だが彼は耳を貸そうとはしなかった。「気にするな、いつか教えてやる」

検視陪審三日目、最後に証言台に立った友人のジョン・ヘインズは、五月末に乗合馬車に同乗した際にクリームが見せた不審な行動について述べた。乗合馬車は新聞売りの少年らとすれ違った。「スタンフォード・ストリートの事件、重要人物が逮捕されたよ！」と、少年たちは新聞を売り歩いた。クリームはショックを受けた様子で、チャリングクロスの停車場で馬車が止まるのを待ちきれず、飛び降りて新聞を買った。ヘインズが代わりに読んでやらなければいけないほど、過度に怯えていたという。記事は女優として名を上げたい若い女性たちを狙い、みだらな行為におよんだスタンフォード・ストリートの劇場興行主が起訴されたというもので、ヘインズは「彼はずいぶんほっとしたようでした」と述べた。証言ではクリームが毒を与えたと主張する女性のひとりとして、ルイーズ・ハーヴェイの名も挙がった。ハーヴェイの身元を調べたが、探し出せなかったと述べた。

公聴会は六月二四日に休廷となり、ロンドン警視庁が追う殺人事件は一見、迷宮入りの様相を呈していた。脅迫容疑については有罪が確定したも同然だったが、クリームを殺人容疑で逮捕するには情況証拠ばかりで根拠が乏しかった。彼はマチルダ・クローヴァーと逢瀬を重ねていた。彼女が毒を飲んだのを誰よりも先に知っていた。だが、クリームがランベスの娼婦らを殺した犯人だと断言できる者はいなかった。

守衛に脇を固められ、手錠をかけられたクリームがホールから現れると、ヤジや罵声が飛んだ。巡査が野次馬を制止するなか、彼は辻馬車に乗り込んだ。ロンドン市内のホロウェイ刑務所へと向かう四輪馬車を引く馬の蹄《ひづめ》と車輪が立てる音に負けじと、併走する若者たちが怒声を上げる。シルクハットをかぶったクリームが振り返って彼らを見やる。ほほえみながら。

24 復活

シルクハットをかぶった身なりの良い斜視の男が、娼婦らに錠剤を飲ませた。

新聞を読んでいたルイーザ・ハーヴェイの目に、このフレーズが飛び込んできた。マチルダ・クローヴァーの死をめぐって行われた検視陪審に関する記事である。去年の秋に会った、アメリカから来た医者のことかしら？ 彼女は「どこもかしこも聞いたことのある話ばかりで、驚きました」と述懐している。記事では長円形の錠剤についても言及していた——顔色が明るくなるから飲みなさいと、しつこく勧められた薬に似ている。検視陪審についてもっと知りたいと思ったハーヴェイは、翌朝、デイリー・テレグラフをわざわざ買ってきた。ランベスの毒殺魔の毒牙にかかり、ミュージックホール外の路上で死んだとされる人物の身元を探しているというジョン・ヘインズの証言が、記事として掲載されていた。ハーヴェイは息を呑んだ。新聞の鮮明な書体が綴る名前が、墓碑銘のように目に飛び込んでくる――自分の名だ。

ロンドン警視庁の刑事らが死んだとばかり思っていたハーヴェイは生きており、ブライトンにいた。捜査関係者が殺害犯として追うクリームですら、ハーヴェイは自分が与えた薬を飲んで間もなく死んだと思っていた。彼女はロンドンを離れ、娼婦もやめ、ハリスというあらたな姓を名乗って過去と決別していた。六月のこの日、過去の方から歩み寄ってきて、ハーヴェイを見つけた。

彼女は手紙を二通書いてほしいと、配偶者のチャールズ・ハーヴェイに頼んだ。一通目は脅迫容疑の証拠を問い合わせるためボウ・ストリート治安判事のサー・ジョン・ブリッジへ、二通目はA・ブラクストン・ヒックス検視官に宛てた。この手紙はルイーザ・ハーヴェイが生きている何よりの証拠となる。しかも彼女は証言台に立つ意思がある。

＊＊＊

「ルイーザ・ハリス」七月七日、ヴェストリー・ホールで再開したクローヴァーの検視陪審で、この証人の名を知る者はいないも同然だった。当のクリームも、ハリスが証言し、一八九一年秋に使っていた名前を述べた時点でようやく現状を把握したほどだ。

ルイーザ・ハーヴェイの半生は「本件でもっとも謎めいたものかもしれない」と、ロンドンのデイリー・ニュース紙の記者が書き残している。刑事らは死亡記録や墓探しに追われ、何週間も時間を無駄にしてきた。青いジャケット、茶色い縁取りが入った緑のドレス、深紅のバラをあしらった黒いつばの付いた帽をピンで留めた髪。二度と見逃されるものかというハーヴェイの思いが、法廷に現れた彼女の大胆な装いから伝わってくる。霧の都ロンドンから「陽光のブライトン」に移り住んだからか、彼女はきれいに日焼けしていると、傍聴人のひとりが記している。

落ち着いて話してはいても声は小さく、ホールのざわめきにかき消されてしまいそうだった。ちゃんと聞こえるまで繰り返すため、話す内容がしっかりと頭に入る。クリームはうなずいたまま、彼女の発言を一言一句記録してやるぞと言わんばかりに、何かを熱心に書き付けていた。ハーヴェイの証言で裁判のゆくえが決まる。あの夜、テムズ川のエンバンクメントでクリームから飲めと薬を渡されたが、彼を欺いて飲まずに事をおさめた経緯をハーヴェイは詳しく語った。薬は長円形の錠剤で、クリームがプリーストの薬局で購入したものと形状が似ている。薬にはストリキニーネが含まれていたとみて間違いなかった。だからクリームは彼女が死んだと思い込んだのだ。ロンドン警視庁は、第一容疑者がロンドンの娼婦に薬を飲ませたという直接証拠をようやく手に入れた。

有力な証言で傍聴人の度肝を抜いたあと、もうひとつの謎を解くため、意外な人物が証言台に立った。泥沼化した離婚訴訟について、あちこちの新聞に書き立てられたため、メイベル・ラッセル伯爵夫人は、殺人や脅迫の容疑で渦中の人となったクリームの騒動に巻き込まれるのは、もうこりごりだった。宣誓を終えた彼女は、前年の秋、元夫が殺人者であると告発する手紙を受け取ったと認めた。この手紙を見せたらロンドン警視庁が黙ってはいないと思ったが、どこに置いたか忘れてしまっていたと彼女は述べた。手紙では「毒を飲ませて」殺したとあるが、ストリキニーネと書いてあったかは記憶にないと答えた。書面にあった被害者の名がクローヴァーだったことだけは覚えていると伯爵夫人は述べた。

＊＊＊

ヴェストリー・ホールで行われた検視陪審を取材するため、ロンドンの有力各紙は記者をトゥーティングに送った。殺人、有名人を狙った恐喝、不純異性交遊、放蕩――ある種スキャンダラスで生々しい噂話に、ヴィクトリア期の読者からは拒絶反応を示す声あり、じらさないで早く続報を出せという声ありと、さまざまな反響があった。記事の多くは、検視陪審の成り行きを一言一句漏らさず、主な証人のスケッチ入りで報じた。記者たちはクリームの知人を血まなこで探したが、違法薬物で腐り果てた友人のふしだらな行為を知り尽くしたジョン・ヘインズなら、とっておきの逸話が聞けるだろうという線で落ち着いた。「クリームの話題は女のことばかり。朝も、昼も、夜も」ヘインズはスター紙の記者に語った。別の取材では「ニールは頭がいかれている」とまで言ってのけた。「クリームと同じだけドラッグにおぼれたら、まともではいられない。彼のように健康を害するし、正気を失う」とも語った。ほかの知人も、クリームとは客として知り合った娼婦たちも同意見だった。ロイズ・ウィークリー・ニュースペーパー紙は「最初はとても親切で感じのいい人物だが、交流が深まるにつれ、彼は頭が少しおかしいのではとの印象を得た」と報じた。

イギリスの報道陣は、クリームの過去を取り上げたアメリカの新聞記事からネタをしきりに拾っては、自紙に再掲した。丁寧に見ていくと誤認があるが、不正行為を働く殺人医師という大まかな概念は合っている。イラストレイテッド・ポリス・ニュースの記事によると、クリームのカナダとアメリカでの「犯罪歴」は、少なくとも二名の女性を殺し、アメリカの刑務所で長い間服役したとある。

暴露記事に歯止めをかけようと、クリームの代理人を務めるジョン・ウォーターズ弁護士が動いた。脅迫罪より「重い罪」が下りそうなので、もしクリームが「不運にも裁判にかけられた場合」、根拠のない噂や偏見のある新聞記事は陪審員の心証を悪くするおそれがあると、ウォーターズ弁護士はボウ・ストリートで開かれた、ある公聴会の場で苦言を呈した。「刑事被告人に不利な声明はきわめて不公平であり、かつ不適切である」と、ブリッジ治安判事は法廷で提示された証拠を手当たり次第に掲載する記者たちを叱責した。大半の新聞が警告を無視し、クリームの過去についての暴露記事を載せ続けた。ロイズ・ウィークリー・ニュースペーパー紙は治安判事の発言を紙面で引用し、さらにはクリームのアメリカでの「けしからん経歴」に関する新情報

脅迫容疑とクローヴァーの検視陪審で証人に立った人物と裁判の様子
(イラストレイテッド・ポリス・ニュース、1892年7月9日)

を載せるという大胆な手段に出た。

また、ウォーターズはクリームの顔を新聞に載せないよう画策した。警察の面通しでクリームの特定を依頼された証人の判断に影響を与えかねないとし、法廷画家のスケッチや写真をもとに制作した版画の掲載にクレームを付けた。だが、クリームの写真は証拠として提出済みであり、ブリッジ治安判事は、新聞社には「法廷で起こったすべてを発行する権利がある」と述べた。また、メディアへの露出は警察への捜査協力にもなると治安判事は言ってもよかったのだろう。新聞で自分の名を見つけなければ、ルイーザ・ハーヴェイは金輪際見つからなかったかもしれないのだ。ロイズ・ウィークリー・ニュースペーパー紙はクリームの絵を掲載してふたたびメディア攻勢を仕掛け、見覚えのある読者は名乗り出るようにと世論をあおった。

＊＊＊

検視陪審は七月一三日に再開し、最終日、五日目の証言を迎えた。トマス・スティーヴンソン博士が再度証言台に立ち、マーシュとシリヴェルの遺体の組織を検査した結果と、クリームの薬物サンプルにあった薬の分析結果を提出した。ストリキニーネの小さな錠剤九錠が致死量で、クリームが購入したゼラチン質のカプセルには二十錠ほどのストリキニーネが入るとクリームは述べた。薬剤を挽いて粉末にすれば、三十錠分程度のストリキニーネが詰められる。

はじめて証言台に立ったタンブリッジ警部補は決定的な証拠を明らかにした。クリームの部屋にある机の一番上の引き出しで見つかった封筒は、女性たちを殺した日付とイニシャルを書き付けるために使われていた。〝L・H〟、すなわちルイーザ・ハーヴェイのイニシャルもあった。

クリームは自分を殺人罪と結び付ける情況証拠の影響力が高まってきたのに気付いていないようだった。ボウ・ストリート治安判事事務所に出廷した際、彼は顔に笑みを浮かべ、意気揚々と被告席に着いたこともあった。あるときは、殺人罪で訴えを起こした証人たちを褒め称えたりもした。「すごいね、誰も偽証をしないなんて」と口走り、まるで証人の陳述が自分に有利に働いたと思っているかのようだった。検視陪審の休憩中、タンブリッジを見つけたクリームは握手を求めた。「絶好の機会になりそうだ」と、大声で言ってのけた。ランベスでの彼を行状を知る者にはおなじみの、常軌を逸した行動である。

検視陪審が終わりに近づくころ、おかしな書状を受け取ったので、ここで読み上げて記録を残したいと、ヒックス検視官が言い渡した。

前略

貴殿が調査中の男性、ドクター・ニールは、貴殿と同じく潔白である。ニール医師の知人である私は彼に扮し、毒殺された女性と知り合いになった。ひどい体調不良をすべて治す薬を分け与えたところ、彼女たちは死んでしまった。L・ハリス嬢は予想以上に分別があったが、いつかは彼女も手にかけるつもりだ。

この手紙を書いたのは事件の経緯を詳しく知る人物で、ラッセル伯爵が「クローヴァー毒殺の一件に関わっている」とする脅迫状を繰り返し送り付けていた。ヒックス検視官への忠告もあった。「私ならドクター・T・ニールを釈放する。そうしなければ厄介なことになるだろう。彼の無実はどのみち明かされる。釈放ののち、彼は貴殿に損害賠償請求を求めると思われる」手紙はこんな脅し文句で終わっている。「皆様くれぐれも賢明なご判断を。警告は一度きりなり」

ヒックスは署名を読み上げた。〝切り裂きジャック〟より。

ホール全体が爆笑に包まれた。クリームまでもが笑っていた。その一方で、ランベス連続毒殺事件がロンドンの立場の弱い女性を狙った殺人事件として、一八八八年のホワイトチャペル虐殺事件以来の凶悪犯罪であることがあらためて示された。

クリームが最後の証人として立つことが当初から決まっていた。彼は、宣誓はしたが証言は拒んだ。「本件について一切言及しないよう弁護士から指示があったため、黙秘します」とクリームは言った。名前も、医師であることにも黙秘を貫いた。

ヒックス検視官は集まった証拠を取りまとめて整理し、最終弁論の場で陪審員に示した。ウィリアム・ブロードベントに脅迫状を送った主は遺体を掘り起こす数か月前から、マチルダ・クローヴァーがストリキニーネで毒殺された事実を把握していた。この手紙の筆跡はクリームのそれと一致していた。クリームは彼女と顔見知りで住所も知っており、一緒に歩いているところも目撃されている。ヒックスは陪審員に問いかけた。「ニールが毒を与えた張本人であり、本法廷で殺人罪に問われることに対し、理にかなった反対意見を述べる方はおりますか？」

反対意見があっても、陪審員が審議する二〇分の間に消えてしまった。「全員一致で評決に達しました」審理室から戻った陪審員からメモを受け取った検視官が読み上げる。「マチルダ・クローヴァーはストリキニーネ中毒で死亡し、かかる毒物はトマス・ニールが殺害目的で投与したものである」

クリームの目に光が宿ったが、それ以外何の反応も見せなかった。ホールの外では、クリームを刑務所まで送致する辻馬車の回りを取り囲む千人程度の群衆と警官九人が対峙していた。数名が非常線を突破して警察と取っ組み合いの騒ぎとなったすきを狙い、クリームの護衛がその脇をすり抜けて彼を辻馬車に乗せ、大急ぎで立ち去った。

検視陪審はクローヴァー殺害事件の捜査に注いだ努力を称え、ヒックスは捜査陣、特にタンブリッジとジョージ・ハーヴェイ両警部補の「称賛に値する」活躍に注目した。その一方で、ドクター・ブロードベントとラッセル伯爵家への脅迫事件で警察が起こした不手際も明らかになった。クローヴァーの死から二、三週間以内に警察が殺害犯の手がかりをつかんでいれば、アリス・マーシュとエマ・シリヴェルは死なずに済んだはずだ。新聞各紙はこの期におよんで寛大な態度に出た。デイリー・ニュース紙はこう記した。「当初は解けないパズルのようだったこの事件も、警察のたゆまぬ捜査活動により、少しずつ証拠が集まっている」

陪審員の評決により、クリームは少なくとも一件の殺人事件で法廷に立つことが確定し、ロンドン警視庁はひと月以内にマーシュ、シリヴェル、エレン・ドンワース殺害容疑で彼を逮捕するに足る十分な証拠を集めた。

そのころ大西洋を挟んだ向かい側では、クリームがアメリカにいた一八八〇年代の記録を、フレデリック・スミス・ジャーヴィス警部補がたどっていた。この捜査でさらに多くの犯罪が暴かれ、ドクター・クリームを残虐な行為や人殺しにいたらしめた特権についてのさらなる証拠へと導かれていった。

第V部

罪と罰

イリノイ州、カナダ、ニューヨーク州
一八八〇年〜一八九二年

25 メアリ・アン・マチルダ・フォークナー

シカゴ

一八八〇年八月

エリザベス・グリーンが住むアパートの上階で、天井伝いに夜通し足を踏みならす音がした。明け方になり、ウエスト・マディソン・ストリート1056番地のアパート二階の住人、ハティ・マックが三人の子どもたちを連れ、あたふたと出て行くのが目撃された。間もなくアパートの建物全体で、どう考えても死臭としか思えない、吐き気を催すようなにおいがした。八月の日中となれば気温も高く、異臭はひどくなっていく。グリーンの夫、ジョージがぐらついた非常階段を上って二階に行き、ドアを開けようとした。鍵がかかっていた。シカゴのウエストレイク・ストリート署に向かったジョージは、悪臭と上の階の住人が大慌てで出て行ったのを通報した。

青い制服に星形のバッジを付けた警官二名が現場に到着すると、住民は鼻をつまんで通りに避難していた。エドワード・スティール巡査部長とジョン・レーム巡査がドアを押し破った。部屋の中には、血まみれのベッドに女性の遺体があった。両腕は安らかに胸元で組んであったが、腐敗が進み、顔や首はひどく膨張して黒ずんでいた。ふたりの警官は廊下に戻ると、あえぐように息を吸った。

エリザベス・グリーンが警官に語ったところによると、その女性は育ちが良くて繊細そうで、一〇日前にマックと一緒に引っ越してきたという。マックは近隣住民の間では産婆兼看護婦で通っており、この部屋に越してから一日二度か三度は医師が往診に来ていた。誰が病気なのかとエリザベスが訊くと、医師はマックの子どもの治療をしていると答えた。彼はエリザベスに名刺を渡した。名刺にはトマス・ニール・クリームという名前があった。

スティールとレームがクリームを見つけたのは数ブロック先にあるホワイト・ブラザーズ薬局で、クリームは裏手の貸間に住んでいた。マックのアパートから二・五キロメートルほど離れたウエスト・マディソン・ストリート４３４番地にある彼の医院を捜索したところ、二枚のメモが見つかった。一枚目のメモから、亡くなったのはカナダ・オタワ出身のメアリ・アン・マチルダ・フォークナーと判明する。二枚目は文法や綴りに誤りがある鉛筆で走り書きしたメモで、消息不明のハティ・マックが書いたものだった。

クリームせんせい私今夜は家にいませんせん探したんですよかぎは持ってますよあの女を動かすまで子どもたちを連れてかえれない誰にも話してませんからどうか早くれんらくくださいストレスがつらい姉や妹のところにいます。

H・M

まどはあいています上の階の女にきおつけて。

警官はクリームを署まで連行し、尋問がはじまった。彼はフォークナーは自分の患者だと認めた。赤痢を診てほしいと来院した、と。その後気が変わり、フォークナーは子宮頸部の病変〝子宮潰瘍〟を発症していると語った。

姉妹の家にいたマックの身柄を警察が拘束すると、クリームが中絶手術をしたせいで死んだのだと言った。自分は全力を尽くして女性の看護にあたったが、術後に体調が急変したと主張した。クリームはマックが未熟な堕胎を独断で行ったため、感染症を起こしたと自説を開陳し、マックの供述に反論した。助けてくれとマックに呼ばれたころには手遅れで、フォークナーの命を救えなかったと述べた。

遺体発見の翌日にあたる一八八〇年八月二一日、シカゴ・デイリー・ニュース紙は「医療過誤

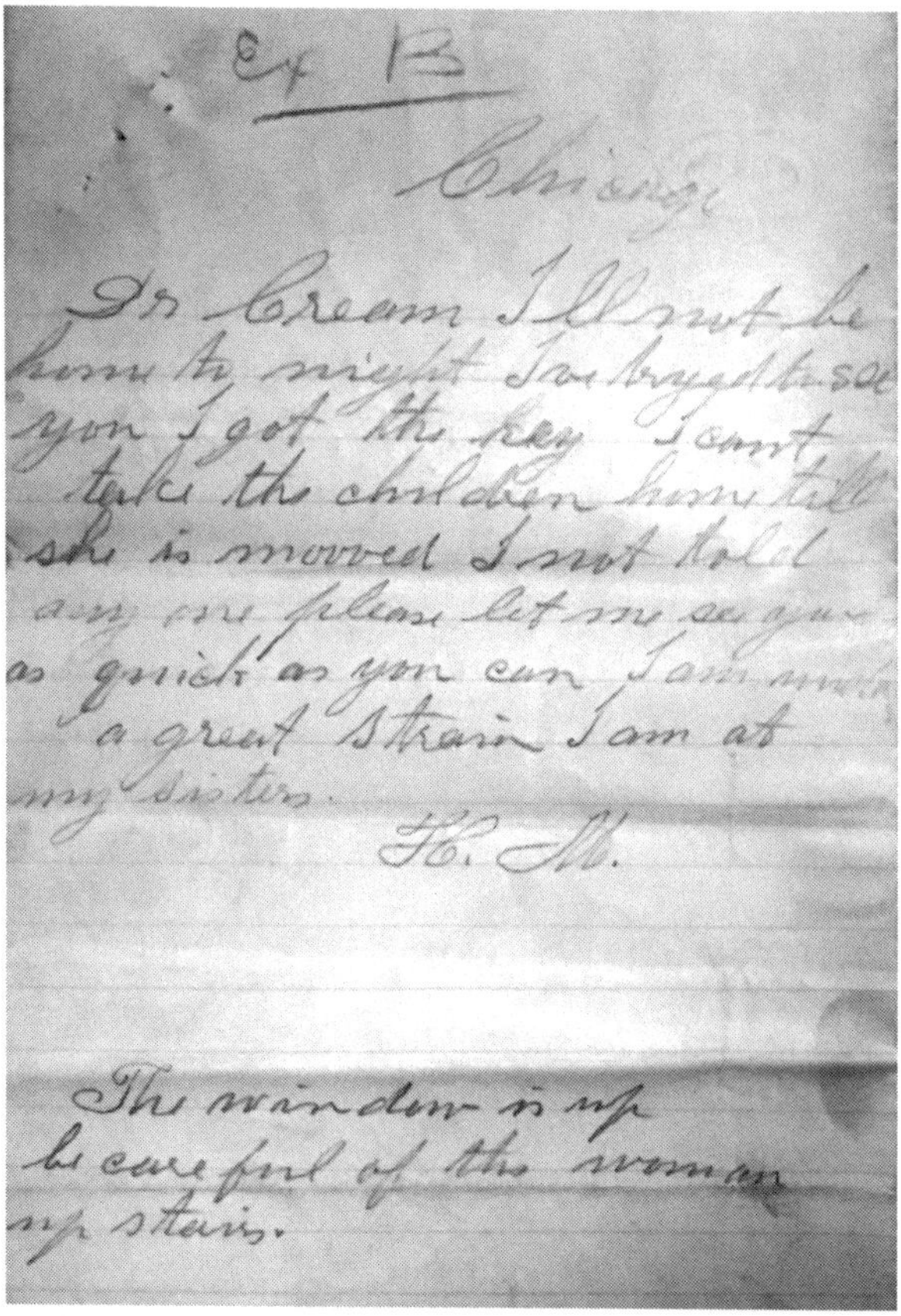
Ex B

Chicago

Dr Cream I'll not be home to night I ... to see you I got the key I cant take the children home till she is moved I not told any one please let me see you as quick as you can I am ... a great strain I am at my sisters.

H. M.

The window is up be carefurl of the woman up stairs.

助産師のハティ・マックがクリームに注意を喚起するために残したメモ。警察はその後、この部屋でメアリ・アン・フォークナーの遺体を発見する（裁判第10926号、クック郡刑事裁判所、1880年）

による いたましい事件」との見出しを掲げて報じた。検視陪審が証拠を検討し、真実を述べているのはどちらかが判明するまで、クリームもマックも、ウエストレイク・ストリート署の独房に拘留された。

＊＊＊

逃げるようにしてオンタリオ州を去った直後の一八七九年七月、クリームはシカゴに着いた。大勢の死者を出し、市の中心部が七・七平方キロメートル以上焼失したシカゴ大火から、まだ八年も経ってはいなかった。「焼失区域」付近に行くと、窓のない教会や建物の残骸が、死に取り憑かれた災害の記念碑よろしく建っていたころの話だ。反面、未来を見据えた復興事業も進んでいた。市街地の通り沿いには耐火性の石やレンガで造られた建物が並び、中には七階建ての高層建築もあった。この地を訪ねたイギリスの作家、レディ・ダファス・ハーディは「シカゴは灰の中から立ち上がり、以前より、さらに立派で輝かしい町となりました」と驚嘆している。この町の立ち直りの早さと逆境に負けぬ成長ぶりを的確に表現しようと模索する者はほかにもいた。一八八一年にシカゴを訪れた女優のサラ・ベルナールは、まさに「アメリカの息吹」であると評した。ドイツの宰相オットー・フォン・ビスマルクは、いったい何の騒ぎかと興味を持った。彼は何度となくこう述べている。「シカゴの復興ぶりをこの目で見るため、是非ともアメリカに行きたいものだ」

移民が毎年大挙してシカゴにやってきたが、その多くは、ビスマルクが建国して間もないドイツ帝国からだった。シカゴ市の人口は大火から一〇年でほぼ倍の五〇万人に達し、復興後のシカゴはアメリカ合衆国第四の大都市となる。レディ・ハーディは一八八〇年代初期のシカゴを「みなぎるほどの活力と未来への希望がただただ金儲けへと注がれている都市」と称している。ゼロからの立て直しを図るシカゴで職を見つけてあらたなスタートを切ろうと、若い女性も人口流入の流れに乗った。彼女たちはアメリカ中西部の農業地域やカナダ、欧州からの移民である。こうした女性移民は工場労働者、お針子、教師、看護師、店員などさまざまな職に就いたが、一八七〇年代アメリカ全土で百万人におよぶ労働婦人の大半が個人宅でメイドとして働いていた。死亡時に二九歳だったフォークナーもメイドであり、弟妹の養育費の足しにするため、給金はカナダにいる未亡人の母親へ律儀に送っていた。最後に就いたのがレストランの給仕係

「活気にあふれた商業都市」。1880年代のシカゴ市、ステート・ストリート（著者所蔵）

だったが、死のおよそ六週間前に、結婚する予定があると雇い主に告げて退職している。

やはり再出発を図ろうと必死だったクリームは、シカゴのウエストサイドで医院の開業準備を進めていた。一八七九年八月二二日、イリノイ州衛生局はクリームを医師有資格者として追加登録した。シカゴに来たばかりの医師には仕事が山ほどあるはずだった。汚物が悪臭を放つミシガン湖を水源とする水道水の汚染により、シカゴでは腸チフスやコレラがひっきりなしに流行っていた。飲料水が原因の赤痢が原因の腸の疝痛と出血性下痢が日常茶飯事で、〝夏の病〟と呼ばれていた。ところがクリームは苦戦を強いられ、患者集めのため転居を繰り返した。その後彼は「医院の収支を合わせるのに苦労している」と打ち明けている。

一八九二年夏、シカゴを訪れたロンドン警視庁《スコットランドヤード》のフレデリック・スミス・ジャーヴィス警部補が見つけたクリームの診察室は、ウエスト・マディソン・ストリート434番地の床屋の二階で、向かいには馬車と馬の預かり所と、ウエストエンド・オペラハウスがあった。市の中心部から二キロメートルほど離れており、シカゴの新興地域とはまったく別世界だった。クリームの医院は移民や大火で焼け出された人々が肩を寄せ合って暮らす、粗末なアパートや下宿屋に囲まれていた。水道管が破裂し、汚水で水浸しの地下室。がらくたの山ができた裏庭。悪臭が入ってこないよう、住民は暑い夏の日も窓を閉めていた。

ウエストサイドはシカゴでも有数の凶悪犯罪多発地域で、クリームが住み着く直前、とある新聞が「犯罪の温床」と苦言を呈した。夜になるとならず者やギャングが町をうろつき、歩行者を襲っては略奪を繰り返す。街では売春ビジネスが盛んで、とある出版社は「どんな嗜好もご満足、好みのタイプをご用意いたします」と、きわどい宣伝文句を掲げ、「欲望を探求する方々向け」ガイドを発売した。一八七九年に選出されたカーター・ハリソン市長の市政では、ヘルズ・ハーフ・エーカー、バッドランズ、サタンズ・マイルなど、治安の悪さに見合った悪名を持つ暗黒街では別名「ばくち宿」として、娼館での賭博行為が許可されていた。暗黒街のボスと娼館の主は選挙の票を操作し、警察には賄賂を渡して賭博や売春の横行を黙認させていた。シカゴのとある市民はニューヨークシティの友人に「シカゴはばくち打ちと悪党に好き勝手にされ、今や大変なありさまだ」と愚痴っている。下町のカジノから身を興し、〝ストア〟と呼ばれる娼館兼賭博場を管理運営するマイク・マクドナルドは暗黒街で最大の権力を握り、ギャンブル帝国はもとより、警察、そしてシカゴという街そのものを手中におさめた。

ある新聞記事によると、フォークナーのように「大都市に流れ着いた」若い女性らは敵意と差別に直面し、好むと好まざるにかかわらず体を売る商売へと転じていった。女性は男性より賃金が安く、夫や父親から経済的援助がない女性も同じ境遇だった。さぞ身持ちが悪かろうと、未婚女性に部屋を貸すのを渋る家主が多かった時代の話だ。同時代のシカゴを知る女性が当時を振り返る。「若い娘が家族と離れて暮らしていると、ふしだらだと考えられる時代でした」ウエストサイドのような怪しげな界隈に独身女性が惹き付けられるのは、生活費が安くつくうえ、余計な詮索をされずに済むからだ。一八八〇年代のシカゴで女子のみの寄宿舎を運営したキリスト教女子協会のリアンダー・ストーン夫人は、当時の多くの女性が体験するであろう苦労や絶望について「来たるべき冬、女性たちは屋根裏部屋で凍え、地下室で飢えに苦しむことでしょう」と述べている。そして「さもなければ（あってはならないことですが）、暖を取り、食べ物を得るため、自らの誇りを犠牲にするという、死よりもひどい目に遭います」と悲嘆にくれた。貧しくて弱い立場の女性が売春斡旋業や娼館の女主人のえじきになる一方、貧困や退屈な重労働から逃れるため、自ら志願して娼婦になる女性もいた。シカゴの搾取工場でお針子やレース職人として働く女性が長時間労働で得られる賃金は週に三ドル未満、売春婦はその一〇倍稼げた。

独身女性や娼婦が妊娠しても中絶医はすぐ見つかった。ある新聞では、「手当たり次第に（手術を）引き受ける自称医師が多い」ため、シカゴでは堕胎医が「繁盛している」との記事が載った。ニューヨークやボストンでは相場が一〇ドルのところ、シカゴでは二ドル程度で手術ができるとの情報もある。一九世紀まで、妊娠初期の中絶は犯罪とはみなされなかった。女性は妊娠から一四週間後に「胎動がはじまり」、それまで胎児は生きていないと考えられていた。ところが一九世紀半ばになると、妊娠中の堕胎や流産を人為的に起こすのは道徳的に反するとの声が上がった。

それでも生命は妊娠数か月後に誕生するという俗説は依然として優勢で、自分たちには初期の段階で妊娠を終える権利があるとする女性が大勢いた。ある州の衛生局は、妊娠全体の三分の一が人為的に終わらせられたとの予測を発表している。テレピンに砂糖を溶くなど、聞くだけで体調を崩しそうな自家製混合飲料を飲めば流産できると信じられていた。新聞には「女性の不調」を緩和して月経周期を整える、すなわち妊娠を終わらせる売薬の広告がずらりと並んだ。予想される副作用を明記して警告する製造元もあった。フライヤーズ・フレンチ・フィメール・レギュレーターの創立者は、このように注意を喚起している。「妊娠の心当たりがあるご婦人方は、本薬の使用をお控えいただくようお願い申し上げます」薬をくれ、手術をしてくれと医師に懇願する女性がたくさんいた。一八七五年、ある医師が同僚の医師に、こう忠告した。「かくも哀れな女たちから助けを求められたなら、どうかその広い心で、不憫な彼女たちを憐れんでやってくれ。ただし彼女たちに希《こいねが》われても、断固として速やかに断ってくれ」とはいえ告発をものともせずリスクを負う医師もいた。一八八〇年、シカゴ各紙が全米の違法な中絶処置を頻繁に記事にしたが、その多くが女性患者を死にいたらしめ、医師が殺人罪に問われたものだった。

金に困り、医院の存続に腐心していたクリームは、妊娠した女性の弱みに付け込もうとした。自分は「子宮の病」を治す専門家であると喧伝した。望まぬ妊娠を終わらせる手助けをする意思をそれとなく伝える格好の手段だった。グッドウィン夫人という人物がウエストサイドの物件をクリームに貸したが、治療の実態を知るや彼を退居させた。夫人は厳しい口調で語った。「中絶手術が彼の主な、つまり最大の収入源となる医療行為だったのですから」報道によると、クリームは未婚女性の中絶手術を専門にしていたと最終的に認めた。彼の言葉を借りると、「彼女たちの窮状」を救っていたわけだ。フォークナーの死に関与したとみられるハティ・マックは、クリームがシカゴ市内に多々ある娼館のひとつで働いていた娼婦十五名前後の中絶手術を手がけたと断言した。

未婚女性が妊娠すると、とがめられるのは妊娠させた男ではなく、妊娠した女性であるという考え方が当時の社会に浸透していた。シカゴ・デイリー・トリビューン紙は一八八〇年夏、こんなもったいぶった記事を載せた。「情熱に負け、男性と道ならぬ恋に落ちるかぎり、堕胎を望んで手術を受け、恥辱や不幸から逃れようとする女性が増えるだろう」

妊娠に気付いたメアリ・アン・フォークナーは、知人のカナダ人に助けを求めた。彼女がいたましい死を遂げると、クリームの波瀾に富んだ医師の経歴はあっけなく終わりとなった。

＊＊＊

八月二三日月曜日の朝、ウエストレイク・ストリート署は検視陪審の席を首尾よく手に入れた人々に包囲されたかのように見えた。遅れてきた者は署の外に立ち、その後に来た警官らが歩道をかき分けていく。最初の証人であるマックは、フォークナーを看護するよう、クリームから強い圧力を感じていたと主張。クリームに金を借りていたため頼みを断れなかったと述べた。フォークナーの処置は秘密裏に準備が進められた。マックは「クリーム先生から時間を守れと注意され、ドアに鍵を閉め、誰も入れるなと指示されました」と証言した。さらに彼女は、クリームが一日数回フォークナーの部屋を往診し、あるとき部屋に手術用具を持ち込み、中絶処置をしたと語った。彼が血の付いた手術用具をマック宅のキッチンのシンクで洗ったことも、クリームが破棄する前の胎児も見たことも証言した。フォークナーが亡くなると、どうか助けてくださいとのメモをクリームに残し、マックはアパートから逃げ出した。マックがクリームの居場所を突き止めると、遺体は自分が何とかすると彼は言った。

「君の家具はどうするつもりかね？」彼はマックに尋ねた。「僕は家ごと焼いてしまおうかと考えているのだけど」三五ドル払うから放火しろと頼んだがマックに断られ、クリームは、男をふたり雇って夜半に遺体を持ち出そうと考えた。マックの証言によると、クリームは「邪魔立てする奴がいたら撃ち殺してやる」と言ったようだ。

続いて証言台に立ったクリームは動揺していた。両手と唇がわなわなと震え、ときおり言葉に窮した。エディンバラで取得した医師免許に言及し、マックに連れられて彼女のアパートを訪ねるまで、フォークナーのことも、彼女が妊娠していることも知らなかったと述べた。彼は話を続けた。フォークナーからは転んで流産したと説明があったが、どうも怪しいと思った。

「彼女と自分の責任問題ですから、器具を使ったかどうかを言いなさいと、マックに何度も訊きました」彼に諭され、マックは中絶の処置中にカテーテルを使ったと認めた。フォークナーはとうてい助かるまい。せいぜい自分ができるのは、キニーネを投与して痛みを散らすぐらいだったと彼は言った。クリームはマギル大学の同期でシカゴのウエストサイドで開業していたドナルド・フレイザー医師に声をかけ、フォークナーの病状についてセカンドオピニオンを求めている。

さらに彼は、フォークナーの死後、警察と検視官のところへ行けとマックに指示したと述べた。

クック郡検視官補のW・E・ウェイト少佐は、医師免許を持つクリームが死亡診断書を提出しなかったのは意外だと表明した。「死亡診断書は通常、診断医が作成するものだと知らなかったのかね?」

クリームは答えた。「閣下、シカゴに来てから一度しか死亡診断書を書き起こしたことがなく、要領を得なかったのです」

「これまで一度しか患者が死んだ場に立ち会わなかったと?」

「そうです」と答えたクリームは、自分の心証が良くなるとでも思ったのか、こんなことも付け加えた。「しかも前回死んだのは子どもでしたから」

検視報告書が読み上げられた。鋭利な器具で中絶の処置中に子宮を貫通する傷が生じ、致死性の感染症を起こした事実が確認された。召喚されたドクター・フレイザーは、クリームに頼まれてフォークナーを診察したところ、中絶の後遺症で重篤な状態にあったと認めた。意外にも、医者両名とも彼女を病院に連れていこうとは考えなかったようだ。

フォークナーの処置で使われたとされるカテーテルがドクター・フレイザーに提示された。

「こうした機器を使用する医師がケアレスミスをするものでしょうか?」との質問に彼は答えた。

「医療に携わる者すべてがケアレスミスを冒すものだと私は考えています」

このときの検視陪審は、陪審員六名が評決に達するまで三十分もかからなかった。フォークナーの死因は感染症であると、陪審長のウィリアム・ネフが述べた。「この感染症は、医療知識を持つドクター・トマス・N・クリームが、ハティ・マック夫人の補助を得て実施した中絶手術で生じたものである」イリノイ州法では、違法の中絶行為に問われた二名は懲役一〇年の刑に処される。だがフォークナーは処置中に亡くなったため死罪が求刑された。両者は大陪審が殺人罪で起訴するまで引き続き拘留されることになった。

そのころシカゴ各紙は、クリームのオンタリオ州での違法医療行為の事実をつかむ。シカゴ・デイリー・ニュース紙は、キャサリン・ガードナーの死に「ドクター・クリームの明らかな関与は認められない」と認めながらも、「医師の経歴に泥を塗る」との見出しを掲げた。一方デイリー・トリビューン紙は容疑者の擁護には回らなかった。ガードナーはフォークナー同様に中絶手術の後亡くなり、クリームは「自殺に見せかけようとして」遺体を厠に捨て置いたのだと断じた。クリームは失墜した評判の巻き返しを図ろうとした。獄中取材に来た記者に対し、自分のように「学を積んだ医師」なら、クロロホルムを使って流産を人工的に誘発させるのが普通だと主張した。ガードナーの顔に残った熱傷は「経験が浅く、専門知識もない」人物の手によるものと指摘した。「おなかの子の父親が、彼女を両親のもとに帰すと妊娠させたのがばれて厄介なことになるため、殺しを画策したのだ」とも。反論むなしく、クリームの信望は地に落ちた。彼を取材した記者のひとりによると、「シカゴの世論は総じて」ドクター・クリームがフォークナー殺害犯とみなしていると語った。

さらに悪質な報道もあった。新聞各社は彼が有罪であると決めつけ、「クリームの犯罪」という見出しを何度となく掲げた。シカゴ・タイムズ紙は彼の名字をもじって「攪乱するクリーム」という見出しを掲げたが、「手ごわい《タルタル》クリーム」という見出しには勝てなかった。ニセ医者呼ばわりする記事あり、〝医師〟とクォーテーションマークで囲って、あたかも本物の医師ではないとにおわせるような記事もあった。ニューヨークタイムズ紙は「致命的かつ忌まわしき医療過誤事件」とし、クリームの名をほのめかす内容の記事を載せ、彼の信用はますます失墜した。対照的に、クリームの手にかかった女性たちは哀れな天使として描かれた。とある新聞によると、フォークナーはクリームの相手をした売春宿の住人ではなく、「貧乏だが誠実な」家庭に育った立派な女性とある。マックは胸を打つ感動譚を語った。自分がもうすぐ死ぬと悟ったフォークナーは紙と鉛筆を求め、母親の住所と自分のわずかな所持品の置き場所を記したメモを書いた――と。

フォークナーの死から数日後、悪名高き堕胎医、チャールズ・アールが患者殺しの罪に問われると、デイリー・トリビューン紙は、当局は「悪徳医療」を厳重に取り締まるべきだと質した。「殺人常習犯」ことアールは別の人工中絶致死容疑で一年の懲役刑を務めており、社説担当の記者は不満の意を表明するとともに、クリームは「アールと同等に無能で恥知らずの血も涙もない医師で、今回の残虐な所業よりも悪質な前科が過去にあった」ようだと述べた。同紙はこのふたりに「情け容赦のない裁き」を求めた。「アールとクリームが目下の証拠が示すとおり有罪なら、ふたりを絞首刑にするべきだ！　中絶を医療行為とする傾向に歯止めをかける上で最上の手段である」

クック郡刑務所の上階、通称殺人犯房にある縦一・八メートル、横二・七メートルの第四五号監房に、クリームはもうひとりの囚人、灰色のあごひげを蓄え、温厚そうな風貌のアールと一緒に入ることになった。ある新聞は、ふたりは「一緒にいると仲が良さそう」に見えると報じた。彼らは日中一時間の運動時間は雑談に興じていたが、おそらく裁判に備えて意見交換をしていたと思われる。クリームは何としても名誉を回復したかった。と同時に、「殺人常習犯」との友好も深めた。アールの裁判は幸先が悪かった。そこでトリビューン紙の記者が獄中取材に来た際、クリームは攻勢を仕掛けた。エディンバラで取得した医師免許、マギル大学の学位記などを取りそろえ、自分にはしかるべき医師の資格があることを示し、ニセ医者というイメージを払拭した。「面識もなく、金もコネもない女性の中絶手術を行うはずがないじゃありませんか」と、クリームはうそぶく。「不当逮捕の嫌疑を見事晴らしてやると、彼は自信満々である」とはトリビューン紙の記者の弁だ。「またクリームは、シカゴ市内の正規の医師全員に心を寄せていると述べている。誰もが皆、いつか自分と同じ罠にはまるかもしれないからだ」

クリームが虚勢を張るのには理由があった。シカゴきっての実力を持ち、議論家で報酬の高い弁護士が法廷で自分の代理人を務めるのも、父親からの資金援助があってこそだ。ボリュームのあるオールバックにまとめた黒髪、相手を逃さない、射るようなまなざし。アルフレッド・トルード弁護士は三四歳、当時弁護士業をはじめて十年ほどになる。刑法は彼の専門だ。ある記者は、トルード弁護士が「シカゴの現役弁護士の誰よりも殺人者や強盗、悪党を」裁判で無罪にしてきたと、当時を振り返って語っている。一八八〇年までに殺人罪で起訴された三十名ほどの男女の弁護に立ち、有罪となったのはほんのわずか、絞首刑に処された者はゼロという実績の持ち主だ。悪党ばかりのクライアントの中でも傑出した悪人がギャンブル界の帝王、マイク・マクドナルドで、子分たちを前科者にさせないトルードに信頼を置いていた。雄弁で舌鋒鋭く、法廷ではおそれ知らず。判事が法廷侮辱罪で罰金を科すと脅しても屈しなかった。「たかが五ドルの罰金じゃないですか」トルードは反撃に出た。「彼を侮辱すれば、私には一〇〇万ドルが手に入る」検察側の証人を無遠慮に罵りつつ、懐疑的な陪審員に取り入る手腕にも長けていた。彼の信奉者は言う。「トルードは人の本質を見破るのがうまく、どうすれば陪審員に信頼されるかも心得ている」案件に臨む際には徹底的に調べ上げ、犯罪の現場には必ず足を運んでいた。

その一方で、トルードが裁判で勝ち続けるのは、法廷で説得力のある議論や無罪を勝ち取る能力ばかりではないのではという声も聞こえた。シカゴの司法システムの腐敗ぶりは有名で、彼は不正のやり口を誰よりも知り尽くした上で手玉に取っていたようなのだ。数年も経たぬ間に、クリームの代理人に立とうとした人物が証人や裁判所当局、陪審員に賄賂を送っていたと告発する記事が新聞に載った。記事を載せたシカゴ・ヘラルドの主張によると、トルード弁護士は「賭博師、強盗、殺人犯を無罪に処すため、法をねじ曲げた解釈を無節操に繰り返した張本人」だという。

26 清きクリーム

一八八〇年一一月

一一月一五日、看守に導かれて法廷に姿を現したクリームは、頬ひげを短く刈り込んでいた。大事そうに抱えていたのは数冊の本と二巻の紙。紙はその後、彼自筆の解剖図と判明する。フォークナーの検視陪審で見せた、おどおどと言い逃れに回る姿はどこにもなかった。彼は医師としての職業意識と自信をまとい、「知性と権力を兼ね備えた」雰囲気をかもし出していたと、ある傍聴人が語っている。この傍聴人、ビジネススーツ姿で白いネクタイを締めたクリームを見て「悪辣な罪に問われ、死罪を言い渡されかねない犯罪者ではなく、出廷した弁護士助手」のようだと思ったそうだ。

開廷となり、法廷に集まった百名ほどの傍聴人の多くがアフリカ系アメリカ人だった。見物人は、ハティ・マックを支援する黒人が集まったのだろうと見ていた。ハティ・マックの裁判は別途行われ、司法取引を結んだマックは重要参考人として出廷した。検視陪審はミシガン・ストリートの刑事裁判所で行われた。シカゴ大火から三年後に建てられ、「新しく清潔な白さが目を引く」と言われていた裁判所だ。すぐ隣が郡刑務所で、クリームは三か月ほどここに拘束されており、察しのいい受刑者らが「嘆きの橋」という名で呼ぶ一段高い通路を看守に先導されながら、裁判所と刑務所を往復した。死刑囚は法廷の窓から見える場所で絞首刑に処されていた。

裁判官はジョセフ・イートン・ギャリー、寡黙な巡回裁判所判事で、良識があり、法の知識が豊富であるとの評価を得ていた。「心に疚しいところがある者はギャリーをおそれる。姑息な弁護士はギャリーを遠ざける」とは、デイリー・トリビューン紙の見解である。年齢は六〇を過ぎたばかり、一七年の裁判官生活で人の苦しみをわがこととして受け取ってきたことが、愁いを帯びたまなざしからうかがい知れた。歯切れのよい口調で裁判を進め、彼の根気強い質問に水を差すような口を利く弁護士がいようものなら、すぐさま黙らせた。彼の法廷では「不適切な逃げ口上」は滅多に聞けないと言われていた。そのため彼は、クリームの弁護に立ったアルフレッド・トルードの芝居がかった大言壮語とも十分渡り合った。

陪審名簿の作成には丸一日を要した。陪審員の候補者は事件をちゃんと理解し、しかるべき態度で陪審に臨めるのかと、トルードと州地方判事補のジョージ・イングハムがしつこく尋ねたためだ。候補者が次々と辞退するなか、裁判所の職員は付近の道ばたで急ぎ人探しに追われた。トルードは陪審員候補者に「いかがわしい女」の言い分を信じるのかと問いただし、検察側の重要参考人を厳しく追及するつもりであることをほのめかした。ある候補者は医師を裁く任務には不適格とみなされた。「新聞を読んでいることが陪審員の資格に違反しているから」と、ある記者は皮肉を交えた記事を書いている。

「シカゴの現役弁護士の誰よりも殺人者や強盗、悪党を」裁判で無罪にしてきたクリームの代理人、アルフレッド・トルード弁護士（著者所蔵）

インガハムは冒頭陳述で「ならば、罰するべきは主犯、いや、ペテン師の方ではないですか？」と陪審員に尋ねた。中絶手術をしたのは「有色人種の無知な女性」ではなく、ドクター・クリームだと結論付けるのが理にかなっているとし、州はマックの証言が正しいと立証できる証人を呼ぶべきだと述べた。対するトルードは、弁護側はこれ以上申し上げることはないと返した。クリームは「これだけの能力を持つ医師はシカゴでも滅多にいない」熟練した専門医であるため、フォークナーを死にいたらしめるような未熟な手術を行うはずがないからだとした。

マックがクリームの過失に対する事実を繰り返し指摘したため、少数とはいえ、法廷にいた記者も、彼女が真実を語っていると考えるようになった。ある記者が「あるときはそっけなく、またあるときは媚びるように」と書いたように、トルードは長々とした反対尋問でさまざまな質問を投げかけたが、彼女の証言を「ほんの少しも」くつがえすことはできなかった。マックはクリームに書簡を書いたとあるが、彼女に手紙が書けるほどの能力があったか、という点で、トルードは別の証人から手ごたえのある証言を得た。供述書の内容は口外していないとマックは断言したが、トルードは判事を証人として召喚するという、普通では考えられない手段に出た。イングハムは、前日彼女と簡単に話をしたことを認めた。

警察側はマックの証言を支持する側に回った。スティール巡査部長とレーム巡査は、クリームが逮捕後に言い逃れをしたと証言した。さらにクリームの医院でマックの書簡、フォークナーの宝飾品と札入れを見つけた件についても語った。一方トルードは検察側の医療専門家の証言から自分に都合のいい証拠を引き出し、ある程度の巻き返しに成功する。解剖を担当したクック郡の医師、セオドア・ブルータードは、フォークナーの受けた傷は「無知で無責任な人物」の手によるものだとし、「胎児殺しは総じて女性が犯すもの」だと認めた。フォークナーが亡くなる直前に呼ばれて診察したフレイザー医師も、フォークナーが受けた手術は素人の「手際の悪い仕事」に見えたとする見解に同意した。

トルードはクリームの人柄を保証する証人を六名召喚した。クリームの父親と長年の知人である実業家もいたが、被告の人柄を誰よりも知る証人は、トルードが代理人を務めるクリーム本人である。陪審員はクリームが提出した学位記や医師免許を見せられ、カナダやイギリスで医学を学び、「十分な医学知識」を身に付けたと説明があった。シカゴという街はニセ医者だらけで、病院や切羽詰まった患者を食い物にしていることについては、クリームもトルードも、陪審員にあらためて問う必要もない事実である。この時代、ニセ医者の代表格とされたのがドクター・フリッツだ。彼もウエスト・マディソン・ストリートの開業医で、「現代最高の医師」を自称し、狂犬病の治療として動物の咬み傷に「マッドストーン」〔傷口に押し当てると狂犬病を予防すると言われた薬用物質〕を使った。新聞には、スタンフォードの根治術、マウンテンロックオイルといった、リューマチややけど、腫瘍、「脳の鬱血」、気分の落ち込みといった慢性病に効く調合薬の広告であふれていた。一八八〇年代、ニセ医者、怪しげな薬を売りさばく実業家、無免許医師をイリノイ州衛生局と同州医学会が公表し、悪質な者は告発する動きが広く知られていた。エディンバラでの医師免許などを取得したクリームは、シカゴでも公に認められた医師であると、トルードは断言した。

クリームは冷静に自らの立場について語った。中絶処置を終えたフォークナーを診てほしいと頼まれ、手を尽くした。子宮破裂には気付かず、敗血症を疑ったと述べた。責任はマックにあり、自分のお粗末な手技の責任を私になすりつけようとしたのだと語った。そして自作の女性解剖図を広げると、陪審員への説明がはじまった。そのときの様子は「どう見ても分娩の術式説明だった」と、ある記者が記している。別の記事では、クリームの医院とマックのアパートから押収された薬品は「小さな薬局なら普通在庫しているものだ」とあるが、彼はその薬品の中身と特性を一つひとつ説明した。彼が瓶を開いて味見した際には笑いが起こった。フォークナーの宝飾品と札入れが彼の医院から見つかった件については、フォークナーの死後、マックが「大した値打ちのない装身具」なので、念のため預かってほしいと自分に渡したのだと言い逃れをした。

イングハムはクリームの波瀾に富んだ半生を反対尋問で探った。オンタリオ州ロンドンを去った理由について、クリームは、自分の医院近くで女性の遺体が見つかったからではないと反論した。「今にいたるまで、世界のどこでも犯罪に問われて逮捕されことは一度もありません」と、言葉を慎重に選んで発言した。また、この法廷には、フローラ・ブルックスの名を聞いた者などいないだろうと高をくくり、「中絶手術は一度も手がけておりません」と付け加えた。

トルードは最終弁論の場で、無実の人物を犯人に仕立て上げようとしていると警察の責任を追及した。レーム巡査はマックに偽証を「指導し、何度も稽古させた」とし、「犯罪歴のない著名な医師」を告発する彼女の宣誓証言を陪審員らが鵜呑みにしていると苦言を呈した。「科学者と学識者の序列で最上段に位置する」高学歴で教養のあるクリームが、かくも未熟な手術でフォークナーを死にいたらしめたはずがないとも述べた。続いてトルードは、陪審員がクリームの証言に疑いを抱くなら、彼を殺人罪で起訴するつもりなのかと、一か八かの勝負に出た。「本件には中道の立場などありません」彼は一喝した。「なぜならドクター・クリームは無実であり、釈放されるのが当然だからです。かかる殺人で有罪となるのはニセ医者かいかさま師か、はたまた医者を名乗る不届き者であり、そういう奴こそ絞首刑にすればいい」彼の熱のこもった弁術に感激し、目に涙を浮かべる陪審員もいた。

ここでイングハムが立ち上がった。彼はまだ三〇歳の誕生日も迎えていないほど若く、シカゴでも俊才で才気煥発な弁護士として知られていた。傍聴席の常連が後日語っている。イングハムが「実直で勤勉、徹底した仕事で知られる弁護士」で、彼が真面目で単刀直入なら、トルードは騒々しく見かけ倒しである、と。マックの証言を裏付ける証拠があると述べると、やけになったトルードは警察批判に回り、弁護側の詰めの甘さをかえって露呈させることになった。そこで彼は安っぽいお涙頂戴話をでっち上げた。自分がもう長くはないと悟ったフォークナーは「友もおらずひとりきり、死の影が忍び寄るのを感じながら、自分の名と母親の住所を紙切れに書き付けた」と語った。フォークナーの死のくだりにどんな反応を示すのか、このときのクリームを盗み見たときの様子を、ある記者が記している。「灰色の冷たい瞳がぎらりと輝き、あざけるような笑みを顔に浮かべていた」

判事による陪審への説示は無罪の提案にまでおよんだ。フォークナーが受けた傷は「高等教育を受けた熟練の医師によるものか、それとも無知で技術もない一般人によるものか」を、陪審員はよく考えてほしいとギャリー判事は述べた。また、クリームの「人として、また医師としての善良さと名声の両方も」考慮すべきだとも。「患者によかれという、偽りのない信念のもと」

フォークナーに手術を施し、薬を与えたのなら、クリームは有罪ではない。マックの証言を受け入れる際にも注意が必要である。陪審員は殺人罪の共犯者であることを認め、特にマックのように、クリームに有罪判決を下す上で有利な証拠を述べれば検察当局から刑事免責が適用される人物の場合は「十分に精査した上で慎重に認める」べきであるとした。

陪審員は三時半に退廷し、審議に入った。彼らは評決に一時間もかけず、法廷に戻ってきた。陪審員長が宣言する。「私たち陪審員は評決に達しました。被告人、トマス・クリームを無罪とする」

クリームは手放しの喜びようだった。評決を聞くや勢いよく立ち上がり、トルードの手を取った。そして陪審員一人ひとりと握手をした。

トルードの恫喝と呟呵が彼を無罪へと導いた。マックや彼女の証言に陪審員が疑念を抱いたとしたら、それはクリームの立派な学歴と医師免許が彼に有利に働いたからかもしれない。ひょっとしたら、つい先ほどまで死罪を云々《うんぬん》されるほど非難されていた男が安堵し、親しげに陪審員と握手する姿に悪意のある解釈がなされたのかもしれない。トルードは陪審員に賄賂を渡して刑事事件で無罪を勝ち取ったのではないかといぶかる声もあったが、陪審員の買収は当時のシカゴでは当たり前のように行われていた。判決から数日後、シカゴ・デイリー・ニュースにこんな記事が載った。「陪審員への贈賄が珍しくなくなった昨今、刑事裁判所で有罪判決が下されるとは驚きである」

マックの証言はクリームを有罪には追い込めなかったが、彼に無罪判決が出た翌日、州検事事務所は彼女の殺人容疑を取り消した。メアリ・アン・フォークナーの殺害犯とみられる両名は処罰されずに逃亡した。シカゴ・タイムズ紙はドクター・クリームの無罪を記事にするとともに、彼の名前をもじった洒脱なジョークを飛ばした。「清きクリーム《ピュア・クリーム》」と。

＊＊＊

裁判のあと、クリームはトルード弁護士の事務所に何度か立ち寄っては雑談に興じた。代理人の活躍に感謝していたのは間違いないが、トルードの薬に関する知識の未熟さをあざ笑うことの方に興味があったようだ。トルードはその後、「クリームはとても話し上手」だと語っている。ただ、話題が薬や人の噂話になると「リラックスして持論を展開し、そうなると、一時間は解放してもらえない」と語っている。

クリームは娼婦についても持論を主張した。彼は娼婦を「社会の害悪」と呼んでいた。トルードも同意見だった。判決から五か月ほど経ったころ、シカゴ・タイムズ紙の取材に応じた彼は、娼婦を「好きにさせておくと病気をばらまき、略奪や不法占拠で不用心な人を食い物にする」と語っている。またトルードは、社会的地位の高い市民の目に触れないよう、売春行為は赤線地帯に限定するというシカゴ市の決定も支持した。一方クリームには娼婦に対して特別な感情があったようだ。トルードは語る。「かの不幸な者たちを社会から葬り去る話になると、ドクター・クリームはとたんに饒舌になる」

＊＊＊

それから一二年後の一八九二年夏、クリームの過去を洗う旅の途中にあったフレデリック・スミス・ジャーヴィス警部補が、シカゴ駅のプラットフォームに降り立った。クリームの堕胎医としての評判と、メアリ・アン・フォークナー殺害の罪に問われた裁判で提出された証拠を見せながら、シカゴ市警のオハラという警官がジャーヴィスにかいつまんで説明した。このときクリームは有罪になってもおかしくはなかったが、陪審員の信任を勝ち得たせいで、いい気になったようだ、とも言い添えた。裁判から数か月後、クリームは別の人物を毒殺したとほのめかし、容疑者となる。ジャーヴィスは間もなく知ることになる。これがクリーム最後の事件となることを。

27
エレン・スタック、サラ・アリス・モンゴメリー

一八八一年三月〜四月

ここ数日体調が優れなかったエレン・スタックは、三月のある晩、病院に行った。彼女はアイルランド出身の二五歳、シカゴで衣服販売に従事する実業家、チャールズ・ボウラーの家でメイドとして働いていた。ボウラー家に戻ったスタックは、ビーブと名乗る医師から疱瘡《ほうそう》の予防接種を受けたと雇い主に語った。ビーブは二種類の薬の処方箋も書いたので、スタックは帰りにウエスト・マディソン・ストリートの薬局に立ち寄って薬を手に入れた。

スタックは薬を飲んでから寝た。午前一時ごろ、チャールズ・ボウラーはスタックのうめき声で目覚めた。ボウラーの追想によると、彼が急ぎ部屋に入ると彼女は「ベッドの上でのたうち

回っており、ひどい痛みに苦しんでいたようだ」ということだった。スタックは全身をけいれんさせていた。「水を」と、あえぎながら言った。ボウラーは、フォークナーの裁判でクリームの弁護側に立った医師、ドナルド・フレイザーを呼んだ。ここから五キロメートルも離れていないところに住んでいたが、彼が駆け付けたころにはスタックは事切れていた。

スタックはその夜、ドクター・ビーブの診察を受けてはいなかった。過去に診療を受けたことのある、別の医師だったことが間もなく判明した。診察を受けるなと言われるに決まっているからと、雇い主に嘘をついていた。ボウラーの妻、ミニーが何度となくスタックに忠告していたからだ。「もうドクター・クリームとは関わらないで」

＊＊＊

釈放後、クリームはウエスト・マディソン・ストリート434番地でふたたび医院を開業した。フォークナーの裁判を「清廉な人柄」の医師として切り抜けたからだとする新聞もあったが、彼の評判はガタ落ちだった。自身の無罪判決からひと月も経たない一八八〇年一二月初旬、チャールズ・アール医師の殺人事件裁判の傍聴はしたが、クリームは自分から彼の役に立とうとはしなかった。法廷に現れたクリームを記者たちが取り囲む。ひょっとしたら専門家証人として、かつての刑務所仲間を弁護する証言をするのではとの憶測も飛んだ。中絶を手がけたという、それほど重くはない罪で五年の実刑判決がアールに下ったときも、クリームは傍聴人席にいた。

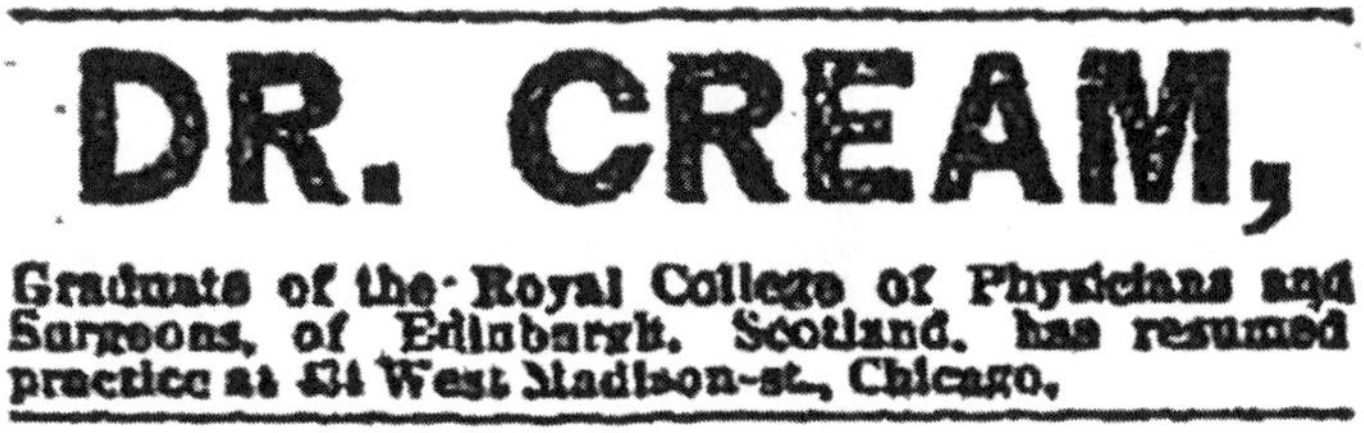
DR. CREAM,

Graduate of the Royal College of Physicians and Surgeons, of Edinburgh, Scotland, has resumed practice at 434 West Madison-st., Chicago.

1881年1月、シカゴ・デイリー・トリビューン紙に掲載されたクリームの広告

一八八一年一月末、彼はデイリー・トリビューン紙の広告欄に太文字で「ドクター・クリーム、スコットランド・エディンバラ王立外科大学・内科大学卒業」が医療に復帰するとの広告を出した。名医との印象を患者に植え付けようと、ひと束分発注した処方箋には、エディンバラでの医師免許と聖トマス病院での研修経験を売り文句として載せていた。自宅も医院から二キロメートル弱南に位置する、ウエスト13ストリート１０５番地に引っ越した。マックスウェルストリートとハムステッドストリートのスラム街と境を接する、かなりいかがわしい界隈である。シカゴ市警が「問題地域」と呼ぶ、犯罪と貧困、そして悲嘆の吹きだまりだった。彼は未亡人、メアリ・マクレランからひと部屋を借り、彼女の娘で二八歳になるレナと間もなく婚約する。

＊＊＊

一八八一年三月一〇日午後、クック郡の内科医セオドア・ブルータードは、エレン・スタックの司法解剖を行った。ある新聞に「この女性の死因は毒物中毒でもなく、医療ミスでもないことが明らか

になった」との記事が載った。記事には毒物試験について詳しくは書かず、書いてあったとしても、毒物が検出されたかについての言及はない。ブルータードは死因を「痙攣症《けいれんせん》による破裂」、すなわち消化管の閉塞、または炎症が原因であるとした。

なぜ彼女はわざわざ夜中に、堕胎医として知られるクリームの医院を受診したのだろうか。妊娠を終わらせようとした以外に考えようがない。「この女性は中絶がもとで亡くなったという噂が流れた」と、シカゴ・タイムズ紙は報じている。だが解剖の結果、彼女の体には妊娠の形跡もなければ中絶処置の痕跡もなく、ブルータードは「彼女の潔白が見事に立証された」と語ったと紙面にはある。スタックは妊娠を案じてクリームを訪ねたのだろうが、医師選びに失敗した。

記者の追求を受け、クリームはスタックの来院を認めたが、「かの女性は初期の疱瘡のあらゆる症状を呈していた」と主張した。発熱と疼痛、ときおり嘔吐がみられたあと、疱瘡特有の症状である皮膚発疹と潰瘍が生じていた。この年シカゴでは局所的に疱瘡の感染流行が確認されている。彼は確かにワクチンを接種したし、二種類の薬の処方箋も書いていた。「解せないのは」と、クリームは考え込む。彼女が来院から「数時間も経たぬ間に亡くなった」ことだ。スタックに処方した薬は「けいれんやひきつけを起こす処方ではない」と、彼は記者らに断言した。処方箋に書いた薬の成分の正確な分量まで列挙したほどだった。

ブルータードが最終的見解を示したにもかかわらず、クリームは、スタックが毒を盛られたのかもしれないとほのめかした。彼はフランク・パイアットを名指しで批判した。ニューヨークから移住した二九歳の青年が経営する薬局は、クリームの医院からドアふたつ隔てただけの場所にあった。クリームはスタックが飲んだ薬を分析し、「処方箋の作成時に手違いがあったか」を判断する検視陪審の開催を要請した。だが、ひとつ問題があった。スタックの死をめぐる混乱の中で、どういうわけか、彼女に処方した液体薬とカプセル――責任はスタックにあり、自分にはないことが立証されるとクリームが言い張った薬――が消えていたのだ。「ドクター・クリームは、こうした薬を紛失したという事実にことさらの圧力を感じた」と、デイリー・トリビューン紙が報じた。「検視陪審は午前中に行われ、事件を徹底的に捜査してほしいとドクターは希望している」

パイアットの過失がスタックを死に追いやったのだろうか。投薬ミスによる偶発的中毒がたまに新聞で取り上げられたことから、ニューヨーク市では一八八〇年、砒素などの毒物は鍵のかかるキャビネットで保管することを薬剤師に義務付ける市条例の提出が要請された。シカゴにはこうした法的な義務付けはなかったが、多くの薬局が同様の予防措置を講じた。それでもミスは起こる。スタックの死よりひと月ほど前、シカゴの薬剤師が誤って処方にモルヒネを混入させた。薬を飲んだ子ども二名が死亡し、薬剤師は刑事上の責任を問われて起訴された。

クリームはパイアットを怪しんだが、検視陪審は開かれなかった。解剖から二日後、スタックはカルヴァリー・カトリック墓地に埋葬された。デイリー・トリビューン紙は二四時間以内にクリームの申し立てについての報道を撤回し、パイアットの名誉を傷付けた件を謝罪する記事を載せた。同紙は「処方箋の内容どおりに薬物が処方されたことに疑問の余地はない」との所信を明らかにした。

シカゴ市警は、クリームは殺害できたという見解を持っていた。数か月前にメアリ・アン・フォークナーの遺体を検視したブルータードも同意見だった。クリームの手の内が読めてきた。クリームの医院を受診した若い女性が遺体となって発見される。クリームはスタックの謎に満ちた死の重要参考人の筆頭に名が挙がるはずだ。ところがスタックが毒殺され、検視陪審の開催が求められて事件が公になると、クリームは証拠隠しに回った。遺体をさらに検討すれば薬物の痕跡が確認できただろうが、分析対象となる薬物のサンプルがなければ、クリームが指摘したパイアットの薬剤紛失が理由となる。慎重に動かなければ自分に非がおよぶ。クリームには、あえて攻撃に出て自分への非難を転嫁するだけの邪悪な動機があった。

デイリー・トリビューン紙に謝罪記事が載った翌日の三月一三日、パイアットにクリームから手紙が届いた。書き出しはこうだ。「エレン・スタック嬢の死に関する当方の声明に当惑されていると思う。無礼を働く気は毛頭ない」パイアットがひどい迷惑をすでに被っていることにはお構いなしだ。

エレン・スタックの死に関与した件で、貴殿は逮捕され、警察に留置されるだろう。それについてはいささかの疑念もない。その事実は実験によって証明された。今朝この知らせを受け取った私は持ち前の親切心から、貴殿が良識を持って手順を踏む上で役立つ情報を提供しようとペンを執った次第である。会う人ことごとく疑念に追い込んだ過去の苦い経験から、本件はくれぐれもご内密にお願いしたい。このような事実が明らかになり、貴殿には同情以外の言葉が見つからない。

恐喝とも取れる脅しである。確かに恐喝だった。三月二四日に届いた手紙で、クリームは、スタックの死を捜査中の弁護士から聞き取り調査があったと主張。「弁護士は貴殿の告訴を検討中で、貴殿は明らかに不利な状況にある」と警告した。スタックに投与した薬品の瓶にはパイアットが作成した手書きの薬品ラベルが貼付されており「毒物の包含は疑う余地もない」とあった。新聞の取材に対し、クリームは薬物を紛失したと語っていた。その彼が、パイアットには薬瓶とカプセルを所持していると言い、譲ってもいいと述べているのだ。パイアットが疑惑の証拠を手に入れれば「告訴は取り下げられるだろう」と、クリームは手紙に書いている。クリームの不穏な書簡はこう続く。「新聞が今後ふたたびこうした過失を俎上《そじょう》に載せれば、貴殿の身は破滅し、薬局は二度と営業を再開できないだろう。この知らせはあくまでも貴殿によかれと思ってお送りするものである」

クリームは金がほしかったのか、それともパイアットの口を封じるため、脅しをかけたのか。手紙にあるとおり、スタックが紛失した薬をクリームが所持しているなら、どうやって入手したのか。パイアットにはわからなかった。だが、彼が処方箋を書いた日、スタックが薬局を出てからまっすぐクリームの医院の方に向かったのを目撃している。彼女が主治医に会いに戻ったのなら、クリームは薬の中身を改ざんできたはずだ。そして彼女の死後、クリームは薬局に来て、処方ミスでスタックを殺したとパイアットに言いがかりを付けた。そのとき彼は処方箋を破棄するようにも指示していた。パイアットはその日のことをこう語っている。「私を馬鹿にしているのか、とっとと店から出て行けとクリームに言いました」

追って届いた脅迫状で、クリームが自分に殺人の罪を着せようとしているとパイアットは確信した。エレン・スタック殺害犯もクリームで間違いない。クリームは「薬瓶とカプセルの中身を入れ替えて」彼女を殺し、その後「薬剤師に罪を着せようとした」のだ。

＊＊＊

土曜日の夜九時ごろ、ウエスト・マディソン・ストリートにあるシェルドン・ハウスで、フロントのベルを鳴らす女性がいた。年のころは二〇代はじめ、色白で茶色の髪、茶色の瞳。初春の夜気から身を守ろうと、ドレスの上に黒いマントを羽織り、白いハットから突き出た一本のダチョウの羽根が、小粋に弧を描いている。上品で趣味の良い女性だ。ホテルの経営者、サミュエル・シャープは貴婦人のようだと思った。一泊したいと言うが、名前を明かすのを拒んだ。シャープは最上階の部屋、四三号室の鍵を渡した。彼女はガラスのコップとテーブルスプーンを所望し、小ぶりな革のバッグを抱えて階上に向かった。

それから一時間も経たぬ間に女性の叫び声がし、シャープは上階の廊下で苦しみもだえる宿泊客を見つけた。彼女を部屋に連れていきベッドに寝かせた。医師がふたり呼ばれ、それぞれ彼女の苦痛を緩和する処置をした。医師たちは、彼女の激しいけいれんとてんかん様の症状に触れ、過去にどこかで聞いたことがあると思った。エレン・スタックが死にいたった症状と一致する。ストリキニーネ中毒だ。具合が悪くなるようなものでも飲んだのだろうか。「はい」とシャープは答えたが、衰弱が激しくこれ以上話せなかった。やがて意識を失い、そのまま死亡した。

「幾多の疑惑と興味深い状況が取り巻く死である」翌日の一八八一年四月一〇日、デイリー・トリビューン紙が報じた。「殺人か自死か、それとも怠慢行為による中毒死か、はたまた犯人は許しがたいほど無関心で、彼女が死んだという事実をまだ知らないというのか」

シカゴ市警と新聞各紙の記者らは速やかに女性の身元を究明すると、彼女が亡くなるまでの数時間の足取りをたどった。サラ・アリス・モンゴメリーは、シェルドン・ハウスから歩いて一二分のところにある、イリノイ眼科・耳科診療所の食堂で給仕として働いていた。「彼女はとても賢く、心身ともに健全で、職場では誰からも好かれていた」と、ある新聞は記している。アリス――普段はミドルネームで通していた――は、イリノイ州の州都スプリングフィールド金鉱の町、イリオポリスの出だ。そもそも眼科・耳科診療所で治療のためシカゴに滞在し、その後食堂で仕事を得た。亡くなる数日前に二二歳になったところだった。

警察が彼女の部屋を捜索したところ、黒い液体が入った薬瓶と、麦角という薬の処方箋があった。麦角は陣痛を誘発させるために医師がよく使う薬だ。人工的に妊娠を中断する際にも使われる。麦角を大量に投与すると死にいたることがあるが、瓶に薬はほぼ全量あり、飲んだとしても小匙《こさじ》で一杯か二杯程度である。

モンゴメリーは亡くなる日、今夜は友人宅に泊まるとルームメイトに言い残して診療所に出勤すると、午後は早退した。その足で診療所長のところに行き、新しい仕事が見つかったので未払い賃金を払ってほしいと頼んだ。午後四時、麦角水溶液の処方箋を持参してウエスト・マディソン・ストリートにあるH・F・クラフトの薬局に来店。その処方箋は原本ではなく写しだったため、店員は売るのをためらった。この処方箋はドクター・ドナルド・フレイザー――彼がエレン・スタックを往診してからまだ一か月も経っていない日の話だ――が自分の友人のために作成したもので、彼女から許可を得て写しを作成したと、モンゴメリーは説明した。店員は、若い女性が麦角を必要とする理由に納得した様子で、処方された用量なら害はないと判断して薬を調剤した。

検視の結果、モンゴメリーは妊娠三か月だったと判明する。彼女の胃から採取した内容物を猫に食べさせたところ、二〇分も経たぬ間に死んだ。死因は麦角混合物中毒のようだった。後日行われた瓶の内容物分析で、中身はストリキニーネであると確認された。では誰がいつ、麦角にストリキニーネを足したのだろうか。モンゴメリーの死は自死でもなければ、世をはかなんで発作的に毒をあおったのでもないと見られた。「なにものかが死にいたる大失態を冒した」シカゴのデイリー・インター・オーシャン紙は断言した。「でなければ殺人事件だ」

検視陪審は瓶内容物の検査のため遅れ、四月二三日、ウエスト・マディソン・ストリート487番地にあるJ・ロジャーソン&サン葬儀場で行われた。薬局の店員は処方箋調剤の際、誤ってストリキニーネを混入させたりはしていないと断言した。クック郡の検視官、カヌート・マトソンは、モンゴメリーの死後受け取った書状を提出した。出所は不明だが、モンゴメリーの筆跡と思われる、ドクター・フレイザーが中絶処置に同意した件を告発する内容の手紙が一通あった。検視陪審に姿を見せていた彼は勢いよく立ち上がると、不正行為をすべて否定した。証人席に呼ばれたドクター・フレイザーは、モンゴメリーとは一度も会ったことがないと言い切った。

矛盾ばかりで混乱を呈した証拠を整理し、結論を出す役目は六人の陪審員に託された。陪審員は、モンゴメリーは麦角の瓶に入ったストリキニーネを飲み、中毒死したと結論付けた。「また、瓶の中から検出されたストリキニーネについて、当該薬剤師には一切の責任がないことも確認しました」と述べた。

大事な疑問に答えがまだ出ていなかった。デイリー・トリビューン紙の記者が尋ねる。「ストリキニーネをどうやって混入させたんです?」また、処方箋の記入が終わった午後四時からシェルドン・ハウスにやってくるまでの五時間、モンゴメリーはどこにいたかという疑問も。シカゴ・タイムズ紙の記者が訊く。「アリスが薬局以外の第三者から薬を手に入れたとして、もしそれが事実なら、彼女はストリキニーネを入手し、麦角の瓶に混ぜるよう指示されたのではありませんか?」デイリー・トリビューン紙は、検視官の所見を簡潔にまとめた見出しを掲げた。「これでは、はなはだ不十分だ」

どう考えても重要参考人だという人物がいるではないか――つい一か月ほど前、エレン・スタックが毒殺されたという容疑で新聞に載り、世間を騒がせたウエストサイドの医師が。クリームの医院は、モンゴメリーがクラフトの薬局からホテルに戻る途中、シェルドン・ハウスから二ブロック離れたところにある。彼女がクリームの医院に立ち寄れば、クリームなら、薬瓶に毒物を入れるぐらいのことはやる。クリームはシカゴ市警から「おなじみの堕胎医」と目を付けられていたと、ある巡査がのちに語っている。

ところがシカゴ市警当局は、ロンドンやオンタリオの警察と同様、手練れのずる賢い殺人者によって、いいように手玉に取られてしまった。妊娠を終わらせようとやっきになる若い女性。致死量の毒物が混入された薬瓶。関係ない人物を名指しで容疑者呼ばわりする、おそらくニセの、謎めいた手紙。マトソン検視官は前任者のジョン・フロックと同じく、矛盾をはらんだ証拠とお門違いの告発が網の目のように交差する中から、真実を懸命に見極めようとした。ロンドンの検視官と同様、マトソンもシカゴ市警からの支援はほとんどなかった。警邏《けいら》隊も刑事も残業続きで研修もろくに受けておらず、金を積まれればやすやすと相手の意のままに動いた。「街のどこででも殺人犯の肘をつかんで逮捕できても、法には悪人を裁く権限がないようだ」フォークナー、スタック、モンゴメリーが亡くなる直前、シカゴの有力実業家がぼやいた。「警察組織は弱体で、上に立つ者は無能だ」逮捕されそうになったら一〇ドルも握らせれば警官が大目に見るのを見透かして罪を犯す者もいた。制服姿の巡回警官が職務中堂々と酒場や売春宿に通い詰めていた。賭博界の帝王、マイク・マクドナルドは警察署長や警視クラスの高官も含め、階級の上下を問わず、あらゆる警官に定期的に賄賂を渡して賭博場の運営を守り、商売敵の襲撃をあおった。アルフレッド・トルードはマクドナルドの弁護士兼黒幕としてよく知られていた。法廷でクリームを弁護し、フォークナーの死を捜査中だった警察を攻撃する自信満々な態度は、カナダから来たドクター・クリームには手出しをするなという警察へのメッセージだったのかもしれない。

もしクリームがモンゴメリーを毒殺し、誰かに罪をなすりつけるつもりだったなら、ドクター・フレイザーは格好な標的だった。彼はクリームの大事な友人である。もはや単なるマギル大学の同窓生でもなく、フォークナー殺人事件で彼の証人として法廷に立った人物以上の存在だった。ふたりは当時、近所同士でもあった。ドクター・フレイザーの自宅は、ウエストサイド13番街にあるクリームの下宿から二ブロック離れたところにあった。ドクター・フレイザーの逮捕は近いと新聞各紙が報じた。一連の手紙がフレイザーを「きわめて不利な立場に追い込んだ」との記事を載せたのがシカゴ・タイムズ紙である。しかしフレイザーは起訴されなかった。誰も告訴しなかった。四月二四日付けデイリー・トリビューン紙に、このような記事が載った。「アリス・モンゴメリーの死の謎は、依然として謎のままだ」

ところが数か月後、モンゴメリーを殺したとされる人物の名がようやく明らかになった。情報提供者は意外なところから現れた。シカゴから一一〇キロメートル北西にある、イリノイ州とウィスコンシン州の州境から、ややイリノイ州側に入ったところの町、ベルヴィディアの司法当局トップである。イリノイ州ブーン郡の保安官、アルバート・T・エイムズは慎重に言葉を選びながらも記者らに堂々と語った。「クリームは、アリス・モンゴメリー殺害犯である」

28 見下げ果てた犯罪計画

一八八一年六月

一八八一年初夏、よく晴れた暑い土曜日のこと。シカゴのウエストサイドで、郵便配達人が三通のハガキを配達した。ジョセフ・マーティンに宛てたハガキだ。彼はイギリスから来た三〇歳の毛皮商人で、ウエストサイド13番街129番地の自宅に、妻と幼いふたりの娘たちと暮らしていた。三通それぞれの文面を読んだマーティンは衝撃を受け、その無礼さに怒りが増した。ハガキの文面はこうだ。「私には貴殿の隣人ならびに雇い主にお伝えする義務がある。貴殿と細君、およびお子様方は梅毒という恐ろしき病に罹患している。よって自衛をお勧めする」ハガキにはドクター・クリームと署名があった。あと二通のハガキにはT・N・Cとイニシャルを最後に綴り、デボラ・マーティンのみを糾弾する内容だった。「貴殿の下品で育ちの悪い細君の臭い口を、ずっとふさいでおくべきだ」と、書き手は警告した。「こちらにも考えがある。確かな信頼筋から、自分が捨てた非嫡出子のせいで貴殿がイギリスを去らねばならなかったと聞いた」ハガキに署名がなくともマーティンは送り主がわかったはずだ。数ブロック先に住むクリームからの脅迫状はすでに二通受け取っているため、彼の筆跡はわかっていた。クリームは脅迫状で、自分は薬剤師から処方箋を手に入れた。マーティン家が梅毒の治療を受けた証拠であると主張している。それだけでも気が滅入る内容の手紙だが、今回はもっと質《たち》が悪かった。下品で口汚い言いがかりを誰の目にも触れるハガキに書き付けて送ってきたのだから。

クリームはその日のうちに市の保安官事務所に拘束される。彼は郵便事業を利用し、「わいせつで下劣、常識を欠く」メッセージを配達する行為を禁じる連邦法違反で逮捕された。この申し立ては重い罪に相当した。有罪が決まるとクリームは五〇〇〇ドル（現代の通貨価値で一二万ドル）の罰金が科され、一年から一〇年の懲役刑となる。六月二〇日に法廷へ召喚され、自分は連邦法をよく知らなかったと主張するも、不快な書状を郵送した件は認めた様子だった。「この手のいたずらはカナダ人ならよくやることだ、トラブルになったことなどない」と反論した。

この容疑でクリームはふたたび脚光を浴びることになる。前年にメアリ・アン・フォークナー殺しで法廷に立った「かの悪名高きドクター・クリーム」ふたたび、と新聞各紙は読者の記憶の糸をほどきにかかった。デイリー・トリビューン紙は法廷に戻ってきたクリームを「当然の報いが来ると思われる」と歓迎した。「〝ドクター〟・クリーム」と、一部の記者はまた、ニセ医者と言わんばかりに肩書きをまたしても括弧で囲った。有罪をほのめかすかのように、彼の名をもじった「ホイップ・クリーム〔whipには「泡立てる」と「むちで打つ」の意味がある〕」「いかがわしい《オフ・カラー》・クリーム」などの見出しが並んだ。

　クリームは弁護士を雇い、一週間の休廷が認められた。保釈金は一二〇〇ドルと決まり、下宿屋の主人で婚約者の母であるメアリ・マクレランが資産を担保にして払った。クリームが不快なハガキを送った動機をデイリー・トリビューン紙が探し出してきた。紙面によると、マーティンは二〇ドルの治療費が未払いだとクリームが主張し、脅しをかけ、侮辱し、無理にでも払わせようと「見下げ果てた犯罪計画を立てた」という。一方マーティンはクリームに治療費を全額払ったと反論した。マーティンが性感染症に罹患し、妻子に感染を広げたという言いがかりは「名誉を汚す虚偽の主張」であると片付けた。

　六月二七日月曜日、申し立てに対する公聴会にクリームは姿を見せなかった。メアリ・マクレランはクリームと数日間顔を合わせていなかったが、保釈金の没収を命じられた——現在の米ドルで三万ドルに相当する金額である。逮捕令状が発行された。デイリー・トリビューン紙は、「クリームに対する容疑はきわめて明白であり、もし法廷に立てば、連邦刑務所で一年程度の服役は免れないと思い知ったに違いない」との見解を紙面に載せた。だがその時点で、下劣な書状を送った罪で懲役刑になるかもしれないなど、クリームは予想すらしていなかった。

29 ダニエル・ストット

イリノイ州ガーデン・プレイリー&ベルヴィディア

一八八一年六月〜七月

午前二時という遅い時刻、ジュリア・ストットを乗せた列車がシカゴ&ノースウエスタン鉄道のガーデン・プレイリー駅に停車した。同駅の駅長である彼女の夫、ダニエルがてんかんの発作を起こしたため、シカゴの医師が、ダニエルの病状を改善する、てんかん発作の緩和治療薬を処方した。ジュリアはその医師が開いた医院まで出向き、処方された薬を受け取った足で、急ぎ帰宅した。

翌日の夜、雷雨のとどろきが遠ざかり、雨の名残が軒樋《のきどい》から滴り落ちる中、ダニエルはペンナイフで薬瓶のコルクを抜こうとしていた。瓶にはシカゴのバック&レイナー薬局のラベルが貼ってある。液薬を小匙一杯分測ってから飲み下し、同じく医師から渡されたカプセルを三錠飲んだ。彼は顔をしかめた。予想以上に苦かった。

一五分ほど経ったころ、ベッドに横になっていたダニエルは痛みに声を上げ、腹のあたりをかきむしった。ジュリア・ストットがランプを灯した。後日、彼女はかの恐るべき夜を「夫は上唇をひきつらせ、目は半分顔からこぼれ落ちそうでした」と振り返っている。ジュリアは何度か夫を抱き起こそうとしたが、そのつど夫ははじけるように背中を硬直させ、身をよじらせるため、ベッドから起き上がれずにいた。

「何てことだ」ダニエルは大声で嘆いた。「私は死ぬのか」

「そんな、ダン――前にも治してさしあげましたよね――試してみます、手を貸してください」

「無駄だ――お前はできることをすべてやった――これで私は終わりだ」

数分のうちにダニエルは事切れた。ジュリアが呼んだ隣人が脈を取り、心音を聞き、ダニエルの死を確認した。

二日後の一八八一年六月一四日、村の東はずれの墓地に建つストット家の墓の傍らに弔問客が集まった。だがその墓には、彼の遺体も、その内面に隠された秘密も埋葬されることはなかった。永遠に。

＊＊＊

それから二日後、近隣の町ベルヴィディアで、ドクター・フランク・ホイットマンの姿を認めたウェスタンユニオン通信社の電報配達人が、シカゴから転送された電報を指定された時間通りに手渡した。電報には「ダン・ストット・ガーデン・プレイリーに安置された遺体の検視をお願いしたい」とある。送り主は「他殺のおそれと胃の分析」についても求めていた。翌朝二通目の電報が届き、検視の実施を繰り返し要請するとともに、ダニエル・ストットが死の直前に購入した薬剤の管理もドクター・ホイットマンに託された。

ヤギひげを蓄えた体格の良いブーン郡の検視官、ドクター・ホイットマンは、どうしたものかと考えた。ストットは六一歳、てんかん発作の既往症があった。彼の死については不審な点はなく、解剖も検視も求められてはいなかった。当局は何か見落としていたのだろうか。この電報は誰の指示で送られたのだろうか。一通目の差出人はドクター・クリーム、二通目はドクター・クラムと判明した。ホイットマンはイリノイ州開業医名簿の写しを繰ったが、シカゴ市の項には、いずれの名も見つからなかった。彼は首をかしげた。この謎めいた医師は、ストットの死をどうやってこんなに早く知ったのだろうか。捜査が必要だとなぜ、これだけ強い口調で言えるのだろうか。

ドクター・ホイットマンは三〇代に差しかかったばかり、ブーン郡の郡庁があるベルヴィディアで医師として開業して十年ほど経ち、検視官を五年務めてきた。彼は医療従事者として「高い腕前と傑出した能力の持ち主」であり、「その名が筆頭に挙がるほど」だったという。ストットの死には当初から不信感を抱いていた。何者かによる茶番であることも見抜いていた。「私をだしにして、笑えない冗談をでっち上げた」と断じ、検視の依頼を断った。

その後、最初の電報と同じ六月一六日の日付でシカゴから書状が届いた。またしても検視陪審を請求する内容だった。手紙の主は、ストットは「自然死ではない」と食い下がった。「これはまさにストリキニーネによる中毒死ではないか。検視陪審を開き、貴殿から死因を明らかにしてもらいたい」と。ブーン郡地方検事のリューベン・クーンは、この書状と同じ筆跡のメモを受け取った。送り主は検視官が行動を起こさないことに不満を述べ、自分の患者であるストットが毒を盛られたとの主張を繰り返した。「ストット氏は、これほど急に亡くなるような病には罹患していない」申立人の名は、これらの書簡にあった署名から判明した――トマス・N・クリームである。

その週の土曜日にあたる六月一八日、ホイットマン検視官は一〇キロメートル弱離れたガーデン・プレイリーに列車で赴くと、ストットの妻と話し合った。「夫は持病のてんかん性発作で亡くなりました。そうです、あの人を死にいたらしめるほど強い発作でした」と、ジュリアは検視官にはっきりと答えた。ホイットマン検視官は薬瓶を預かったが、埋葬した遺体を掘り返して検視をやり直す根拠は見いだせなかった。

「関係者全員が無罪です。有罪になるとしたら、調剤した薬局でしょうか」ホイットマン検視官はクリームに返事を書いた。ひょっとしたら、この処方箋が「事件の本筋と矛盾している」のではとも指摘した。州地方検事は検視官の見解に同意した。ストットが毒殺された証拠がクリームから提示されたら「速やかに、かつ自発的に犯人を捜し出し、司法の場に引きずり出す」手順を踏むとクーン地方検事は確約した。

クリームは激高した。彼は六月二〇日付けの書簡で「処方箋に瑕疵《かし》はない。私はイリノイ州の、どの医師よりも薬物の知識がある」と反論した。埋葬された遺体を掘り起こし、検視のやり直しを求める意見広告を新聞に載せると脅しもした。彼には急ぐべき理由があった。「気温が上がれば、遺体が腐敗する速度が増し、損壊が進むからだ」と、同業の医師ではなく、まるで子どもに教え諭すような書きぶりである。「すぐにでも検視陪審を行わなければ、貴殿の所見は無に帰してしまう」

翌日クリームは「私はひどく気分を害し、激怒していた」と、怒りにまかせた自分の行動をわびる手紙をホイットマンに送り、残った薬物を犬か猫に匙で与えてみなさいと提案した。手紙には「発注量より多いストリキニーネが瓶の中にあるかもしれない。そういうミスが過去にあった」と記してあった。さらに彼は、ストットの死を知った奇天烈な経緯の説明に入った。葬儀の翌日、初対面の女性が医院を訪ねてきた。クリームの運勢を告げに来た千里眼だと彼女は名乗った。「そんなデタラメを信じる方ではないのだが」と言い訳しつつ、彼は自分の患者について尋ね、ほんとうに千里眼かを確かめることにしたと語った。ストットの名を出すと、彼は死んだ、毒殺されたと女性は答えた。当時、占い師に運命を尋ねるのは珍しいことではなかった。シカゴ

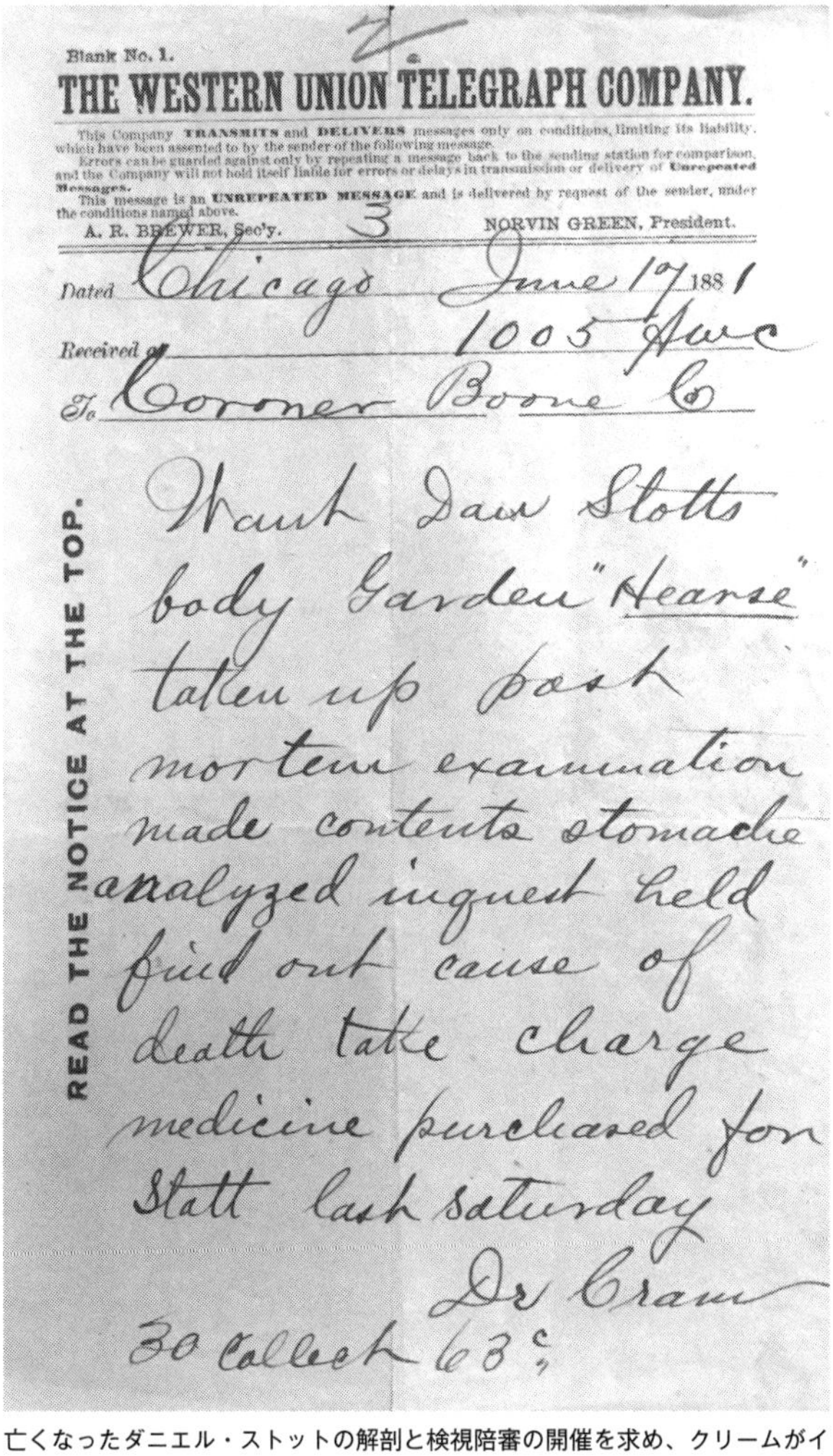

Blank No. 1.

THE WESTERN UNION TELEGRAPH COMPANY.

This Company TRANSMITS and DELIVERS messages only on conditions, limiting its liability, which have been assented to by the sender of the following message.

Errors can be guarded against only by repeating a message back to the sending station for comparison, and the Company will not hold itself liable for errors or delays in transmission or delivery of Unrepeated Messages.

This message is an UNREPEATED MESSAGE and is delivered by request of the sender, under the conditions named above.

A. R. BREWER, Sec'y. 3 NORVIN GREEN, President.

Dated Chicago June 17 1881

Received at 1005 Awc

To Coroner Boone Co

Want Dan Stotts body Garden "Hearse" taken up post mortem examination made contents stomache analyzed inquest held find out cause of death take charge medicine purchased for Statt last saturday

Dr Cram

30 Collect 63c

READ THE NOTICE AT THE TOP.

亡くなったダニエル・ストットの解剖と検視陪審の開催を求め、クリームがイリノイ州ベルヴィディアの検視官に送った4通の電報のうちの1通
（裁判第4580号、ブーン郡巡回法廷、1881年）

の新聞では、たったの二五セントで未来を当てて差し上げましょうという千里眼の広告が毎日十件近く載っていた。ワバッシュ・アヴェニューの偉大なるエジプトの予言者、マダム・ゼラファは依頼人の運勢を直接（手紙でも）占い、リューマチを治療していた。だが、何の予告もなく医院に現れ、患者の死を伝える千里眼がいたかはさだかではない。

見下したような語り口で珍妙な占い師の話をされたが、ホイットマン検視官はクリームの忠告を聞き入れた。ホイットマンはストットに処方された薬を小匙一杯、犬に飲ませた。犬は一分未満で倒れ、けいれんがはじまった。二五分経つころには死んでいた。彼はガーデン・プレイリーに戻って遺体を掘り起こした。クリームの提案どおりに胃を切除し、シカゴのラッシュ・メディカル・カレッジ化学・毒物学科教授、ウォルター・ヘインズに分析を依頼した。ヘインズ教授はストリキニーネを検出し、ストットは三グレイン（約〇・一九五グラム）以上摂取したと見込まれる――「致死量の数倍を上回る量である」と教授は報告している。薬瓶の内容物を検査したところ、液量一オンスあたり二・五グレイン（約〇・一六二グラム）のストリキニーネを含有していた。

ストットは殺されたとみて間違いなかった。容疑者はあの男しかいないと、ホイットマン検視官とクーン地方検事は意見の一致をみた。

＊＊＊

ダニエル・ストットは南北戦争末期にガーデン・プレイリーにやってきた。カナダ時代は貿易商を営んでいたが、事業に失敗した。ふたり目の妻には逃げられた。ひとり息子は若くして死んだ。心機一転を図ろうとブーン郡に移り住んだというわけだ。

ウィスコンシン州と境を接するこのあたりは、当時もまだ開拓者精神が残っていた。最初の白人開拓者が徐々に入植をはじめてから五十年にも満たず、住民の多くがブーン郡よりも年上という時代だった。一八五〇年代にシカゴとの間に鉄道が敷かれたのを機に、停車場を核とした集落が形成されていく。ガーデン・プレイリーもそんな停車場のひとつで、列車から降りた乗客が一面に広がる大平原を見渡して「大平原の庭園《ガーデン・オン・ザ・プレイリー》」と宣言したのが、その名の由来である。ストットの新居から五キロメートルほど西に、人口約三千の郡都ベルヴィディアがある。

ストットはガーデン・プレイリー停車場の管理を任される。彼はフリーメーソンの支部《ロッジ》にも入会した。大きな家を手に入れ、この家のベランダは通りがかりの近隣住民と雑談に興じるのにうってつけの場だった。「気立てがよく穏やかな人柄」との評判で、「知り合いから好かれ、尊敬されていた」という。彼はこの町になじんだ。だが、三人目の妻はそうではなかった。ジュリア・アビーはイギリスで生まれ、地元で住み込みのメイドとして働いていた。小さな駅の駅長の後添いに入ったことで、ささやかな人間関係の上層部に食い込めたし、ジュリア本人もそれを意識していた。「ジュリアは最近、ご近所を下に見るようになったな」という口さがない町の噂がホイットマン検視官の耳にも届いていた。ジュリアは垢抜けたものばかりを好み、態度はあまりにも横柄だった。一八七一年にレヴェルという娘が生まれるが、夫婦仲は良くなかったようだ。

ジュリア・ストット（Complete Detective Cases、1940 年 5 月、著者所蔵）

ダニエル・ストットは長年体調を崩し、ジュリアは夫より三六歳年下だった。「些細な噂だが、ずっと耳にしていた」と、ホイットマン検視官は後日語っている。「ジュリアは年老いた夫にうんざりしているとね」

ストットは一八八一年のはじめころからクリームの診療を受け、新しい体調の好転を喜んでいた。「貴殿の治療のおかげで急速に具合が良くなっています」と、主治医に手紙を送っている。クリームが処方した薬で消化器の機能が改善され、「腎機能に画期的な効果が見られた」ほか、よく眠れるようになった。精神状態まで好転し、薬が「気分を良くする」とストット本人が語っている。クリームが診察したのは一度きりだった。だいたい十日に一度の間隔で、ジュリア・ストットが列車でシカゴにあるクリームの医院に通い、次の服薬用の処方箋を受け取っていた。クリーム、ジュリアのどちらかの都合が付かなければ、クリームの下宿先であるミセス・グリッドリーが、空いているひと部屋をジュリアの宿泊用として提供した。滞在のたび彼女は一泊した。シカゴ行きが最後となったのは同年六月一一日の土曜日、深夜に帰宅し、瓶に入った液体の薬とカプセルを飲ませた直後に夫は死んだ。
六月の末、毒殺疑惑に関する記事がベルヴィディア・スタンダード紙の最終面に載り、クリームが検視陪審や埋葬された遺体の掘り起こし、犬に毒物を飲ませる実験を求めた一件をつぶさに伝えた。「捜査が進み、ストット氏への毒物投与が立証された場合、たとえ偶発的な投与であっても、凶悪な犯罪とみなされるだろう」

六月一四日夜、ホイットマン検視官の医院で検視陪審が行われた。バック&レイナー薬局の共同経営者、ジェイムズ・レイナーと調剤を担当した薬局員がシカゴから召喚された。両者はクリームの処方箋どおり、正確に、ごく少量のストリキニーネを加えて調剤したと主張した。「危険薬物はすべてほかの薬物と分け、保管庫に別途収納していました」とレイナーは述べ、危険薬物を扱う際には店員同士が声をかけ合うようにしていたと語った。ストットが死ぬほど多量のストリキニーネが誤って混入するなど「ありえない」ことだった。

ジュリア・ストットは、例の薬を取りにシカゴに行った晩、夫が急死したときの様子を証言した。クリームの医院に近い薬局がほかにもあったにもかかわらず、宿泊先からバック&レイナー薬局までの往復一〇キロメートルあまりを徒歩で往復した。医院に戻ると、クリームは買ったばかりの薬瓶には触れず、代わりにカプセルをひとつ割り、中の薬物を味見したとジュリアは語った。

ホイットマン検視官と郡治安判事から質問を受けるにつれ、彼女の供述が具体性を帯びていく。

薬局で購入した薬の包みはクリームの医院に置き去りにされ、誰かが触れるとは思わなかったと語った。また、ダニエルの死後、クリームとは話をしていないと主張していたが、検視審問を迫った書状や電報を送った件で彼を追求しようと、シカゴに戻ったことは認めた。

「私が違う薬を飲ませたと思ってらっしゃる?」ジュリアはクリームに尋ねた。

彼女によると、ふたりの会話で、クリームは「ミセス・ストット、私は一度も考えやしませんでしたよ」と答えたという。「たとえ大量に投与しても夫君は亡くなりません」あくまでも「正しい薬を与えて」いればの話である。

クリームは不利な立場に立たされた。調剤を担当した薬局員は、クリームが「不面目な事件に関与した」医師なのを覚えていた。ダニエルの死を千里眼から聞いたという一件を審議した際、弁護士らは眉を吊り上げ、不信感をあらわにした。ジュリア・ストットは、クリームが前年の一二月まで服役していたことに触れた。彼女はクリームに熱を上げていたのではなかったか? との質問に、「クリーム先生とお目にかかったとき、先生は酔ってらっしゃると思っていました」と答えると、ジュリアは決定的なひと言を述べた。「先生は少しお酒を召し上がると、決まって話のキレが良くなりましたから」

ホイットマン検視官の証言がもっとも説得力があると認められた。彼はクリームから届いた電報を読み上げると、彼が書いた書簡を証拠として提出した。そして、検視陪審に証人として出廷するよう求める召喚状が届いたにもかかわらず、クリームは姿を見せなかったと述べた。続いて検視官が、ジュリア・ストットとの会話から得たという話を証言台で披露した。クリームは「相当のくせ者なので気を付けた方がいい」と夫が語っていたと、ジュリアから聞いた――と。

陪審員らは薬局側を無罪とし、薬物にストリキニーネを足すことができた人物はひとりしかいないとの結論に達した。評決には「証言は、トマス・N・クリームが故人を死にいたらしめた張本人であると示唆している」とある。ブーン郡のアルバート・エイムズ保安官はクリーム逮捕のためシカゴに向かった。だがクリームはそのさらに前に、常識に欠けるハガキを送った別件でも起訴されていた。検視官宛に電報を送った六月一七日、彼はシカゴ在住の毛皮商で元患者のジョセフ・マーティンにも侮辱的な内容の書状を送ってから、しばらく音信不通だった。彼は保釈中の身だというのに、二週間以上も姿を消していた。

クリームとの関係について、ホイットマン検視官とエイムズは引き続きジュリア・ストットを追求した。このふたりが恋愛関係にあり、ジュリアの夫を殺害しようという陰謀を企てたのではないかと考えたからだ。ジュリアの供述はまたもや二転三転した。夫の死後クリームと顔を合わせた際、処方薬に多量のストリキニーネを混入させた件でバック＆レイナー薬局を訴えられるよう、委任状を出せとクリームから迫られたとジュリアは述べた。「薬局には過失の責任があり、賠償金を払うべきだ」とクリームは言った。ひょっとしたら裁判で勝ち、数千ドルの賠償金が得られるかもしれない、とも言った。ジュリアは委任状を出すのを拒んだ。

七月最終週、ホイットマン検視官はあらたな情報を公開した。彼はベルヴィディア・スタンダード紙の取材に応じて語った。本件は薬局の調薬ミスに見せかけた「毒殺を意図した事件」であると。クリームは奇天烈な脅迫をしながらダニエル・ストット毒殺計画を企てたが、それが裏目となった。遺体の掘り起こしと捜査を要求したが、かえって自分の嫌疑を深めるだけだった。

ベルヴィディア・スタンダード紙はさらにこのような記事を載せた。「ドクター・クリームは今や特ダネの供給源となった」

30
いかさまクリーム

オンタリオ州ベル・リバー、イリノイ州ベルヴィディア
一八八一年七月〜八月

一八八一年七月のとある夜、オンタリオ州ウインザーでグレート・ウェスタン鉄道から降りた男がふたり、ゴーシーエーズ・ホテルに向かっていた。人口数百名、カナダ国境から二四キロメートルほど北に入った湖畔の村、ベル・リバーは北西からの雲が立ち込め、沈む夕日を遮《さえぎ》っていた。ホテル従業員は、上階の宿泊客がドクター・ドナルド・ロスと名乗ったと語る。ロスが滞在した部屋の窓に近い壁面には一台のはしごが立てかけてあった。逃亡中の客のためにあるようにも見える。

当局は一計を案じた。ウィリアム・ベインズが部屋の出入り口まで来て、ロスが窓から逃げよ

うとしたら、髪をきれいに刈りそろえ、口ひげを両脇にたらしたアルバート・エイムズ保安官がはしごの真下に立って待ち構える。ベインズはウインザー署の署長である。ウインザーは小さな町で、大きな川の対岸には規模にして二〇倍の大都市、デトロイトがある。ベインズは逃亡者を追い詰め、逮捕するアメリカ当局の協力者として、日ごろからその任に携わっていた。アメリカ・カナダ間の国境警備が手薄であるため、ウインザーはアメリカ側にいる「あらゆる悪党ども」が司法の目をかいくぐって逃亡する玄関口であり、地元紙は「詐欺師や強盗、こそ泥、やくざ者を逃がす安全地帯ではないか」と不満を漏らしていた。

宿泊客が眠る午前一時、ベインズは部屋のドアを叩いた。クリームがドアを開けると同時に踏み込めるよう、体勢を整えていた。ダニエル・ストット殺害容疑の逮捕状を突き付けられたクリームは、自分は無実だと抗議した。報道によると、エイムズの前に突き出されると、クリームは「青くなり、木の葉のように震えた」という。

翌日の七月二八日、クリームはウインザー市治安判事事務所に召喚された。彼はいずれの殺人についてもふたたび否定した。シカゴを離れたのはただひたすら「事件による風評被害」から逃れ、父や家族と話し合いたかったからだと語った。オンタリオの隠れ家が見つかったのは、クリーム本人がそこから郵便を送るという失態を演じたからだ――書状をシカゴの郵便当局が差し止め、エイムズに住所を報告した。

その後ウインザー刑務所に送られたクリームを訪ねた記者に、彼はこう語った。「本件に私がどう関与しているのか、さっぱり見当が付きません。誰よりも検視審問の請求を希望しているのに」

記者は訊いた。「あなたはなぜ、そこまで自信たっぷりに自分が潔白だと言い切れるのです？」

「面倒に巻き込まれ、体調も思わしくありません。心機一転、新天地への移住を検討しています」クリームが興奮気味にまくし立てるため、不謹慎なハガキを送り付け、保釈中に消息を絶った件については、記者が事実関係の詳細を補って記事にしなければならなかった。シカゴを出たのは六月半ば、ストット殺害容疑で起訴される十日ほど前のことだ。

クリームはイリノイ州に戻って裁判に出廷することに同意した。手持ちの現金が尽き、八方ふさがりだったからだ。ポケットに三五ドルを入れてカナダに来ると、ウイスキーをグラスに満たしてホテルに潜伏するには、持っていた宝飾品を質に入れなければ資金がなかった。国外逃亡した犯罪者を引き渡す際の手続きで揉めたとしても、二、三週間の時間稼ぎが関の山だった。金庫破りと窃盗はアメリカとカナダの間で取り交わされていた犯罪者引渡条約の対象外だが、殺人罪は該当した。

八月二日朝、同行するエイムズとシカゴから何度も乗り換え、ベルヴィディアまで残り五六〇キロメートルあまりとなったころ、シカゴ・デイリー・トリビューン紙の記者がミシガン・セントラル鉄道の湖畔の停車場でクリームに追いついた。クリームは手錠をかけられ、服装は乱れ、一週間以上ひげを剃っていない様子だった。彼いわく「ガーデン・プレイリーの事件」は無実であり、父が「カナダで第一級の刑事弁護士」を雇って自分を弁護するはずだと自信たっぷりに語った。ストットの薬にストリキニーネを添加した件については否定した。バック&レイナー薬局を脅迫してはいないと述べた。ジュリア・ストットは「絞首刑に処されていない犯罪者の中では最大の嘘つき」だとし、法廷で彼女と是非対決したいと語った。

午後九時一五分、エイムズはクリームを連行してシカゴ&ノースウエスタン鉄道に乗った。農家と高くそびえる石のサイロが点在する黒土の畑が水平線に広がる中、ふたりはブーン郡に到着した。ベルヴィディアに着く直前、掘ったばかりの墓穴と、〈ガーデン・プレイリー〉と掲げた木造の小さな駅舎の脇をあわただしく通過した。ダニエル・ストットの勤務先だった場所である。昼食を迎える前に、クリームは郡裁判所に収監された。

＊＊＊

法廷に立つずっと前から、新聞各紙はクリームが有罪であると決め付けていた。記者は彼が前年「シカゴの悪名高き堕胎医」として起訴された一件を蒸し返し、読者の記憶を呼び覚ました。今回の事件は数か月前に起こったアリス・モンゴメリーの未解決殺人事件と「酷似」しており、毒殺に脅迫状をからめた犯行はエレン・スタック殺害事件とも類似していると指摘する新聞もあった。デイリー・トリビューン紙は事件の周辺で生まれた浅ましいゴシップを詳細にわたって掲載した。同紙は「かくも奇妙な毒殺事件は犯罪史上まれである。小紙が集めた情報が正しいとなると、この人物の手による犯罪は、残酷さと邪悪さにかけてはほかに並ぶものなし」とぶち上げた。法廷でジュリア・ストットに反論したクリームの発言を根拠にしたと考えられることから、デイリー・トリビューン紙はクリームを攻撃する側に立ったと思われる。同紙は「ストット夫人の行動には夫を内々に毒殺する企みがあったことを示す証拠はない」との正式見解を示し、彼女は「やすやすとクリームの意のままに使われた」に過ぎないとした。

なにしろ裁判に陪審員として加わる可能性のある市民に起訴事件の概要を事前に告知し、問題のある過去があることが提示されたのだから、新聞による世論誘導で多大な影響を被ったのはベルヴィディアである。「ストット夫人はそうとは知らず、夫に毒物を飲ませていたというのが世間一般の見解である」ベルヴィディア・スタンダード紙は逮捕から数日でこのような記事を載せた。クリームは「毒殺の罪を」バック＆レイナー薬局になすりつけ、あわよくば脅迫状で「かなりの賠償金を」せしめようと考えていた、とした。同紙はオンタリオ州で起こったキャサリン・ガードナー殺害事件についてもつぶさに報じた。また、クリームがシカゴでアリス・モンゴメリーを殺害した件についてエイムズ保安官から発表があると、ベルヴィディア・スタンダード紙は本件を第一面で大きく取り上げ、「かの〝ドクター〟は、複数の殺害について釈明することになるだろう」との予測も加えた。見出し担当記者は「いかさまクリーム」や、「腐ったクリーム」など、クリームという名を揶揄する見出しを今回も載せた。ベルヴィディア・スタンダード紙に至っては遺体を焼く《cremate》とクリーム《cream》をもじって「こんな臆病者は死刑のあと遺体を焼《クリメイト》いてしまえ

ダニエル・ストット殺害の罪に問われ、クリームはイリノイ州ベルヴィディア、ブーン郡裁判所で公判に付された（著者所蔵）

ばいい」という痛烈な駄洒落で皮肉った。

＊＊＊

九月一九日月曜日、一年足らずで二度目の殺人罪に問われたクリームの裁判が開廷した。赤レンガの二階建て、アーチ形の窓、中央に高くそびえる塔と、市民の誇りの象徴ともいるブーン郡庁舎に傍聴人数百名が集まった。その多くが証人として、または陪審義務で召喚された人々である。せめて死刑判決の当事者以外にとって「心地よい場所に」しようと、保安官夫人が郡庁舎内の廊下に装飾を施した。壁を塗り替えた法廷には観葉植物を置き、集まった人たちの目を引いた。

陪審員の選定にはほぼ一日を要した。クリームを悪し様に言う報道が影響してか、陪審員候補者の多くが辞退し、裁判所の職員は傍聴人や周辺の通行人に声をかけ、人集めに回るよう命じられた。陪審員に選ばれた大半がベルヴィディアの出身で、郡の名士も数名加わった——ある傍聴人は「判断力があり、良心的で誠実な人々」であると語っている。

最初の証人が証言台に立った九月二〇日、アメリカ合衆国は悲しみに包まれていた。ジェイムズ・ガーフィールド大統領が数週間前に狙撃され、前日の晩に亡くなったのだ。「無念と悲しみが雲のように国全体を覆い尽くしたように感じる」と、ベルヴィディア・スタンダード紙は追悼記事を載せた。店舗は軒先に黒い旗を下げて弔意を示した。企業は休業した。だがクリームの訴追者は事件の審議を断行した。検察側の重要参考人がジュリア・ストットである。彼女は拘束され、夫の死に手を貸したとして殺人罪の嫌疑をかけられていた。ところがまた別の裁判が請求され、彼女はクリームに不利な証言をすることに同意したのだ。ジュリアの証言は傍聴席にいる女性たちにとって、聞くに堪えない、立ち入ったところまで踏み込むと見込まれた。そのため、女性は退席が求められた。

ジュリアは小柄でひどく痩せており、人でいっぱいの法廷でクリームと向き合うと、そわそわと落ち着かなくなった。消え入りそうな声でおずおずとしゃべるが、決定的な証拠を述べた。シカゴ・デイリー・トリビューン紙の記者は「ジュリア、検察側の証人として証言台に立つ。ドクター・クリームを有罪にして命拾いするために」と記している。ジュリアは検視陪審で語った証言をくつがえした。私はクリームの指示でバック&レイナー薬局に行き、クリームが書いた処方箋どおりに調剤した薬を手に入れました。クリームは薬局まで案内してくれました——と証言した。医院に戻ったクリームはその薬に手を加えた。ある記者は「その様子をこの目で見たと彼女は証言しましたが、別の薬を足したようには見えなかった」と報告している。薬局を過失致死で訴えろとクリームから強要されたと広く報じられた件については、事実だと認めた。さらに、自分とクリームは愛し合っており、当時の言葉を借りれば「不義密通」の関係にあったとはじめて認めた。クリームの医院には娘のレヴェルを複数回連れていったという。「ドクター・クリームは、母さんのことが好きだと私に言いました」証言台に呼ばれた一〇歳のレヴェルは、大勢の前で答えた。「母さんを自分のものにしたいと言いました」

かつて下宿していた先の女主人、メアリ・マクレランは、クリームにとってさらに不利な証言をした。ストットが亡くなった六月一二日にクリームが訪ねてきて、途方もない予言をしたと語った――どうやら彼はこのとき千里眼の力は借りなかったようだ。「クリームは、ダニエル・ストットの死の知らせをいつ耳にしてもおかしくない様子でした。ダニエルが毒殺された知らせを」マクレランは記憶をたどるように答えた。さらにマクレランは、クリームは自分がいっそう不利になるような事実を目の前で語ったと主張した。彼はジュリア・ストットに「夫を二〇分で殺せるよう薬を調合してあげよう」と言った――と。

検察は、ダニエル・ストットの遺骸と薬瓶からストリキニーネを検出したとする、シカゴのラッシュ・メディカル・カレッジのウォルター・ヘインズ教授が実施した検査結果を証拠として提出した。イギリスの陪審員は、実験室試験のミスや見解の不一致があると専門家の意見として受け入れるのをためらう。刑事事件の証人として召喚された医師や科学者の見解は、アメリカではイギリスよりかなり低く見る傾向があった。権威あるアメリカ医師会雑誌への投稿者であっても、「国民は専門家証人を信頼していない」といった手厳しい評価が下る。医療行為や所見をめぐって紛糾すると、専門家は「皆からの笑いものとなり、愚弄される」のだ。「美辞麗句ばかりで臆面もなく嘘をつく」と新聞紙上で叩かれるか、「ただのたわごと」と切って捨てられるか。ところが裁判の冒頭でストットがストリキニーネ中毒で亡くなったと陳述してしまった以上、クリームは今さら主張をひるがえすことも、自分が正しいと立証した実験室試験に異議を唱えるわけにもいかなくなった。クリームの弁護人となったダニエル・ムンは、クリーム擁護の側に立った陪審員の意見を取りまとめた。ストットは毒殺されたが、犯人は「別の人物を殺そうとしていた」と。

アメリカきっての有能な刑事弁護士を雇ったと鼻にかけていたクリームだが、彼の父親は弁護士報酬への資金提供を拒んだ。その代わり、ダニエル・クリームと彼の妹らで共同出資した三〇〇ドルを弁護料の足しにしてくれと送ったため、わいせつ罪で逮捕された際にクリームの弁護人を務めたムンが殺人罪の弁護も担当したという裏事情があった。ムンは苦戦を強いられた。シカゴの外の人間である上、検察側に立った地方検事のリューベン・クーン、クーンの兄弟にあたるエイモス、その「見事な戦いぶり」が支援者や政敵からも称えられているイリノイ州上院議員のチャールズ・フラーという、地元の有能な弁護士らと戦わねばならない。ムンはジュリアを数時間にわたって質問攻めにしたが、彼女は新しい証言内容を頑固なまでに守った。マクレランはクリームに対して「悪感情」を抱いていると認めた。娘を袖にした上、保釈金として支払った一二〇〇ドルをまだ返してもらっていない――ムン弁護士の反対尋問で、彼女も自らの主張を曲げなかった。

クリームは自分で自分を弁護するしかなくなった。裁判三日目、彼は証人として宣誓した。「地味で品のない男だ」というのがベルヴィディア・スタンダード紙記者のクリーム評である。黒髪は生え際が後退し「ほんのわずかしか残っていない」とある。当時彼は三一歳だったが、十歳は老けて見えた。彼の低い声が法廷に響きわたる。否定する際の声があまりに大きくて語気が荒いため、法廷の外で聞いていても構わないと記者たちは思ったという。

ストリキニーネをほしがったのはジュリア・ストットの方からだとクリームは述べた。提供を拒んだのに、彼女はどこからか手を回してストリキニーネを調達した、と。薬物を見せ、夫のために「投薬を調整」すると明言した。クリームはダニエル・ストットの殺害への関与は否定した。「私の処方箋では死なない」と彼は言った。クリームはジュリア・ストットと肉体関係があったことも、ジュリアをバック&レイナー薬局に行かせたことも、ストット氏の薬を調整したことも否定した。

クリームは訊かれた。ではなぜ自分で検視陪審を請求したのか。

「ミセス・ストットが夫を毒殺したのではないかと思ったからです」

地方検事はクリームの証言をまともに取らなかった。クリームは反対尋問で「自分に不利な事実を多数認めたが、検察側の主張については少しも答えなかった」と、シカゴ・タイムズ紙は報じた。クリームが送った電報や書簡が証拠として提出されたが、彼の供述の一部がそれまでの主張と「完全に矛盾している」ことが明らかになった。

最終弁論は七時間以上におよび、裁判は四日目まで延長された。ムンはクリームの代理人として、「賢く、有能で雄弁」であったと各紙が報じた。チャールズ・フラーは深くくぼんだ鋭い目の、人を魅了するタイプの達弁家で、自らの「説得力のある論拠を言葉巧みに」示した。判事が適用法と証拠を確認し、陪審員が法廷を出て審議をはじめるころ、時計は午後五時をまわっていた。陪審員による審議中、裁判所のアーチ窓をぱらぱらと雨が叩いた。傍聴人らは結果をめぐって賭けをした。評決が出ないだろうという意見が過半数に達した。

法廷に戻った陪審員九名が評決を下した。有罪が確定した。

記者らの取材によると最初の評決では有罪九、無罪三と意見が分かれた。審議は四時間におよび、無罪を主張していた陪審員が途中で有罪に回ったという。陪審員はクリームの量刑についても決めた。絞首刑に票を投じた陪審員は三名にとどまった。終身刑で毎年一日を独房監禁とするという刑が適切とされた。あるジャーナリストが求刑時のクリームの反応を目撃していた。「陪審員の厳しい判断を、顔の筋肉を一度も動かさずに聞いていた」という。

ムン弁護士は州高裁への上告も検討したが、次の裁判で勝つには途方もないリスクを伴う。二度目の陪審裁判で死刑が求刑される可能性があるからだ。裁判後の記者会見で、公正な裁きであったとフラー弁護士は自信満々に「公正な裁判を受け、有能な弁護士が付いても、ドクター・クリームはあれだけの罪を犯した。被告人が有罪となることにいささかの疑いもない」と言い切った。

＊＊＊

一八九二年にシカゴを訪れたフレデリック・スミス・ジャーヴィス警部補は、ダニエル・ストットの胃からストリキニーネを検出した化学者のウォルター・ヘインズ教授と面談した。続いて彼は北へと向かい、ベルヴィディアに着くと、クリームが殺人で有罪となった事件を詳細にわたって調査した。ジャーヴィスはブーン郡保安官のアルバート・エイムズと会い、ストット氏殺害事件の捜査と裁判の概要を聞いた。おかしなことに、エイムズはストットの事件のように、ランベスの殺人事件を思わせる手口、すなわち処方薬に無断で手を加えた件やストリキニーネによる毒殺、冤罪がからむ別の殺人事件について注意するようにとは言わなかった。一八八一年、エイムズ保安官はクリームがアリス・モンゴメリーに毒を盛り、間もなくダニエル・ストットを殺害したに違いないとし、モンゴメリー殺害の件で有罪とすると報道陣に宣言までしていたのだ。それから十年あまりの月日が流れ、調査に来たジャーヴィスに対し、エイムズ保安官はモンゴメリー殺害について、あえて触れなかった。そのためジャーヴィス警部補が作成したロンドン警視庁への報告書に、アリス・モンゴメリー毒殺に関する記述はない。

＊＊＊

ジュリア・ストットはブーン郡刑務所に六か月間服役したが、裁判にかけられることはなかった。彼女が共犯だと見る向きは多く、フラー弁護士までもが「ジュリアも夫殺しに加担している」と公言している。だが検察側は、夫の死に関する情報提供と引き換えにジュリアを釈放する司法取引を持ちかけ、彼女は同意して責任を果たした。一八八二年二月、ジュリアは釈放された。

一八八一年一一月一日、クリームは終身刑の刑期を務めるため、イリノイ州刑務所に移送される。シカゴ・デイリー・ニュース紙は「忌まわしき殺人劇、幕を閉じる」と見出しを掲げ、読者を安心させた。

だが、この殺人劇はふたたび幕を上げることになる。

31 囚人番号四三七四号

イリノイ州ジョリエット
一八八一年～一八八五年

イリノイ州ジョリエットにある州立刑務所では、古参が新入り受刑者を「鮮魚」と呼ぶ習わしがある。人を威嚇するような存在感を放つ周囲の塀を目にしても、累犯受刑者がたじろぐことはまずないが、同刑務所の記録官、シドニー・ウェットモアによると、「比較的犯罪歴の浅い連中」は、恐怖と不安で尻込みするという。「終わりが見えないほど続く壁を目にすると、この刑務所に、希望も、野心も、自分自身をも封じ込め、これから先、いやおそらく命尽きるまで過ごすのかと考えると、新人受刑者は顔を真っ青にし、怯えた様子で身を震わせる」のだそうだ。トマス・ニール・クリームは同刑務所に収監され、メアリ・アン・フォークナーとダニエル・ストット殺害の裁判の終結を待つことになっていたが、実際は違った。生きて二度と出られないのは本人も覚悟していた。

一八八一年一一月一日、アルバート・エイムズ保安官がクリームを刑務所に移送した。入所後、クリームは受入部に連れていかれ、服を脱ぐよう指示される。ウェットモアのような刑務記録官が日付を記載後、身体的特徴を細かく記録していく。クリームは体重約五八キログラム、頑丈な体つきで「あごと頤《おとがい》が堂々としている」とある。事務官が「終身刑《ヒズ・ナチュラル・ライフ》」と、彼の刑期を一単語ずつ区切りながら、はっきりと述べる。クリームの「正業」は医師と記録された。「精神文化」は良好とみなされた。嚙みタバコなど「生活習慣」は「中庸」と記録された。クリームは妻と死別したと自分で書いたが、妻に何があったか誰も尋ねなかった。刑務官はそれより、彼の腹部左側にある濃いあざに関心を持った。手術痕だとクリームは答えたものの、手術した理由については語らなかった。

仕切りのない部屋に置かれたバスタブで入浴するよう命じられたあと、コート、ベスト、つばのある帽子とズボンが支給された。どれにも白黒の縦縞模様が入っている。逃げようとしても、シマウマ柄の衣類で容易に囚人だと特定できるからだ。この制服には屈辱を与えるという目的もあり、留置後はじめて夫の面会に訪れた女性は、夫がサーカスの道化師のように見えたと語った。クリームはひげを剃り落とされ、毛髪を短く刈り上げられた。男性は髪を伸ばしてひげを蓄えるのが一般的だった当時、彼の姿はますます囚人らしくなった。続いて刑務所が管理する「ならず者ギャラリー」を飾る写真を撮る。刑務所の高い塀をよじ登り、巡回中の狙撃手の目をかいくぐって逃げられたとしても、この写真があれば追跡して捕まえられる。こうしてクリームは新しい名を得た。これからは囚人番号四三七四号と名乗ることになる。

イリノイ州立刑務所はジョリエット刑務所という名の方がよく知られており、アメリカ合衆国内でも気性が荒い凶悪犯が集う刑務所にその名を連ねていた。ウェットモアの記録によると、九百ある独房に収監されているのは「全米でも名うての手ごわい犯罪者ばかり。社会のあらゆる階層で栄光を手にした者、屈辱に甘んじた者たち」である。一八五八年に開設された同刑務所は、初期に収監された受刑者が立てた塀の内側に独房棟と作業所がある。彼らは自分たちが入る刑務所を自らの手で建てたのだ。クリーム入所時、およそ千五百名の受刑者が服役中だった。

一九世紀最後の一〇年は「アメリカ合衆国内の刑務所にとって暗黒の時代」だったと、ある歴史学者が述べている。旧時代を踏襲した生活条件。ひとり分のスペースに二名詰め込んだ独房。暖房がなく、うす暗い独房棟。受刑者は一日一〇時間、石切場で採掘にあたるか、作業場で押し黙ったまま苦役を課される。当時は受刑者に重労働と厳格な規律を課すことが更生とみなされていた。受刑者が命令に背いたり、刑務所の規則に違反したりすると、刑務所長は当該受刑者に懲罰処分か更生措置のいずれかを課すことができたが、たいていは懲罰刑に処す方向で落ち着いた。クリームがジョリエット刑務所に収監されたころ、刑務所は独房監禁を減らし、むち打ちや猿ぐつわ、冷水を浴びせるなど、旧来からある懲罰は廃止の方向にあった。懲罰廃止論を推進したジョリエット刑務所のロバート・マクラウリー所長は「苦痛を課さず、懲罰に該当する行為を行わずに受刑者の累犯を未然に防ぎながら、法が適用されていることを本人に知らしめる程度に拘束する。それが、私が理想とする刑罰である」との方針を語っている。

収監されたその晩、クリームは同刑務所の独房棟に面した広い通路で寝た。通路でひと晩を過ごす通過儀礼は、年に一日ほかの受刑者と隔離する日を設けるという所内規則を満たすためのほか、刑務所に送られて不満げな様子の新参者に現実を突き付けるという目的もあった。夜が明けると、教誨師が新入り受刑者に刑務所の規則を読んで聞かせる。刑務所職員から許可を得るまで、受刑者は看守とも、面会者とも、むろん受刑者とも話すことができなかった。受刑者同士は消灯時刻まで「声を潜めて」話すことが許されていたが、隣り合った房の囚人との会話は禁じられていた。消灯は午後九時。夏場は週一度、冬場は二週に一度の割合で入浴する。病気または別段の理由がないかぎり、毎週日曜日は教会で礼拝に参加する。刑務官と話す際には指で自分の帽子か額に触れて敬意を示す。リストにまとめたらきりがないほど多くの規則があった。規則に違反したり無礼な態度を取ったりすると、その週に割り当てられたタバコやロウソクの配給が止められるか、懲罰房に拘留する罰則が適用された。教誨師はクリームに規則をわかりやすく記したカードを手渡した。カードを汚したり落書きしたりすると警告を受け、「厳罰」が下る。

クリームが案内されたのは、高さと奥行きが二メートルあまり、幅一・五メートル弱と、広さはクローゼット程度、まるで石棺のような独房だった。家具らしい家具といえば鉄枠の二段ベッドに椅子二脚、本や書類を入れる棚ぐらいだ。ただでさえ、ひとりで過ごすのがやっとの大きさだというのに、この独房をひとりで占有できる受刑者は数百名にも満たなかった。受刑者は藁《わら》を詰めた薄いマットレスに横たわり、制服と同じ縞柄のごわついた毛布をかけて眠った。手洗い用と排泄用として、バケツがふたつ支給される。糞尿の鼻を付くにおいにも慣れていった。房には窓がなく、屋根まで続く小さな穴が換気用として開いているだけだ。鉄格子のドアには、囚人の名と番号を記した木の札が取り付けてある。

日曜日を除く毎朝五時四五分、クリームは労働日の開始を告げるベルで目覚める。受刑者らはあわただしく着替え、洗顔を終えてベッドを整える。一五分後、看守が房のドアを開け、囚人を中庭の下水口まで連れていき、バケツの中の排泄物を捨てさせる。作業や食事で受刑者が刑務所内を集団で移動する際、間隔を極力開けないようにして行進する。クリームは毎朝、コーヒーとパン、シチューか肉が入ったスープを自分の房でむさぼり食う。六時四五分、ボイラー室から蒸気が噴き出る鋭い音が鳴り、クリームは仲間とともに所定の作業場へと徒歩で移動する。労働時間は朝の七時から夕方の六時まで、間に四〇分間の昼食休憩があるが、たいていは肉とジャガイモが大盛りでひと皿供された。房に戻ってパンとコーヒー、または紅茶で軽い夕食を終えると、ロウソクの灯りの下、午後九時まで読書や休憩が許されている。

消灯後の暗闇の中、薄気味悪い静寂を毎夜のごとく咳音《がいおん》が破る。疲弊した受刑者はいつしか眠りに落ちる。そこで看守が朝のベルを鳴らす。同じ一日が繰り返される。

イリノイ州立ジョリエット刑務所独房棟と懲罰房外の廊下（著者所蔵）

＊＊＊

クリームは記念碑や建築物の装飾品を作る石彫作業所に配属された。同刑務所で制作された代表的な作品として、インディアナ州テレホート税関の屋外を飾る鷲の像がある。刑務所の職員は、クリームの頑健な体は石工のような重労働に向いていると考えたようだ。南米に逃亡中に送還された横領犯と、殺人罪で懲役二五年が求刑された元警官がクリームと一緒に働いていた。彼らは一日一〇時間、週六日、毎月隣り合って無言で働いた。作業中に無駄話やよそ見をした者は刑務官に報告されて罰を受ける。ウェットモアの記録には「沈黙、服従、労働に集中することが厳格に定められていた」とある。

クリームが収監されたころ、累犯受刑者への取り締まり強化策が初犯受刑者へも波及していた。シカゴ・デイリー・トリビューン紙に「ジョリエット刑務所はならず者で早くも満杯、その多くが二度、三度、四度と罪を重ねて刑務所に舞い戻る」という記事が載った。銀行強盗が金庫破りと並んで刑務所内を行進する。強姦犯、強盗、強殺者が作業場で一緒に働いている。相手を軽くからかっただけで、いつ暴力行為に発展してもおかしくなかった。受刑者同士のけんかもあれば、看守に突然殴りかかることもあった。頑固で手に負えない受刑者を看守が暴力で懲らしめることもあった。クリーム入所から一八か月後、窃盗で服役中のマイク・ムーニーが盗んだナイフを事前に研《と》いでおき、同房のジョン・アンダーソンが眠ったのを見計らって刺殺する事件が起こった。少なくとも十名は殺したとみられた西部開拓時代のならず者、フランク・ランドは終身刑で収監されてから七年目の一八八四年に副所長を襲撃、瀕死の重傷を負わせた。

脱走を企てる受刑者もいた。ウェットモアの見立てでは、脱走に成功するのは一〇〇件中わずか一件、刑務所の塀を乗り越えても、作業所から逃亡を図っても、大半が取り押さえられた。棺から囚人の遺体を取り出して自分が中に入り、その棺が刑務所の外に運び出されたところで逃亡を企てた受刑者もいた。馬車一杯分の馬糞を掘って中に隠れ、馬糞とともに外に出ようとした受刑者も取り押さえられた。脱走しなくても刑務所の外には出られる。一八八五年だけで三九名の受刑者が亡くなっているが――ある新聞は「死をもって自由の身になる」と書いた――そのほとんどが結核によるものだった。精神病院に移送される受刑者もいた。世をはかなんで房の中で首を吊る者もいた。厨房から持ってきた包丁で太股の大動脈を切り開き、出血多量による自殺を図った受刑者の記録が残っている。刑務所内で亡くなっても家族が遺体を引き取りに来ない場合、刑務所から一キロメートルほど東にある丘の上の墓地に埋葬された。丘の上には亡くなった受刑者の氏名、受刑者番号、年齢、死亡日を黒い塗料で書いた松の板きれがいくつも立っているが、この板もいつしか朽ち果てていく。

クリームと同時期に服役していたフランクリン・ホリングルードは、受刑者はふたつの顔を持って生きていたと回顧している。「単調な日中の労働を半ば意識を失いながら過ごした」彼らの多くが、ロウソクを消せという看守の声が聞こえるまで、むさぼるようにして定期刊行の雑誌や書籍を読みふけった。時間を自由に使えたのは、毎夜消灯までの三時間足らずだった。受刑者らは刑務所内の図書館から本を借りるか、新聞や雑誌を定期購読していた。クリームの入所当時、ジョリエット刑務所内図書館には、歴史、宗教、科学、芸術、哲学など八千冊あまりの蔵書があった。『嗜好としての麻酔薬（The Narcotics We Indulge In）』、『毒物精選（The Poisons We Select）』、『香りの嗜み（The Odors We Enjoy）』など、医学書や化学の文献も、所蔵していた。クリームはジェーン・オースティン、チャールズ・ディケンズ、ヴィクトル・ユゴー、ハーマン・メルヴィル、マーク・トウェーンといった作家の小説で現実から逃避していたようだ。思いもよらず不自由な生活を余儀なくされ、外の世界から隔絶された受刑者たちは六百冊あまりの旅行書に手を伸ばした。

行進するジョリエット刑務所の受刑者たち（著者所蔵）

クリームら受刑者は二か月に一度、一名との面会を許可されていた。面会時間はわずか三〇分とはいえ、弟のダニエルは二千キロメートルほど離れたケベックシティから、ジョリエット刑務所を数回訪れている。会話の話題はいつも同じだった。「兄は毎回、自分は偽証によって収監された、自分は無実だと言明する」というダニエルの談話が残っている。親族で音信があったのは弟以外にはひとりしかいなかったようだ。ジョリエット刑務所に服役中、クリームはブルックリンに住むいとこと手紙のやり取りをしていた。

マクラウリー所長はクリームと面識があった。一八八八年にほかの刑務所に移動するまで、クリームをほぼ毎日遠くから見ていた。上司であるマクラウリー所長について、ウェットモアは「模範的な刑務所長で、受刑者たちからは尊敬され、おそれられ、高く評価されていた」と記している。数年後、ある受刑者について新聞記者がマクラウリーに問い合わせたことがあった。その受刑者とは、ドクター・クリームである。「彼は頭の回転が速かった」と、マクラウリー所長は記憶の糸を解きほぐしながら語っている。「彼と話をするたび、自分は偽証のせいで収監されたと語っていた」

＊＊＊

一八八五年三月、ベルヴィディア・スタンダード紙の案内広告欄に、うっかりしていると見過ごしてしまいそうなほど小さな広告が載った。「謹告」との書き出しで、「署名者はイリノイ州知事に謹んで減刑を申請いたします」とある。署名者はトマス・N・クリームである。

クリームはジョリエット刑務所に入所後も父親に何度となく手紙を送っては、自らの無実を主張し、支援を求めていた。父ウィリアム・クリームは、息子がリチャード・オグルズビー州知事に出した減刑申請を承認へと進める役目を引き受けた。訴訟費用を負担するため、一八八五年の夏、ウィリアムは現在の貨幣価値で五〇〇〇ドル相当をジョリエット刑務所長宛てに送金している。マクラウリー所長には受刑者宛ての信書を開封し、承認する権限があった。彼によると、クリームの父親は「無実を訴える息子の主張を本気には受け取っていなかったが、自分が金を用立てれば息子の無実が認められるのなら、その用意があるとの意志を示した」という。

一九世紀のイリノイ州では、終身刑は獄中死しないかぎり生涯刑務所から出られない刑罰ではなかった。州知事には恩赦や刑期を数年単位にまで減刑する権限があったが、通常は政治的な圧力が決め手となった。同州の刑罰制度に関する論文では、減刑交渉を成功に導くのは「受刑者が社会復帰に値すると認められることではなく、社会的影響力のある市民からの支持を取り付けること」とある。有力者とのコネがあり、減刑嘆願書への署名者を十分集められる受刑者なら、自由を手に入れたのも同然だったかもしれない。イリノイ州では一八一八年から一八八五年の間に一五三名の殺人犯に終身刑が求刑されたが、四二名が減刑され、一年程度の服役で出所した者も数名いた。有期刑まで減刑された受刑者は十名以上いた。クリームの減刑が実現する確率は三割程度とみられた。

減刑のために動く弁護士は手配済みだった。ベルヴィディアのオマー・ライトは州議会議員であり、ダニエル・ストットの検視陪審ではジュリア・ストット側の代理人だったにもかかわらず、この案件を引き受けた。ライトの起用にはクリームの巧妙な策略があり、ふたりが組んだ背景には、ジュリア・ストットの証言は偽りだという点で意見が一致したほかにも事情があった。ライトは共和党員である。同じく共和党員のイリノイ州知事オグルズビーが、同州の刑務所制度改革を統括する検査官三名のひとりに彼を指名したばかりでもあった。

ライトはシカゴの弁護士、ジョン・ジェニソンと組み、証拠集めに着手した。ジェニソンはメアリ・マクレランとクリームの会話を聞いたことがあるという数名から宣誓供述を集めた。ダニエル・ストットがいつ死んでもおかしくないという話も、ダニエルが二〇分で死ぬよう「調剤」するとクリームから申し出たという話も記憶にないと全員が答えた。ジェニソンはマクレランとも話した。そして、彼女には偽証する動機が複数あったことが判明する。娘のレナと結婚後、クリームは自分とレナを毒殺し、遺産を相続しようとしていると思い込んでいた。「相続権はクリームにありますから」と、マクレランは言った。クリームがカナダに逃げる前に保釈金として支払ったはずの一二〇〇ドルが、まだ彼女の手元にあることも判明する。マクレランは饒舌になり、クリームに不利な証言をするのは「あなた自身のため」だとエイムズ保安官から説得されたからだと自ら述べた。彼女の言い分はどうやら間違いないようだ。ジェニソンの報告書には「マクレランはつい口がすべって」、保釈金は「別に払わなくてもいい」と述べた、とある。さらにジェニソン弁護士は、ストットが亡くなった直後にクリームから聞いた話を子細にまとめた自身の宣誓供述書を追って提出した。クリームは、ジュリア・ストットから夫を毒殺しろと脅されたとジェニソンに訴えていた。クリームがブーン郡検視官事務所と連絡を取り、埋葬済みの遺体を掘り起こすよう求めたのも、自分の助言に従ったからだとジェニソンは認めた。

白ひげが特徴のライト弁護士は校長経験者で、対する検察側は「教師弁護士」と陰口を叩いていた。彼は攻撃の矛先をジュリア・ストットに向けた。彼はジュリアの弁護を検視陪審以後拒んできたと知事に告げると、彼女が単独で夫を殺したと確信したため、ジュリアと内密に交わした取引について明らかにすべきだと感じたと述べた。つまりジュリアの証言は、クリームが夫の薬には一度も触れたことがないとする検視陪審での証言か、クリームが夫の薬に手を加えたとする裁判証言のどちらかが事実と反していることになる。そもそもこの裁判は、クリームに不利な形で進んでいた。彼を批判する噂や報道が事前に流れ、またこの期におよんで、裁判の事務方を務める廷吏《ていり》が、有罪判決に傾きやすい人々ばかりを陪審員団に「集めた」と証言した。ライト弁護士は、クリームが先入観や偽証により不利な立場に追い込まれたとする序文を添えたほか、クリームの減刑を支援する嘆願書も回覧し、真犯人は「共犯者を裏切った証言でスコット（ママ）を無罪にした」と断言した。嘆願書にはガーデン・プレイリーに住むストットの親族も含め、百七十名を上回る人々が署名した。

クリームも刑の減刑に向けて動いた。同年五月、彼は五ページにおよぶ長々とした減刑申請の草案を書いた。自分に不利な証拠に不備があると叩き、「発言、行動、思想のあらゆる点、いかなる形においても無罪である」と主張した。二か月後、彼は自分に代わって、訴訟への介入をカナダ政府に要請した。一八八五年当時のカナダは独立して二〇年足らず、他国との交渉は依然としてイギリスが行っていた。そこでクリームの要求は、シカゴのイギリス領事館に照会された。副領事のジョン・ダンがライト弁護士と数回面談し、クリームによる刑の減刑申請書と関係書類——聴聞会の記録、あらたな証拠を追加した宣誓供述書など——を知事に提出した。「クリームは冤罪であると確信し、公訴事実については無罪とする」一一月初旬、オグルズビー知事に提出する書類の添え状に、ダン副領事はこう記した。

一方クリームは一八八五年四月、作業中に石工物を壊したことから、懲罰房に一週間拘留された。四か月後にふたたび懲罰房に送られているが、このときは「水準を満たす仕事ができなかった」ためと刑務所記録に記されている。このほか彼は規則違反で二度、懲罰房への拘留が言い渡されている。「穴」こと懲罰房で過ごす時間は恐怖以外のなにものでもなく、受刑者の心身の健康を著しく脅かした。刑務所の中の刑務所と呼ばれる懲罰房は、冷え冷えとした石の床の上にベッド代わりに置いた厚板があるだけだった。小さな明かり取りから光がわずかに漏れるが、分厚い木製の扉が外の世界を遮断する。懲罰房に入った受刑者に与えられるのは、パンを半切れと小さな器に入った水一杯。これで一日を乗り切る。クリームは鉄格子の内扉と手錠でつながれ、労働時間に相当する一〇時間を立って過ごした。抵抗すると棍棒で殴られた。ここから出してくれと叫ぼうものなら革紐の猿ぐつわを噛まされた。

マクラウリー所長は隔離懲罰が受刑者を更生へと導くと信じていた。一八八二年、彼はシカゴの聴衆に「耐えがたい孤独が重圧となり、受刑者は必ず罰を受け入れる」と語っている。一八八〇年代、クリームと同時期に服役経験のある元受刑者は、懲罰房に入った囚人の多くが精神に異常をきたしていると申し立てた。この元受刑者は、一五日間懲罰房に監禁された受刑者が「結果的に廃人同然となり」、一八か月も経たないうちに亡くなったと主張している。

イリノイ州知事はクリームが懲罰房で処罰を受けていた事実を把握していなかった。恩赦の申請に刑務所での懲罰記録が添付されていなかったからだ。ところが裁判で検察側に立ったはずのチャールズ・フラーが交渉に介入し、クリームの擁護に回った。フラーは当時イリノイ州選出下院議員であり、オグルズビー州知事も注目する、著名な共和党員でもあった。「まさか自分が無実の男性を、終身刑で連邦刑務所に送り込む手助けをしていたとは」フラーは知事がその事実を知らないのを承知の上で訴えた。クリームの裁判で提出された証拠は「疑う余地もなく、クリームが有罪であると裏付けるに足る内容」だった。ただ、ライト弁護士と面会したフラーは態度を軟化させ、クリームの終身刑が懲役一四年に減刑されるのはやぶさかではないと、オグレスビー州知事に語った。

一方、イリノイ州都スプリングフィールドにある知事公邸に、クリームの減刑に強い口調で異議を唱える声が届いた。ダニエル・ストットの死の直後、クリームが脅迫を企んだが失敗に終わったシカゴのバック&レイナー薬局の経営者、ジェイムズ・レイナーが、決まりかけていた減刑に抗議する書状を四通送ったのだ。レイナーは書簡で「クリームは危険人物であるため釈放には賛成できない」と警告した。ストット氏の殺害は「犯罪史上に残る悪辣な犯行であり、実に理不尽で冷淡、殺害の構想を練り、綿密に計画して実行に移した」とある。別の書簡では「クリームがほかにも同じ手口で人を殺していると考えるシカゴ市民は私ひとりだけではない」とも指摘している。予審判事や陪審員のほか、ブーン郡当局がクリームの恩赦請求の撤回を求める請願書に署名するとみられ、一八八五年一二月の時点で署名活動は続いていた。クリームから要請され、ストットの遺体を墓から掘り返した検視官、フランク・ホイットマン検視官に最終的な決断がゆだねられた。減刑を行うべきではないとホイットマンは知事に述べた。なぜならクリームは、ブーン郡では異例の「綿密な殺害計画を立て、凶悪かつ残忍な連続殺人に手を染めた人物」だからである、と。

＊＊＊

一八八五年一二月三一日、行く年の残務を整理し、来る年に備えていたオグレスビー州知事は、一ページの決定書をそそくさと書き終えると、「減刑事案　第六一三号」とラベルを貼った厚いファイルに綴じた。クリームの有罪判決と終身刑は有効であるとの決定が下された。囚人番号四三七四号ことクリームと彼の支援者が、重要参考人であるジュリア・ストットらの動機や陳述に疑問を呈する一方、当のジュリアは、夫の薬に手を加えたのは断じてクリームであると主張していた。オグレスビー州知事は、クリーム受刑者が恩赦を受けるに値するほど「疑惑を十分に晴らした」とは言えないとみなした。決定書には「クリームが無罪であるなら、その事実をくつがえすような証拠が浮上するはずがない」とも書かれている。そのような証拠がまだ浮上していないとはいえ「罪を犯した自覚がありながらも無実のふりをしている」人物が処罰を免れるようでは「大いなる過失」であるとの記述もある。

クリームはさぞ落胆したことだろう。ライト弁護士がジュリアの偽証や陪審員を買収した可能性を示唆する人騒がせな証拠を提示した上、クリームに減刑をという支援の輪が広がり、一時はイギリス政府も彼に味方したのだから、クリームは期待に胸を膨らませていたはずだ。ところがオグレスビー州知事が一筆したためただけで、クリームたちの数か月におよぶロビー活動は退けられた。クリームはジョリエット刑務所で四年二か月服役した。残りの人生を狭い房に閉じ込められ、黙って石を掘り続けていたかもしれない。自分を刑務所に追い込んだ裏切り者、ジュリア・ストットへの憎悪は増すばかりだった。持論である、娼婦は社会悪であり、排除しなければならないという思いはさらにクリームの心に深く刻まれていく。娼婦のみならず、あらゆる女性への怒りが募っていった。

クリームの恩赦申請却下は、ロバート・マクラウリーにとって決して意外な結果ではなかった。ジョリエット刑務所長として一〇年間、彼は大勢の受刑者の入出所を見守ってきた。自分には累犯を重ねる凶悪犯と、更生して社会復帰を遂げる者とを見分ける力があると自負していた。シカゴで開催された犯罪行動学に関する講演の席上、マクラウリーはシェイクスピアの『十二夜』の名セリフにちなんで「生まれながらの犯罪者もいれば、努力して犯罪者になる者もいる。中には犯罪を押し付けられる者もいる」〔シェイクスピア全集 6『十二夜』（ちくま文庫）松岡和子訳〕と述べている。

マクラウリーが考えるクリームの人物像は「本能で悪に突き進む傾向があり」、凶悪犯罪に手を染めやすい男、というものだった。

32　「まだ生まれ来ぬ子のように清廉潔白である」

一八八六～一八九一年

一八八六年六月、まるで洞窟のようなジョリエット刑務所内教会の前方数列に、一一七名の男たちが座った。そこにはクリームの姿もあった。全員が縞柄の囚人服のジャケット姿、それぞれ胸元に白い小花のブーケを飾り、説教台がある方を向いて、壁の上にゴシック文字で書かれた旧約聖書『エゼキエル書』からの抜粋「しかし、悪者でも、自分がしている悪事をやめ、公義と正義とを行うなら、彼は自分の命を生かす」〔エゼキエル書18章27（新改訳版より）〕を読みながら涙する。刑務所オーケストラ一二名による演奏が行われる。殺人犯、強姦犯、強盗、窃盗犯の信徒が週に一度集ううす暗い礼拝堂に生花が飾られている。生きる希望の象徴として。

「ベルヴィディアの毒殺魔」と、シカゴ・デイリー・トリビューン紙からあらたな二つ名を得たクリームは前に進み出て、カトリックへの改宗を堅信した。シカゴカトリック教会のパトリック・フィーハン大司教はクリームに向かって十字を切ると、彼の頬を軽くはたいた。立席者によると、クリームがこれから先「キリストのため苦しみに耐え、死をも辞さない」ことを気付かせる儀式だという。

クリームはかなり前から長老派の信仰を捨てていた。刑務所の入所書類にあった信仰の欄には「無宗教」と回答していた。減刑の許可を得る上で有利だろうとカトリックに改宗したと、その後に認めている。彼が求めたのは宗教的な救いの手ではなく、残りの人生を刑務所で送らずに済むための支援だった。堅信式から一年ほど経ったころ、クリームは出所が早まったという知らせを受け取る。

＊＊＊

ケベックシティの厳しい冬はウィリアム・クリームの身に堪えた。彼は呼吸器に問題を抱えていたため、寒波が押し寄せ、海が氷結してヨーロッパ行き木材運搬船の操業が停止する秋になると、毎年南へ避寒に出ていた。症状が緩和する温泉や鉱泉施設を渡り歩いた結果、アーカンソー州リトルロックがウィリアムお気に入りの保養地となった。権力と投資資金を手に入れた彼はリトルロックの不動産市場に手を出し、ある時期から銀行の開業を検討しだした。間もなくウィリアムはリトルロックと、そこから北へ行ったコンウェイ郡の「広大な不動産の所有者」と呼ばれるようになる。毎年春になるとケベックに帰ったが、木材輸出商のジェイムズ・マクラレンと利益分配をめぐって争い、一八八二年に提携関係を終結させた。ウィリアムはその後も木材の売買を続け、次男のダニエルに次期経営者としての経験を積ませた。ニューヨーク州西部の温泉地、ダンズヴィルに滞在中だったウィリアム・クリームは、一八八七年五月一二日に亡くなる。享年六四。

遺言執行人がウィリアムの資産評価を評価したところ、カナダとアーカンソー州の不動産、ケベックの銀行に預けた株券や投資案件の総額は六万ドルほどにおよんだ。一八八五年に草稿が書かれた遺言状によると、六人いるウィリアムの子どもたちのうち五人が五〇〇〇ドルずつ相続した。現在の米ドル換算で一四万ドル相当になる。だがトマス・クリームには一セントも相続されなかった。遺言状によると、ウィリアムの長男、トマスは「五〇〇〇ドル相当をすでに受領し、遺産相続の権利を失効した」と明記されていた。ウィリアム・クリームは医学校に通うトマスの学費を払い、最初の殺人罪に問われた一八八〇年にも訴訟費用を負担していたため、遺産を長男に分与するつもりはなかった。

遺産の残額は長老派教会の伝道資金や宗教上の支出に充てられた。その使途が突拍子もなかったことから、リトルロックの新聞が取り上げた。その記事には、「ユダヤ教徒を長老派に改宗した某団体の労をねぎらい、奇矯な老紳士が」支援目的で遺産を分け与えたとある。ウィリアムが遺産を寄付したもうひとつの団体名から、息子トマスのカトリックへの傾倒を認めなかったのがよくわかる。「ローマカトリックの伝道」に携わるアメリカ人聖職者を支援するため、遺産の一部が確保されていたのだ。とはいえ、クリーム家の長男は父親から完全に拒絶されていたわけでもなかった。遺言状作成時、ウィリアム・クリームは「トマスへの遺産供与については良識ある執行者に任せたい。息子に何らかの経済的支援が必要と彼らがみなせば、そのようにすればいい」と書き残していた。ただし、これ以上息子に資金を投ずる場合は「ほどほどな金額」であるようにとも記されていた。

その遺産執行者のひとり、ケベックシティの実業家、トマス・デイヴィッドソンは、亡き旧友の獄中にいる息子を釈放するため、何か手は打てないだろうかと考えるようになった。彼はイリノイ当局に問い合わせ、ダニエル・ストット事件に関する書類や証拠の写しを手に入れた。読めば読むほど、クリームが無実であり、ジュリア・ストットの偽証のせいで有罪判決が下ったとしか思えなかった。さらに正すべき不正がもうひとつあった。ウィリアム・クリームは「かくも大きな悲しみによる重圧」で疲弊し、死期が早まったのだとデイヴィッドソンは信じていた。彼が後日語ったことによると、彼は「伝手という伝手はすべて使い」イリノイ州の政治家らを説得し、トマス・ニール・クリームを釈放しようと心に決めたという。ジョリエット刑務所に面会に行くたび、兄から自分は無実だと聞かされていた弟のダニエル・クリームも、デイヴィッドソンの支援に回った。

デイヴィッドソンはウィリアム・クリームの友人や過去の共同経営者から、クリーム家が信仰に篤く、堅実な一族であるとの評価を裏付ける書状を集めた。クリーム家は「これまでも、これからも尊敬に値する人々である。きわめて高潔な人格者であるといっても過言ではない」と、支援者のひとりは書いている。ウィリアム・クリームの下で働いた者やケベックシティの市民には、トマスといえば誠実で働き者の青年という印象が残っている。それは彼が医学校に進むまでの話である。デイヴィッドソン本人はトマス・クリームを擁護する書状を何度となく書いてはいるが、「あれほど信心深い両親のもとに生まれた大事な息子が、今では陪審員から殺人犯の烙印を押されている」と、トマスへの不信感も綴っている。

デイヴィッドソンはこれまで縁がなかった、意外な人脈も得た。クリームを刑務所に送り込む際にひと役買ったチャールズ・フラーが、今回は減刑の支援グループに名を連ねた。「本件については徹底的に調べ上げてきた」と語るフラーは、一八八八年も押し迫ったころに州知事陣営の諮問役として加わり、ブーン郡の人々は「クリームが十分罰を受けたと思っている」と述べた。今回の嘆願では、クリームの刑期を一四年まで減刑することを求め、ベルヴィディア市長と市会議員三名、同市およびブーン郡高官、新聞社の社主、実業家、法律家など、地域の錚々たる面々から署名を集めた。

クリームの命運を握ったのは、共和党選出の新知事だった。オグレスビーの後任として一八八九年一月から州知事となったジョセフ・ファイファーは南北戦争に従軍した元検察官で、恩赦や

「理性に基づいた寛大な措置を講じて、断固たる正義を守る」とし、介入権を行使して実刑判決の減軽を求めたジョセフ・ファイファーイリノイ州知事（著者所蔵）

減刑というものは受刑者の経歴や品行の良さや正当な裁判を経て決定されるものであり、決して人気や政治への影響力で動かされるものではないという考えの持ち主だった。被告に厳罰を与える陪審員もいれば、できるだけ軽い刑罰を科す、ファイファーいわく「無罪放免にする陪審員」もいる。「これでは不公平だと私は思う」と彼は述べ、州知事の介入権を行使して公平な裁判を行い、「理性に基づいた寛大な措置を講じて、断固たる正義を守る」としている。

ファイファー州知事は間もなく、偽証と偏見ある陪審員団により有罪となった受刑者、ドクター・クリームの減刑という、まるで彼のためにあるような案件の検討を求められる。知事とは近しい友人であるフラー弁護士が仲介役を務めた。フラーはデイヴィッドソンの陳情書と関連文書を知事公邸に転送すると、ファイルの内容に関する知事からの質問に対応した。釈放がかなったらクリームをイリノイ州から退去させる件についてファイファーが言質を取るよう求めると、フラーはこの要求をダニエル・クリームに伝えた。一八八九年六月、フラーへの返信で「釈放後、兄はアメリカ合衆国を出国すると、あなたから知事に確約されても構いません」と、ダニエルは書いている。「兄はイギリスかスコットランドに行くはずです。地縁もありますし、かの地で人生をやり直すでしょう」

高官と交渉する重圧にひるむことなく、デイヴィッドソンは減刑活動を進めた。一八九〇年三月、クリームは公平さに欠ける裁判の犠牲になったと訴える書簡をファイファー州知事本人に送った。文中、彼は「囚われし者に自由を、虐げられし者に釈放を、と申し上げるほかありません」と、減刑を進言している。続いてデイヴィッドソンは、イリノイ州を活動拠点とし、禁酒運動や女性参政権などの改革運動を根気強く続ける、アメリカ女性キリスト者禁酒同盟会長のフランシス・ウィラードに支援を求めた。「まだ生まれ来ぬ子のように清廉潔白である」とデイヴィッドソンが熱弁を振るった数日後、ワシントンでクリームの有罪確定判決の本案が検討されることになった。ウィラードはイリノイ州知事経験者のシェルビー・ムーア・カロム上院議員に陳情し、本件についてファイファー州知事と討議するとの確約を得る。一八九〇年七月、デイヴィッドソンやライト、ウィラードまでもが「ドクター・クリームが無罪」と主張するのなら、「恩赦はごく当然の措置である」と、カロムはファイファーに語った。

支援の輪が広がるにつれ、デイヴィッドソンは、自分の取った行動は正しかったのだろうかと考えるようになる。クリームの精神状態には首をかしげるところがあった。ジョリエット刑務所から受け取った書状で数回、「風変わりで論理が一貫していない」という指摘があり、減刑を危惧していた。クリームは長い刑務所暮らしで「精神錯乱を起こした」のだろうかと、デイヴィッドソンは不安になった。

一八九一年春、クリームの減刑支援はあらたな転機を迎えた。ダニエル・クリームが、兄の保釈に反発していたシカゴの薬局店主、ジェイムズ・レイナーの説得に成功したのだ。そのころフラーは、ファイファー州知事に圧力をかけていた。同年六月、フラーはファイファーに「犯罪者への処罰は確定した時点で終わるものです」と語っている。

ダニエル・ストットの一〇回目の命日となる六月一二日、ファイファーはついに周囲の圧力に屈し、クリームの減刑に同意した。「証拠に不確かな部分があり、中立人の有責性に疑問があることを考慮しても」という知事の但し書きはあるが、クリームは「大統領恩赦が適格である」との回答書が提出された。終身刑は一七年まで減刑された。これは事実上の恩赦であり、クリームは数週間中に釈放が認められた。懲罰房に送られるような違反行為はあったが、ジョリエット刑務所で品行方正な服役生活を送ったことから、あらたな刑期が適用された。クリームの出所日は七月三一日に決まった。

クリームが自由を金で買ったと、根拠のない主張が新聞各紙で取りざたされた。「政治家に五〇〇〇ドルのバラマキが功を奏し、ドクター・クリームの出所が確定」とは、セントルイスのポスト・ディスパッチ紙の報道である。一八八〇年、メアリ・アン・フォークナー殺害に問われた際の裁判でクリームの弁護人を務めたアルフレッド・トルードは、ジョリエット刑務所からの「脱出」との言い回しをあえて使い、「ふんだんに金がばらまかれたおかげ」だと述べた。トルードはある記者に、五〇〇〇ドルは「著名な政治家の手に握らせ、その後有効活用された」と語っている。その政治家の名は言わなかったが、民主党員として知られる彼は、州都で権力を握る共和党員とも手を結び、裁判で対立する相手を攻撃する機会をうかがっていたと見られる。兄トマスを刑務所から出すため、クリーム家は一〇〇〇ドル、現在の貨幣価値で二万八〇〇〇ドルに相当する金額を拠出したと、ダニエル・クリームはのちに認めたものの、金銭を要求し、受け取った人物の名については明かさなかった。トマス・デイヴィッドソン検察官は一切の不正行為を否定した。クリームの親族と検察官は「法的に有効な影響力を行使」したが、それ以上のことは何もしていないと主張している。こんな途方もない不正行為を「合法的に」終わらせられるなら、五〇〇〇ドルを支払うぐらいの

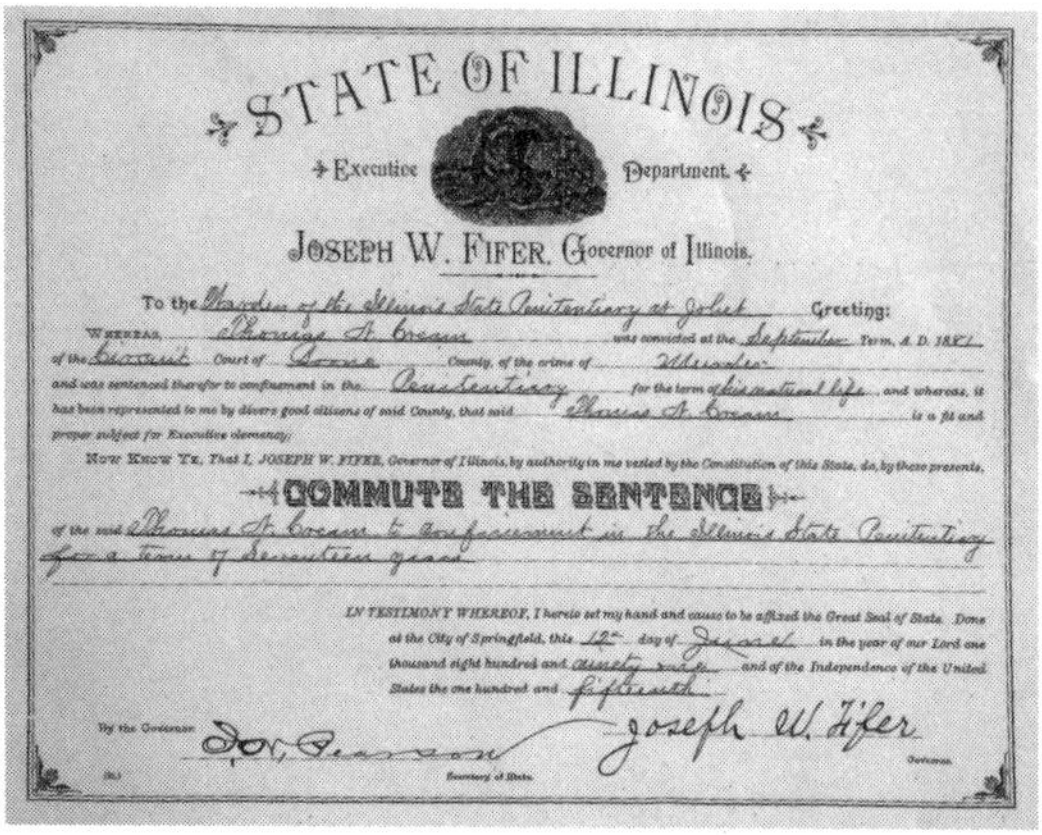
STATE OF ILLINOIS
Executive Department.
JOSEPH W. FIFER, Governor of Illinois.

To the Warden of the Illinois State Penitentiary at Joliet Greeting:
WHEREAS, Thomas N. Cream was convicted at the September Term, A. D. 1881 of the Circuit Court of Boone County, of the crime of Murder and was sentenced therefor to confinement in the Penitentiary for the term of his natural life, and whereas, it has been represented to me by divers good citizens of said County, that said Thomas N. Cream is a fit and proper subject for Executive clemency;
NOW KNOW YE, That I, JOSEPH W. FIFER, Governor of Illinois, by authority in me vested by the Constitution of this State, do, by these presents,
COMMUTE THE SENTENCE
of the said Thomas N. Cream to confinement in the Illinois State Penitentiary for a term of Seventeen years

IN TESTIMONY WHEREOF, I hereto set my hand and cause to be affixed the Great Seal of State. Done at the City of Springfield, this 12th day of June in the year of our Lord one thousand eight hundred and ninety one and of the Independence of the United States the one hundred and fifteenth

By the Governor
Secretary of State.
Joseph W. Fifer
Governor.

終身刑の判決が下ってからおよそ10年後の1891年に発行されたクリームの実刑減軽通知書（イリノイ州公文書館）

偽善をしてもいいだろうとデイヴィッドソンは考えたのかもしれない。

ファイファーが恩赦ファイルにもっと丁寧に目を通していれば、ストットが亡くなった年、クリームはシカゴで起こった別の殺人事件で容疑者として法廷に立った事実も知り得ていただろう。ベルヴィディアの毒殺事件で無実が証明されても、彼は危険人物という評価が下された人間である。彼の医院で診療や人工中絶手術を受け、結果的に亡くなった女性は驚くほどの数に上る。

シャーロック・ホームズを主人公とする探偵小説を書くという新境地を切り拓いたアーサー・コナン・ドイルは、このころ犯罪と懲罰について考えるようになっていた。そこで彼は結論を出した。あまりに危険で犯罪行為に走りやすく、刑務所から出してはいけない犯罪者がいる。殺人者を釈放し、また人を殺したからといって「国家がその罪に問われることはない。飼育係が檻の戸をわざと開けたままにしたせいで虎が逃げた。その虎に襲われ死者が出た場合、飼育係は責任を問われるだろうか?」

＊＊＊

七月三一日にジョリエット刑務所を出所したクリームは、ピンカートン探偵社のシカゴ支局へと向かった。彼はこの前年、同探偵社の腕利き私立探偵を数名雇い、裁判後にガーデン・プレイリーから姿を消したジュリア・ストットの消息を追っていた。ジュリアが虚偽の証言をしたと認めれば、出所日が早まったはずだというのがクリームの弁である。ピンカートン探偵社は、ジュリアが再婚した、いや、セントルイスで「とうてい自慢できそうにない生活」を送っているとの噂を聞き付けたが、ジュリア本人は見つけ出せなかった。ジュリアの証言をくつがえす必要はもはやなくなったというのに、クリームはシカゴ支局長のフランク・マレーに引き続きジュリアの捜索を続けるよう要請した。

「お探しの人物はもう見つかりませんし、はっきり申し上げて金の無駄です」マレー支局長は探偵社として、調査を打ち切るとクリームに言った。報復が目的なら――すなわち、自分を刑務所に追い込む原因となった女性と対決し、彼女の評判をおとしめようとするなら――マレーはもう手を引きたいと思っていた。「ドクター・クリームはストット夫人を捜そうとやっきになっていましたが、最終的には断念しました」と、マレー支局長は後日語っている。

クリームにとってシカゴは通過点に過ぎなかった。彼はその足でケベックシティに行き、その年の夏を過ごしたあと、イギリスへと向かった。ジュリア・ストットのその後の消息はつかめなかったが、マレーの名はいつまでも彼の記憶に残った。彼はロンドンで探偵を騙り、かなりの数の脅迫状を送っているが、このニセ探偵の名がW・H・マレーであった。

33 影を追って

アメリカ合衆国、カナダ 一八九二年六月〜九月

一八九二年夏、フレデリック・スミス・ジャーヴィス警部補は、イリノイ州でクリームの刑務所記録に目を通し、ロンドン警視庁がその足取りを追うクリームが、ランベスの毒殺事件が起きるわずか二か月前にジョリエット刑務所を出所した事実を確認した。彼はすぐさま、その記録の写しをロンドンにいるジョン・ベネット・タンブリッジ警部補に送った。元ジョリエット刑務所長のロバート・マクラウリーは、再犯者の特定にベルティヨン式人体測定法をいち早く採用した人物で、出所後ふたたび犯罪に手を染めそうな受刑者を特定できると自認していた。囚人番号四三七四号がまたしても殺人容疑で追われていると知っても、マクラウリーは別段驚きもしなかっ

た。「彼はクリームのことをよく覚えていた。ふたりは毎日のように顔を合わせていたからだ」と、ジャーヴィスはシカゴでの公式調査報告書の概要に記した。マクラウリーの証言によると、クリームは「規律を守らず、揉め事を起こしやすい受刑者」だったという。

ちょうどそのころ、ロンドンでは、ジョン・カントルと名乗るカナダ人が、ロンドン警視庁に遠慮もなく入り込むと、ランベスの毒殺事件を捜査中の警官の役に立ちそうな情報を持っているが、と切り出した。新聞に載っていたクリームの写真を見たカントルは、その年の一月、蒸気船サーニア号で乗り合わせた、薬と酒で正体をなくしていた男だと気付いた。このときのクリームは父親から相続した金とストリキニーネを受け取るため、海路ケベックシティに戻る途中だった。カントルいわく、クリームは空《から》の薬剤用カプセルが入った箱を自分に見せ、ロンドンで毒殺された女性に関する情報を握っていると自慢げに語ったという。巡査部長はカントルの調書を取り、同じ船に乗っていたカナダ人数名の名前と住所を書き留めた。カントルは言った。彼らもきっとクリームのことを覚えているはずだ、と。

この情報が海底ケーブル経由でシカゴにいるジャーヴィスに届くころ、彼はカナダに戻って教誨師のロバート・カスウェルと会う約束を取り付けたところだった。カスウェルもサーニア号でクリームと一緒になり、彼が女を追い回す自慢話を聞かされていた。サーニア号でのクリームの乱行については、ウィリアム・セラーからも話を聞いた。セラーは特別室に泊まっていた実業家で、酔っ払ったクリームが毎夜遅くに船室を訪ねてくるので、いやいやながら部屋の中に入れてやっていた。ジャーヴィスの報告書には「女性を毒殺したのだから有罪になるはずだ」とセラーが語ったとの記録がある。ケベックシティ市警のレオン・ヴォール署長がクリームとのことを話したがらなかったのには、れっきとした理由があった。夕食を共にしたとき、かの奇矯なクリームは、違法の中絶処置の経験があると打ち明け、毒物について「特別な研究をした」と述べたのだ。ヴォールが正式見解の発表に同意するひと月前のことだった。ブランチャーズ・ホテルに滞在中、クリームがケベックシティ市警に数回立ち寄っていたことも判明した。ヴォールはロンドンのテイラーでネクタイを数本見繕ってくれないかと頼み、クリームがイギリスに戻ってから、ふたりでテーラーを訪ねてもいたのだ。ロンドンに戻り、マッキンタイア巡査部長と素人探偵のジョン・ヘインズを翻弄したクリームは、故郷ケベックシティの司法の上級職に就く人物と昵懇《じっこん》になり、さぞや喜んだことだろう。

タンブリッジはダニエル・クリームの義母の死についても調べるようジャーヴィスに告げた。ルイーザ・メアリ・リードはケベックシティ近郊にある夏の別荘に一家で滞在していた一八九一年八月二九日、六三歳で亡くなった。出所したばかりで間もなくロンドンに発つ予定だったクリームも、途中から別荘に合流した。彼を迎え入れたあと、それまで体調が良かったはずのリードが二日も経たぬうちに亡くなったとの噂が流れた。ジャーヴィスはリードをコレラと診断した、ドクター・ヘンリー・ラッセルを捜し出した。公式な死因は脳内出血と報告されていた。リードは衰弱していたという。シャーヴィスは、ドクター・ラッセルが「死因に何ら疑わしいところはないと、私にきっぱりと言いました」と、タンブリッジに報告している。ドクター・ラッセルはケベック州の著名な医師で、クリームが毒殺容疑で刑務所に服役していたことも知っており「あの男が毒を盛ったのではと私も思った」とジャーヴィスに語った。ストリキニーネやほかの毒物による兆候は見られなかったため、埋葬した遺体を掘り起こして調査をやり直す試みもなければ、その必要もなかった。ジャーヴィスの報告書は「殺人を疑う根拠は何ひとつない」と書いて締めくくられている。

上述した以外の調査には進展がなかったのか、立ち消えになっている。クリームが医院を開いた場所として、同じくオンタリオ州にあるハミルトンとキングストンにも足を運んだが、偽の情報だったと報告書に記した。続いて報告書に登場するのがエドワード・レヴィで、シカゴ在住時にクリームと交流があったという宿屋の主人である。一八七〇年代末にクリームから、ケベックで女性ふたりを毒殺したと聞いたと、レヴィの方からジャーヴィスに会いに来て話した。ひとりはクリームの妻、フローラ・ブルックスだろう。タンブリッジはケベックの警察に調査を依頼しようかと考えたが、警察はレヴィの申し立てには何ら反応を示さなかった。

ジャーヴィスはモントリオールであらたな毒殺事件の情報を得た。彼が面会したエミリー・ターナーは、前年冬までロンドンのロイヤル・アクアリウムに勤務し、その後モントリオールに戻っていた。アクアリウムで出会ったハミルトン少佐と名乗る男に誘われ、彼女は数回食事をした。ハミルトンは四〇代で「目に特徴があり」、ターナーが自分と一緒に暮らす気があるなら

──クリームの下宿があった──ランベス・パレス・ロードに部屋を借りてやろうと持ちかけられた。男からもらったゼラチンのカプセルを飲むと舌が焼けるように痛み、具合が悪くなった。ジャーヴィスがクリームの筆跡サンプルを見せると、その男が送ってきたメモの筆跡に似ているかもしれないと、ターナーは言った。重要参考人を見つけたと確信したジャーヴィスは、クリームの写真を見せた。違います、この人はハミルトン少佐じゃありませんとターナーは答えた。恥ずかしい思いをしたくない、法廷に連れていかれてクリームと面通しをしたくないから嘘をついているのではないかとジャーヴィスは考えた。「この若い女性は何か隠しごとをしているとの感触があります」と、彼は上司に報告している。だが、自分に薬を渡した人物はクリームとは別人だとターナーが言い張るため、「これ以上取り調べを継続しても無駄なようだ」ということになった。薬を調べたところ、抗マラリア剤として知られるキニーネの成分のみが検出された。苦味はあるが人体に害はなく、どこにでもある薬である。ジャーヴィスの報告書を読み、薬が有毒ではないとわかったタンブリッジは、ターナーがクリームから薬を受け取った可能性は「ない」とみなした。

続いてジャーヴィスはクリームが持っていた薬剤サンプルの検証に入った。彼はニューヨーク州北部のサラトガ・スプリングスに列車で向かい、G・F・ハーヴェイ社のジョージ・ハーヴェイ社長と面談した。クリームと会ったハーヴェイはクリームの印象について述べ、この男にロンドンで自社製品を売り歩く代理人を任せたくはなかったと語った。ジャーヴィスはクリームに同社が販売した薬品や原薬の記録を再調査し、ストリキニーネなどの毒物がブランチャーズ・ホテルに送られていたのを確認した。ハーヴェイは、自社製品のサンプルを持ち歩くために使っていたケースをジャーヴィスに見せた。「クリームが所持していたものと同一の品だった」と、ジャーヴィスは報告書に記した。

ひとりの男がモントリオール市警と接触し、事件に関する重要な情報があると述べたところから、ジャーヴィスの調査活動は目覚ましい進展を遂げる。その男、ジョン・マカロックは、クリームとブランチャーズ・ホテルに滞在していたころのことをジャーヴィスに語った。この実業家は、カプセルに入れた薬を女性に与えたのは「おなかの子を堕ろすためだ」というクリームの説明を繰り返し述べると、クリームから見せられた瓶入りの毒物について語りだした。ロンドン警視庁はすぐさまマカロックをイギリスに送り、証言させるよう手続きを取れとジャーヴィスに命じた。

ジャーヴィスは七月半ばにはイギリスに戻る予定だった。だが有力な手がかりがつかめたため、上司から捜査を継続するよう再三の要請があった。ロンドン警視庁としては、クリームがハーヴェイ社以外に毒物を調達した事実を確認したかった。モントリオール、ケベックシティ、ニューヨーク。ジャーヴィスはクリームが刑務所を出てから滞在した街で、薬局の店主や薬剤卸売業者から話を聞いて回った。ひとりではとうてい手に負えず、ジャーヴィスは各地の警察に応援を求めた。薬局や卸売業者の代表とは必ずジャーヴィスが直接面会し、そのつどクリームの写真を見せた。クリームがストリキニーネを購入したとされる場所について、情報提供者には二五ドルの懸賞金を出すとの新聞広告をケベック州の新聞各紙に挟み込んだこともあった。クリームが医師や獣医師から毒物を購入した、あるいは盗んだ可能性があるとの情報をロンドン警視庁から得ると、ジャーヴィスはそれぞれの都市で二度目の情報収集にあたった。「このストリキニーネからクリームに行き着くなら、実に重要な情報である」検事との打ち合わせを終えると、タンブリッジ警部はこう記している。こうした丹念な捜査が行われたにもかかわらず、クリームがストリキニーネを入手した別の経路は見つからなかった。

九月半ば、ロンドン警視庁はようやくジャーヴィスに出張捜査の終了を通知した。九月二八日、「心身の疲労の限界に達する調査活動」と自らが述べたとおり、三か月以上におよぶ長旅を終え、彼はアラン・ラインの蒸気船モンゴリアン号の舷門《げんもん》からリヴァプール港へと降り立った。ジャーヴィスの聞き取り調査で得た情報から、将来を嘱望された若きカナダ人医師の人生が浮き彫りになった。怪物へと変貌したジキル博士がこの世に生きているかのごとく。堕胎医。脅迫者。忌むべき毒殺者。冷血の殺人者。ジャーヴィスの手による綿密な報告書は、クリームがふたたび凶悪な殺人事件で起訴されたとき、著名な医師を自認する彼を検察官が迎え撃つ際の武器となった。ロンドンに戻ったジャーヴィスを報じたシカゴ・デイリー・トリビューン紙の記事にはこうある。「たとえニール、いや、クリームが……どのような反論をしようともくつがえる、有力、かつ明らかな証拠がそろった」

第VI部

毒盛りジャック

ロンドン
一八九二年一〇月～一一月

34 「組織的、かつ計画的な犯行」

一八九二年一〇月一七日午後、ロンドンの中央刑事裁判所（通称「オールドベイリー」）で、クリームの裁判が開廷した。城塞を思わせるここオールドベイリーで、イギリスでも例を見ないほどの凶悪犯罪が二世紀以上にわたって裁かれてきた。一八五〇年代にストリキニーネを使った毒殺犯、破廉恥医師として名をはせた、クリームの先輩格ともいえるウィリアム・パーマーもそのひとりだ。羽目板を張り巡らせた法廷が弁護士と傍聴人で満杯になる中、クリームが立つと、起訴状が読み上げられた。張り出したバルコニー席を陣取って無駄話に興じていた傍聴人たちが水を打ったように静かになる。白い毛皮で縁取られた深紅の官服をまとい、法廷弁護士の印、肩までの長さがあるかつらをかぶり、毛を左右に揺らしながら、裁判官席から本件の裁判長、ヘンリー・ホーキンス判事が静粛にと注意する。陪審員席には、クリームの運命を決める一二名が無表情でじっと座っていたが、ある傍聴人は、まるでマダム・タッソー館のろう人形のようだとの印象を持ったという。裁判期間中のクリームは、日の光が差し込む縦長の窓列に向かい合うように建つ、ニューゲート刑務所に拘束されていた。

「オールドベイリー被告席のトマス・ニール・クリーム」（Black and White: A Weekly Illustrated Record and Review、1892年10月29日、著者所蔵）

　新聞記者らは拡大鏡を手に、離れた場所からクリームの表情をうかがう。赤みの強い茶色のひげは四か月におよぶ拘束生活で伸び、彼のがっしりとしたあごを覆い尽くしていた。悪い印象を与えかねない内斜視が目立たぬよう、金縁眼鏡をかけている。黒い外套とベスト、セーラーズノットに結んだ白いネクタイ。ニューゲート刑務所の看守によると、クリームは落ち着きを失い、イライラして、あまり眠れていない様子だったという。ところがひとたび法廷に立つや、彼も陪審員らと同様、顔から一切の感情を排し、ときおり弁護士の方に身を乗り出しては、何やら小声で話し合っていた。秘めた不安をごまかそうとするためか、口元にわずかな笑みを浮かべ、たまに身をよじらせる。とあるベテラン記者は思った。クリームのように絞首台が目前に控える連続殺人者と比べると、軽犯罪に問われた者たちの方が怖じ気づき、取り乱すものだ、と。

陪審員席からもニューゲート刑務所からも一番離れた被告席にクリームが退くと、サー・チャールズ・ラッセルが立ち上がり、検察側の冒頭陳述を読み上げた。アイルランド生まれ、彫りの深い顔立ち、射るように鋭い目、威厳のある物腰のラッセルは、一八八〇年に政界入りするまでロンドンでもトップクラスの顧問弁護士だった。政界入りから六年後にナイト爵に叙し、ロード・ラッセル・オブ・キロウェンとなる。つい二か月前に第四次ウィリアム・グラッドストーン内閣の法務長官に就任したばかりのラッセルが一法律家として裁判に加わるとは、今回の申し立てがいかに重大であるかがわかるというものだ。裁判に向けて周到な準備をし、証人への反対尋問は情け容赦ないほど手際良くこなすと、ラッセルは当時のイギリス法曹界でも屈指の名弁護士として知られていた。仲間の弁護士は「ラッセルはさながらコブラがウサギに向かうような勢いで証人に接する」と述べている。裁判中の議論は整然として遠慮なく、しかも説得力がある。「彼の審理の進め方は短い一行で言い表せるほど簡潔だ」と、別の弁護士が書き残している。

「雷神トールの槌《つい》のように絶大な力を持ち、明晰な発言で皆を納得させる」

この時点でクリームには七つの公訴事実があった。検視陪審後、同年七月にマチルダ・クローヴァーの殺害容疑に問われ、ボウ・ストリート治安判事裁判所で行われた予備審理の場では、ウォータールー駅の外で倒れたエレン・ドンワースを殺した疑い、また、ランベス地区のスタンフォード・ストリート沿いの下宿に同居していたアリス・マーシュとエマ・シリヴェル殺害の罪が加わる。さらには渡された毒薬を飲んだと見せかけてクリームを欺いたルイーザ・ハーヴェイ殺害容疑に加え、脅迫罪二件の容疑にも問われていた。ラッセルは陪審員に説明した。ただし今回の裁判は、クローヴァー殺害容疑に限定し、ドクター・クリームの罪を問うために行います——と。

クリームのランベス毒殺事件4件への関与を示す証拠を提示したサー・チャールズ・ラッセル法務長官（著者所蔵）

クローヴァーの「不憫で儚《はかな》い人生」が突然いたましい形で終わりを告げてから、あと数日で一年になるとラッセルは述べた。ランベスの娼婦らが毒殺された事件を捜査中だったはずのロンドン警視庁《スコットランドヤード》が、クローヴァーが殺害されたのを数か月も知らなかったことにも言及した。ラッセルは話を続ける。検察側の陳述でもっとも重要な部分をすべて知っている人物がいた。それは「恐ろしき悲劇が彼女に降りかかったことを知る唯一の人物である。その人物は、彼女に致死量のストリキニーネを投与した」ラッセルは意を決した。その人物とは、被告席に座り、手すりにもたれて右手を額にやり、考え込んでいるふりをしている、あの男である。

＊＊＊

傍聴席に座る権利を手に入れようとする人々が毎朝、何時間もオールドベイリーの外に立つ。入り口に殺到して事故が起こらないようにと柵が立つタイミングで、法廷の扉が開く。裁判所の職員に一、二シリング握らせて中に入ろうとする者もおり、この裁判の特別担当として派遣されたニューヨークタイムズ紙の記者は、こうした「横着者」は「仲間の命をめぐって戦うふたりの男を見届けようという、無意味な好奇心につられて集まっているのだ」と、傲慢で辛辣な記事を書いている。女性たちも傍聴券を求めて殺到した。法廷上で繰り広げられる、犯罪界のヘビー級タイトルマッチをひと目見ようと、羽根飾りの付いたつば広の帽子をかぶった婦人たちと、髪粉をはたいたかつらを着用した若手弁護士らが行き交う。ロンドンの主力紙は毎日のように証言を一言一句漏らさず報道し、法廷に集う人々をはるかに上回る数の読者が、センセーショナルな刑事裁判の最新情報をむさぼるようにして読んだ。

クリームは弁護士四名を引き連れて裁判に臨み、彼の法律顧問が検察側の瑕疵に難癖を付けた。

ジェラルド・ゲイガンは、イギリス国内の刑事弁護士の誰よりも殺人犯の弁護を引き受けたと評判の、ベテラン弁護士である。ゲイガンはアイルランドの著名な詩人の息子で、耳に心地よいアイルランド訛りで話し、魅力とウィットにあふれるキャラクターで陪審員らを自分の味方に取り込もうとする。同僚の刑事弁護士が後日、若き日のゲイガンを、こう振り返っている。彼の手にかかると「どれほど〝手ごわい〟案件だろうが、必ず無罪に持ち込むきっかけを引き出す」というのだ。ゲイガンは「法曹界では有名な、生まれついての雄弁家」だと語る刑事弁護士もいた。「雄弁家にはよくあることだが、一度話しだすと止められないのが玉に瑕《きず》だ」とも。またゲイガンには、法廷を出てグラスを一度手にすると、酒を延々と飲み続けるという逸話もあった。仕事仲間をしつこいほど酒に誘い、クライアントが有罪になりそうになると不安にかられ、酒量がさらに増す。アルコールは徐々に、輝かしい実績を持つ法律家ゲイガンを破滅へと導いていく。クリームの訴訟を請け負う数年前には、やはり酒が理由で重大な殺人事件裁判の間際に主任弁護士の任を降りていた。このときの依頼人、イスラエル・リプスキはポーランドからの移民で、若い女性に無理やり強酸を飲ませた罪に問われ、有罪が確定して絞首刑となった。

だが、クリームの弁護に立ったゲイガンはアルコールの力を借りることなく、往事の名弁護士ぶりを見せつけた。まずはマチルダ・クローヴァーがクリームを部屋に入れたと証言し、ふたりの関係を知る唯一の証人であるランベスの住民、エリザベス・マスターズとエリザベス・メイを俎上に載せた。ボウ・ストリート警察署で行われた犯人の面通しの結果にも疑問を呈した。獄中でひげを剃ることができなかったクリームは、首実検で集められた人物で唯一ひげを蓄えていた事実を指摘した。続いて、クローヴァーが死ぬ間際、フレッドと名乗る男性から毒物入りのカプセルを渡されたと語ったという証言の事実関係を整理しだした。クローヴァーはストリキニーネ中毒ではなく酒を飲み過ぎて死んだのではないかと、ゲイガンは医療助手のフランシス・コピンとロバート・グラハムに何度も訊き、陪審員らが疑問を持つよう仕向けたのだ。

＊＊＊

続いて、クローヴァーの遺体からストリキニーネを検出した化学者、かのトマス・スティーヴンソン博士が証人台に立った。博士は三年前にも、リヴァプールの裕福な商人である夫を毒殺したフローレンス・メイブリックのセンセーショナルな刑事裁判で、国じゅうの注目を集めたことがあった。別の化学者による検査で、被害者の遺体から致死量の砒素が検出されたという結果の正当性を裏付けた――ジェイムズ・メイブリックが心気症を患い、砒素などの毒物を含んだ薬を複数飲んでいたという証拠を退け、フローレンスを殺人罪で有罪とする所見を呈示したのだ。これほどの経験と専門知識を持ちながら、証人台に立ったスティーヴンソン博士は心穏やかな様子ではなかった。目に見えて動揺し、特に反対尋問の際には反応が薄く、口数が少なくなり「奇妙なほど身構えて」いたと、ある新聞記者が思い起こしている。内輪の者だけで秩序が保たれた研究室から呼び出され、公開の場で自らの見解を述べ、主張するのを明らかにおそれていた。

ゲイガンは攻撃の手をゆるめず、検察側でただひとり医療の専門家であり、クローヴァーが殺されたという唯一の直接的な証拠を握るスティーヴンソンを容赦なく追い詰めていく。ストリキニーネは即効性の高い毒物だとゲイガンは述べた。摂取後三〇分で強縮性けいれんがはじまり、一、二時間後には死にいたる。だが、クローヴァーのけいれんがはじまったのは、彼女が数時間ほど床に伏せたあとだった。

スティーヴンソン博士はストリキニーネの作用について説明した。「患者が眠っていれば、けいれんの発症が二、三時間遅れる場合があります」

ゲイガンは腑に落ちない様子だった。致死性の毒の効果は眠っただけで遅れるのでしょうか？

スティーヴンソン博士は発言を撤回し、アヘンやモルヒネでも遅延する場合があると答えた。

ゲイガンは訊く。博士、あなたはクローヴァーの遺体にこうした毒物の痕跡を見つけましたか？

博士は否定した。だが、ストリキニーネを服用し、けいれんがはじまっても五、六時間生存した記録があると付け加えた。

クローヴァーは慢性アルコール依存症で健康を害していましたと、ゲイガンは陪審員の記憶を巻き戻した。ストリキニーネを飲まされ、彼女がなぜ六時間近くも生きていられたのでしょう？「振戦譫妄《しんせんせんもう》を起こす寸前までアルコールの依存が進んでいたなら、ストリキニーネの毒性が出やすいと考えます」博士は負けを認めた。「アルコール依存症の患者は、酒を飲まずに健康な生活を送る人よりも早く症状が出ます」

ゲイガンは別の死因を示唆した。脊椎に影響をおよぼす疾患があれば、クローヴァーのように激しいけいれんを起こすのでは？

その可能性はあると博士は答えた。脊椎を調べた際には病変の形跡がなかったとしたものの、死後数か月経って掘り起こした遺体では検証が難しいと認めた。

ゲイガンは質問の焦点を実験室試験に向けた。クローヴァーの遺体から抽出した液体をカエルの皮下に注射したところ、カエルは死にましたね。その液体はウサギや犬、そう、人間に似た温血動物に注射するのが筋ではありませんか？

毒物試験にカエルをよく使うので、と、スティーヴンソン博士は説明した。カエルはすぐ症状に出ると述べた。そしてこう言い添えた。「カエルはとても繊細な動物ですから」

そこにゲイガンが切り込んだ。カエルはとても繊細な動物だ、ならば毒物を注射するには敏感すぎる動物なのでは？

スティーヴンソン博士はまたしても発言を撤回した。「カエルがとても繊細かどうか、断言できません」

ストリキニーネのようなアルカロイドの毒物は検出が困難でしたか？　とゲイガンが訊く。

そうですね、と、スティーヴンソン博士は認めた。

ゲイガンはさらに訊く。遺体から採取した液中のストリキニーネを検出する目的で使用した色試験は信頼できるものですか？　こうした試験結果は「不確かで当てにならない」という見解は正しくないのですか？

「薬物の純度が低ければ、経験の浅い試験官ならミスをするかもしれません」スティーヴンソン博士はすぐに反論した。「菫《すみれ》色に染まったので結果を信頼しました。その後に閃輝色に変わり……これほどくっきりと閃輝色が出るのはストリキニーネに違いありません」

ゲイガンはここでいったん黙り、クローヴァーがストリキニーネで毒殺されたという証拠は、結局のところ、死んだカエルと色の変化に対する、ひとりの化学者の見解というわけです――と、あらためて陪審員に示した。

形勢逆転を焦ったラッセルは反論に出た。彼はスティーヴンソン博士を呼び寄せると、彼の所見と結論の概要をまとめるよう言った。色試験は陽性。クローヴァーの遺体から検出された一六分の一グレイン（〇・〇〇四グラム）のストリキニーネは、さらに多い致死量を摂取したことが示唆されること。クローヴァーの遺体から採取した液体を注射したカエルはその後けいれんを起こし、すぐ死んだこと。スティーヴンソン博士は述べた。「死因がストリキニーネ中毒という結果にいたったのは、各検査結果を個別に検討したのではなく、それぞれを積み上げ、裏付けたものです」

クリームの親友だったジョン・マカロックとジョン・ヘインズも、ゲイガンの激烈な反対尋問と戦った。ケベックシティのブランチャーズ・ホテルでクリームと会った実業家のマカロックは、毒入りのカプセルを女たちにばらまいて得意顔の男といまだに交友関係にある理由を苦心しながら述べた。ヘインズには、あわよくば刑事として採用されるかもと、ロンドン警視庁のご機嫌を取ろうとしたのではないかと糾弾した。陪審員らは、ゲイガンが話に尾ひれを付けるようヘインズに金を渡したと考えたようだ。だがさすがのゲインズも、名誉を傷付けられ担当を降りたジョージ・スミス・イングリスに代わり、検察側があらたに筆跡鑑定家として起用した、大英博物館写本室のウォルター・デ・グレイ・バーチには挑戦的な態度を取らなかった。ロイヤルファミリーの主治医ドクター・ウィリアム・ブロードベントがクローヴァー殺人犯だと告発する手紙はクリームが書いたものだと、バーチは自信満々に答えた。たとえ失敗に終わろうが、自分の依頼人は脅迫状の差出人だったと、ゲイガンは自ら負けを認めた。

裁判三日目、証言台に立ったタンブリッジ警部補は、ロンドン警視庁はブロードベントの脅迫者の後追い捜査を怠ったと認めた。

ホーキンス判事は懐疑的だった。「クローヴァーという女性について調べなかったのですか？」彼は裁判官席から大声で尋ねた。

「一度も調べませんでした」と、タンブリッジは認めた。脅迫状は「頭のおかしい人物」が書いたもので、その手のくだらない手紙はしょっちゅう警察に届きますからと付け加えた。

判事はタンブリッジの釈明では満足できなかった。「ランベス・ロード27番地に住み、ストリキニーネで毒殺されたとされる人物が実際にいた。この情報が、現場から歩いて十五分もかからぬ場所にあるロンドン警視庁に届いた。それなのになぜ警察は、ランベス・ロードまで調べに行こうと思わなかったのでしょうか？」

「裁判長、本件はまだ捜査中です」

「驚いたのはそれだけではありません」ホーキンス判事は答えた。警察はドクター・ブロードベントを脅迫した人物を逮捕することに血道を上げ、脅迫状が明らかにした女性の殺害についてはいまだ保留にしています。脅迫者が逮捕されたら、クローヴァー殺害事件の取り調べは行ったのでしょうか？

「そのはずだと思います、裁判長」

「私にはそうとは思えません」ホーキンス判事は厳しい口調で述べた。「これまでの経緯を見るとね」

判事が口火を切る。それに乗じてゲイガンがロンドン警視庁の失態を突く。ロンドン警視庁と近隣の警察署は電信線でつながっていますよねというゲイガンの反対尋問に、タンブリッジはそうだと答えた。

ランベス・ロードに一番近い派出所はケニントン・レーンですが、ロンドン警視庁からクローヴァーの身元について、電報で問い合わせた刑事はいましたか？

「いません」タンブリッジは答えた。「過失があるとしたら、それはロンドン警視庁の過失です」

＊＊＊

英国法では解決できずにいた件に、ホーキンス判事がどのような判断を下すか。この点がクリームの運命を大きく左右した。「類似事実立証」、すなわち公判中の被告を起訴前の類似犯罪で審議し、有罪の事実を裏付ける権利が検察側にあるだろうか。クリームがほかの三件の毒殺事件とルイーザ・ハーヴェイ殺害未遂に関与したとみられる証拠をラッセルは示せるだろうか。ラッセルは食い下がった。弁護側はクローヴァーが自然死であると暗に認めているが、そうだとすると、クリームには「よく考え、矛盾のない行動」様式、つまり、クリームがクローヴァーを殺した犯人と似た行動を取っていると認めることになる。別の証拠は、クリームがストリキニーネを所持していた事実や、錠剤を女性に渡した事実を示しており、手口が似た殺人事件とクリームとを結び付けることになる。

弁護士団の一員、ヘンリー・ウォーバートンが異議を唱えた。結束の固さで知られるオールドベイリーの法廷弁護士の中でも期待の新人とみられていたウォーバートンは、これではクリームを七つの容疑で一度に公判に付すも同然だと述べた。被告人には「その是非に応じて」陪審員を選ぶ権利がある。偶発的、または不慮の事故で死にいたったと被告人が主張し、弁護側がクリームの代理人として裁判を進めない場合にかぎり、類似事実立証が証拠能力を持つ。クリームの申し立てを裏付ける判例をラッセルが逐一引用すると、被告人は被害者に食物を与えているが、毒が混入していたとは知らなかったと述べている点をウォーバートンが指摘した。クリームの場合、医師や薬剤師なら簡単に入手できる「ストリキニーネのように比較的一般的な薬物」を所持していた理由を裏付ける証拠は十分そろっている。ほかの犯罪証拠が陪審員の心証に与える影響の方がむしろ深刻な問題だった。裁判の公正性が危うくなりかねない。

判決はイギリス国内でも指折りの名判事、ホーキンスにゆだねられた。サー・ヘンリー・ホーキンスは、弁護団や警察もがおそれる存在だった。「冷徹で悠然と構え、世故《せこ》に長けた豊富な経験の持ち主」とは、クリームの裁判取材を担当したニューヨークタイムズ紙記者の弁である。ロンドン警視庁のフレデリック・ウェンズリーは「あのいかめしい判事」と振り返り、ホーキンスの怒りの矛先がまさに向けられていたタンブリッジも、間違いなくウェンズリーと同じ評価を下したはずだ。一八七〇年代から判事を務める七五歳のホーキンスは、行方不明の相続人になりすまして財産の横取りを企てた詐欺師をめぐり、一大センセーションを巻き起こしたティッチボーン事件の裁判での輝かしい活躍ぶりが評価され、法曹界のトップに躍り出た人物である。別名「絞首台送りのホーキンス」――殺人犯にはもれなく死刑が求刑された時代、多くの判事が「絞首台送りの」というあだ名を付けられていた――と呼ばれた彼は、一週間に四名の被告を絞首台に送ったかどで非難されたこともある。ぶっきらぼうな外見で、いささか奇矯な気性を奥底に秘めていた。クリームと同様に禿げ上がった頭頂部を覆う、法廷弁護士に着用が義務付けられていたかつらは必ずポマードでなでつけ、毎日のように髪粉を振って仕上げることに執着していた。

ジャックというフォックステリアの愛犬をかわいがり、ときには法廷まで連れてきて、裁判官席の脇に座らせていたこともあった。後年出版された彼の自伝には、ジャックの視点で書かれた、ちょっと普通では考えられない章がある。また、訴訟の議論が膠着すると、そろそろ結論を出したらどうかねと説教するかのように、ご主人様に代わってジャックが弁護士らに向かってうなってみせたという。

ホーキンス判事は弁護側の懸念を払いのけた。類似事実立証は動機を立証する際に便利な手段である。判事には「一風変わった滅多にない不可解な動機であればあるだけ、副次的な証拠を必然的に生む余地がある」という読みがあった。無差別に四名の女性を毒殺したあと、五人目が未遂に終わった、この希有な犯罪分野にも当てはまるはずだと判事は踏んでいた。法務長官は証拠を提示できるだろうが、クローヴァーの死と結び付くかどうかを最終的に決めるのは陪審員だ。「証拠の許容性も大事だが、重要性にも目を向けねばならない」と、ホーキンス判事は指摘した。最終判決に向け、ウォーバートンは本件を刑事留保問題付託裁判所（控訴審の前身）に任せるよう判事らに主張した。その必要はないとホーキンス判事はクリームの弁護団に請け負った。彼は自らの決断が「理にかなっている」と確信していた。

＊＊＊

裁判は転機を迎えた。ルイーザ・ハーヴェイは、チャリングクロス駅に近いエンバンクメントでクリームと待ち合わせした晩、彼から錠剤を飲むよう執拗に迫られたと証言した――被告が凶器の毒薬を持っていた「決定的な証拠」だと、ロンドン・スタンダード紙が注目した証言である。陪審員の前で、ドンワース、マーシュ、シリヴェルのおぞましい最期がつぶさに明かされた。ローラ・サバティーニは、元フィアンセの命令で脅迫状を書いたと認めた。

ゲイガンは傲慢な振る舞いを控えるようになった。依頼人の嘘、恐喝、殺された別の女性との関連性を暴露する証言が相次ぎ、彼はいくつか質問はしたものの、異議は申し立てなかった。裁判四日目、ラッセルが結審すると、ゲイガンは、法務長官がコブラのようににらみを利かせている面前に証人を呼びたくないと、自らの考えを明らかにした。医療の専門家はスティーヴンソン博士の見解について異議を唱えなかった。新聞報道が間違っている、彼の依頼人は評価が高く、有能な医師だとゲイガンがあくまでも主張したなら、検察側からの反証を招き入れる扉を開くことになり――フレデリック・スミス・ジャーヴィス警部補の動かしようのない事実をまとめた調査結果が公表される。

弁護側から心神耗弱を理由とした反証があると目された。だが、実現にはいたらなかった。ゲイガンは現在の精神分析医に相当する精神鑑定医を見つけられなかったのだろう（心を患うと健全な精神から遠ざかると考えられていた時代の話である）。彼らは当時、クリームほど計算高い冷血な殺人鬼が、自らの罪に対して責任を負うはずがないと考えていた。イリノイでは二度証言台に立ち、自分は人を殺していないと述べたクリームだが、イギリスでは自分のために証言する権利は与えられなかった。刑事被告人は当然嘘をついていると考えられた時代で、英国法が被告人に証人宣誓を認めたのは、これから六年後のことである。とはいえ証拠を聴取後、陪審員への申し立てを認める判事もいた。クリームは何も述べなかった。

最終弁論のため、ゲイガンは関係者一同を召集したが、最終弁論が終わるころには夕方になっていた。黒い外套にシルクハット姿、ひげを蓄えた紳士など、ロンドンには掃いて捨てるほどいるでしょう。証人がクリームを見誤った可能性はありませんか。また、スティーヴンソン博士が断じたとおり、即効性のストリキニーネを飲まされたクローヴァーはなぜ、それほど長時間生きていられたのでしょうか。薬の力を借りて大胆になり、女色に迷った依頼人の私生活を擁護するどころか、我が依頼人はわいせつ罪ではなく、殺人罪に問われているのですと、ゲイガンは陪審員の誤解を解かなければいけなかった。またクリームは、なじみの娼婦らとの会話から、クローヴァーが亡くなったことを聞いていてもおかしくはなかった。ゲイガンは主張した。医師である彼は、彼女の症状がストリキニーネ中毒のそれと一致するのに気付き、その疑念をうまく使ってドクター・ブロードベントを脅迫しました。素人くさい脅迫の手口、脅迫状に記した「ばかげた声明」は、彼がアヘンやモルヒネを濫用していたせいです。さらにゲイガンは、クローヴァーの遺体から検出された成分がストリキニーネであるのを確認するための試験にもケチを付け、カエルの症状を人間と比較することなどばかげていると断じた。「この場に提示されたスティーヴンソン博士の科学とやらは役になど立ちません」と訴え、ゲイガンは「人の命がかかっている検査結果が、そのような実験から導かれるとは」と言って、最終弁論を締めくくった。

ゲイガンが座るとまばらな拍手が起こった。熱のこもった彼の弁論を称えるのではなく、弁護人の最終弁論を聞き、ひどく機嫌を損ねた彼の依頼人を応援するような拍手に聞こえた。判事は傍聴席に向かって拍手をやめるよう、無愛想に求めた。

ラッセルには裁判を総括する時間などいらなかった。クリームとクローヴァーを結び付ける証言の数々。また彼の筆跡による脅迫状は、クリームはクローヴァーが埋葬される数か月前からストリキニーネで毒殺されたのを知っているという裏付け証拠となった。「このような殺人事件の容疑者となろうとしていた無実の男が警察に連絡する前に、ドクター・ブロードベントに脅迫状を送るものでしょうか?」ルイーザ・ハーヴェイによるクリームに不利な証言について、ゲイガンはほとんど口を挟まなかった。ラッセルは、クリームから薬を飲むようしきりに勧められたという彼女の証言は「真相究明の決め手となる」と認め、ハーヴェイがテムズ川のエンバンクメントでのできごとを語った「見事な証言」は事実であると確信した。顔色が明るくなるからと勧められた薬が「殺害目的ではなく、親切心から」与えられたのなら、被告は彼女に処方箋を書いたはずだ。それどころか、クリームはハーヴェイと夜に会う手はずを整え、今すぐここで薬を飲めと迫ったのだ。ラッセルは検察が提出した検視証拠を支持し、専門家証言の「科学的功績」を強調するとともに、クローヴァーが致死量の毒物を摂取した「決定的結論」だとした。ラッセルは「スティーヴンソン博士はまさに真実を行使するために専門家証言をし、彼が知るかぎり最高水準の分析法を採用した」と、強く主張した。ラッセル法務長官は陪審員に向かい、あらためてこう述べた。この証拠が依然として「この男を有罪であると確信する」ものなら、評決はもう決まったのも同然だ、と。

35 「悪逆無道の殺戮」

「予想外の展開です」翌日の朝、裁判が再開すると、ホーキンス判事は陪審員らに言った。「犯行があったという、確固たる証拠が必要だとは」判事はさらに、犯行を目撃した人物がいないというのも、この一連の事件の特徴であると付け加えた。陪審員は状況証拠の迷路をさまよい、クリームが殺人犯であると立証できるだけの証拠があるかを見極めなければならない。

ランベスの悲劇の幕が下りるのをこの目で見ようと、法廷のドアが開くや、傍聴席を求める人々が殺到した。モーニング・ポスト紙の記者は法廷の様子を見渡し、「数センチメートルの隙間もなく人が埋め尽くした」と述べた。遅れて到着した者たちは席と机に挟まれた通路に立って見学した。一度は結婚を考えた男が裁かれていると知り、ローラ・サバティーニも法廷に姿を見せた。廷内は静まりかえり、フリート・ストリート付近に建ち並ぶ新聞社に速報を届けるため待機していたメッセンジャーボーイに記者らがメモを手渡す際、紙が立てるカサカサという音まで聞こえるほどだった。マチルダ・クローヴァーが亡くなってから、ちょうど一年になる日のことだった。

クリームは被告席の隅に与えられた自分の席に座っていた。法廷に連れてこられる前の日よりも顔は青ざめ、落ち着きを少し失ってはいたが、弁護人にはよく眠れたと答えている。ここ数か月で一番よく眠れた、と。無罪判決が下ると信じて疑わなかったようだ。クローヴァー殺害の疑いが晴れれば、脅迫罪で告発されるのだろうかと弁護士に尋ねていた。

陪審員に宛てた命令書を書く段階で、ホーキンス判事は無罪判決も考えに入れていた。この日、人いきれでよどんだ部屋に風を入れようと窓が開け放たれていたが、そのひとつが判事の発言がはじまったとたんに勢いよく、まるでギロチンにかけられたかのように音を立てて閉まった。悪いことが起こる前兆だった。一方、オールドベイリーに集まった人々は考えていた。ホーキンス判事がクリームは有罪だと確信しているなら、全力を尽くして論拠を固めてくるだろう、と。判事は三時間、メモに一度も目を落とすことなく証拠を振り返ると、検察側の事実に不確かな点が見つければ擁護に回り、クリームの有罪を指摘する証拠はそのつど強調した。クリームがクローヴァーと会っているのをエリザベス・マスターズとエリザベス・メイが目撃したと陪審員が信じるなら、被告席にいるあの男は――論点に注目させようと、判事は被告席の方を向き、鉛筆でクリームを指した――クローヴァーと面識があり、彼女と会っていたわけです、と言った。ホーキンス判事はラッセルの主張に同意し、ブロードベントへの脅迫状を書いたクリームこそ、クローヴァーを毒殺したのだと述べた。

ホーキンス判事はすでに、スティーヴンソン博士が豊富な医学知識を持つ著名な学者であることを高く評価していた。一〇年前、ドクター・ジョージ・ヘンリー・ラムソンが殺人罪に問われた際も、スティーヴンソン博士が分析官として裁判に立ち会い、被告の若き義理の息子が希少毒物のアコニチンで殺害されたという動かぬ証拠を示していた。陪審員の間に法医学の専門家への根強い不信があることにも気付い

「絞首台送りのホーキンス」と呼ばれ、「冷徹で悠然と構えた」ヘンリー・ホーキンス判事は、クリームの有罪を確信した（著者所蔵）

ていた。自分たちではとうてい理解できそうにない科学実験の結果や専門性の高い見解を論拠に、犯人を絞首台に送るのは陪審員の本意ではなかった。そこで判事は、ゲイガンが陪審員席にいる人々の心に植え付けた疑念を吹き飛ばそうとした。ホーキンス判事は陪審員らに言った。スティーヴンソン博士は「科学の分野で業績を達成した紳士であり、豊富な経験を持ち、真相究明においては不屈の精神で取り組む粘り強さがある」とまで言い切った。博士の実験室試験により、クローヴァーが致死量のストリキニーネを服毒して死んだのは疑いのない事実である、とも。

討議すべき論点が残りひとつとなった。ホーキンス判事は補足説明をはじめた。ランベスで起こったほかの毒殺事件の詳細を陪審員はすでに聞いている。というのも、この裏付け証拠がなければ「納得のいく結論にいたるのは不可能」だったからだ。有罪の評決を下す根拠となる確証が陪審員になければ、クリームにはこの評決を却下する権利があります――と、判事は半ば思いつきのような意見を加えた。「しかし、クリームがその罪を犯した張本人だと断定できるなら、そうだと主張するのも陪審員の務めであります。おそれることなく、断固たる態度で」

午後一時四五分、陪審員は法廷から出て行った。傍聴人が裁判長の所感について意見を交わす間もなく、一二名の陪審員が評決を携えて法廷に戻ってきた。ホーキンス判事が聴衆をかき分けて裁判官席に戻った。クリームはすでにニューゲート刑務所の地下通路に下り、看守が回れ右をして彼を急ぎ法廷へと連れていった。彼は被告席の棚に軽く身を預け、立ったまま陪審員と向き合った。

廷吏が陪審員に訊く。マチルダ・クローヴァー殺害の件につき、被告人は有罪ですか、無罪ですか？

有罪です。陪審員長が答えた。

クリームはたじろぐでもなく、何の反応も示さなかった。四か月にわたる出廷の間、彼は受け身で無関心な態度を通した。わずか十年ほどで、彼は殺人罪を二度求刑された。

傍聴人の間からすすり泣く声が聞こえた。ギャラリーのどこかで女性の金切り声がした。雨が今にも落ちそうな曇天の下に集まった群衆に速報を伝えようと、人々が外に出ようと小走りになる足音が聞こえる。このあと法廷で何が起こるか、全員が知っていた。

「法廷が法に基づき、貴殿に死刑を求刑しましたが、控訴の申し立てをしますか？」廷吏が尋ねた。

クリームはゆっくりと首を横に振った。看守が被告席に入ると、クリームの脇に立った。裁判官席後ろの深紅のカーテンをくぐるようにして教誨師が姿を見せ、判事の左側に座った。助手がひとり歩み出ると、黒く四角い布――かの恐るべき「最高刑」を宣告する者を示す布――を、髪油を塗り付け、髪粉を振った判事のかつらの上に載せた。クリームは「凶悪な犯罪」により有罪が確定したとホーキンス判事は宣言した。「その手口から見ても悪逆無道の殺戮《さつりく》であり、血も凍るほどの残酷性を伴い、心を許した者でなければ、その詳細を語ることもはばかられる」と判事はクリームに述べた。クローヴァーが被った「ひどい苦痛」は「ほかに例を見ないほど非道であり、死以外に償う手段はない」と。判事はクリームにニューゲート刑務所に戻り、処刑を待つよう命じた。

「願わくば、神の慈悲が汝に下るように」

36
「心神耗弱につき、法の執行にあたわず」

クリームの裁判から間を置かず、ヘンリー・ホーキンス判事はスコットランドヤードを訪ね、メルヴィル・マクナーテン本部長補と面会した。仕立屋であつらえたスーツ姿、薄くなった白髪を頭皮ぎりぎりまで刈り込んだホーキンスは、裁判官席にいるときよりずっと小柄に見えた。緋《ひ》の法衣と法廷弁護士のかつらがなければ、強盗や雇い人の横領を通報しに来た実業家で通る風体だ。だが判事には、マクナーテンと深刻な話をする用件があった。

ホーキンス判事は、自分には警察の規律を監視する権限があると信じていた。弁護士のように警官らに反対尋問を浴びせる判事としても有名だった。ある記者がこんな記事を書いている。

「ホーキンス判事の前でうっかり証拠を漏らした警官よ、汝に災いあれ」このときより一〇年前に披露した警察行為に関するスピーチで、被疑者への正式な尋問のやり方からゴシップや怠慢行為の害悪について冊子にまとめ、ロンドン警視庁の警官向けに支給してはどうかとの個人的見解を述べていた。警官には犯罪者を逮捕する以外の仕事がある。市民が法を破り、罪を犯そうと変な気を起こさぬよう、常に緊張感を持ち、注意を怠らずに努めるべきだというのが彼の持論だった。冊子には彼のこんな言葉が載っている。「ある地域で犯罪が多発したら、真っ先に警戒が足りなかったのではないかと考えるべきである」

六か月の間に四件の毒殺事件がロンドン警視庁と目と鼻の先にある狭い区域で相次いで発生するとは、あきれるほど緊張感が欠如している。一八九一年の末にはクローヴァー殺害捜査が行き詰まり、ドクター・ブロードベントが脅迫の訴えを起こしたというのに、ロンドン警視庁はクリーム逮捕の好機をみすみす逃した上、毒殺事件の犠牲者の数は増えていくばかりだった。おまけにクローヴァー殺害の罪をラッセル伯爵に着せた二度目の脅迫状を見過ごすという警察の捜査上の不手際は、裁判では一度も言及されなかった。メイベル・ラッセル伯爵夫人は証言台に立てないほど体調を崩していたが、警察の不手際により、夫人の有力な証言が入手できなかったという内情は、裁判当時、ホーキンス判事の耳には届いていなかったようだ。

判事がタンブリッジを厳しく叱責したこと、陪審員への最終弁論でドクター・ブロードベントを脅迫した犯人捜しで「覇気のなさ」に言及したことで勢いづいたロンドン各紙の記者は、警察を批判する報道を独自に開始した。ポール・モール・ガゼット紙は「不運な四名が命を奪われたというのに、警察はいまだに犯人を特定する手がかりをつかんでいない」と嘆いた。デイリー・ニュース紙は、ブロードベントへの脅迫状の対応を誤ったロンドン警視庁は「前代未聞かつ釈明の余地がない怠慢行為」による罪は重いと社説で述べた。タイムズ紙は控え目な論調ではあったが、今後の捜査でこのような失態を市民は許さないだろうとの見解を明確に示した。レイノルズ・ニュースペーパー紙は「犯罪と警察」という見出しを掲げ、記者宛に寄せられた読者の投稿を掲載した。匿名投稿者は〈ノーザンブリアの一市民〉と名乗り、クリームの逮捕については触れないまでも、ロンドンで発生する犯罪に立ち向かうには、新時代を担う刑事の投入が必要だと主張した。〈ノーザンブリアの一市民〉の投書はその後も続いた。「犯罪者を見つけ出すには有能な人物を採用し、犯罪の重さを見極める特別訓練を施さねばならぬ。冷静で機敏に動く、運動神経に優れた人物が望ましい。高等教育を受け、疲労や窮乏、困窮にも耐えられる素養も求められる」投稿者の頭にあったのは、シャーロック・ホームズのイメージだろう。重要な手がかりを決して見逃さない、完全無欠の探偵だ。

ホーキンス判事はロンドン警視庁の名誉回復に向け、すでに動いていた。クリームに死刑を求刑した翌日にあたる一〇月二二日、法廷であらたな裁判事件の審議に入る席上で、ホーキンスは謝罪と受け取れる発言をした。判事は警察と協議の上、ブロードベントが受け取った脅迫状について「きわめて納得のいく釈明」を得たとし、自らの発言により「好ましくない印象を与えた」

件については撤回したいと述べ、「そのため、警察の批判に矛先を向けるのではなく、本件を最初から最後まで警察に責任をもって担当させるのが望ましいと私は考える」とした。さらに判事は、タンブリッジ警部補とランベス署の警官らの捜査態度は「称賛に値する」と語った。

判事がマクナーテンを訪ねたのは、裁判所と警察のこじれた関係の修復が目的だったのかもしれない。事件について話し合ったあと、ホーキンス判事は疑問点に言及した。クリームはなぜ、有罪を自分から立証するような脅迫状を書いたのだろうか。マクナーテンはこのような推理をした。彼いわく、クリームは「どうしようもなく下劣な人物」であり、自らの「狂おしいまでの残酷な欲望」を満たしたあと、クリームは急速に気持ちが落ち込んでいったのだろう。さらにマクナーテンは「良心の呵責から逃れたかったクリームは机に向かい、殺害にいたった経緯を綴って誰かに伝えようとした」との持論を述べた。脅迫状はその付随的行為であり、だから見返りに金を要求しなかったと考えられる。マクナーテンはこうも推理した。「クリームは、自分の罪深い秘密を誰かと共有したかったに違いない」

＊＊＊

ロンドンのタブロイド紙、ニューズ・オブ・ザ・ワールドは「ドクター・トマス・ニール・クリームこそ、今世紀きっての邪悪な怪物である」との記事を掲載した。スタンダード紙の記者は、クローヴァー殺害を「血も涙もない残虐行為……人類の犯罪史上前代未聞の凶悪事件だ」と非難

ある新聞画家は、処刑を待つ間「残虐な怪物」ドクター・ニールが「自らの恐るべき過去」の犯行を振り返る様子を想像し、描いた
（イラストレイテッド・ポリス・ニュース、1892年11月5日）

する。ロンドンのブラック・アンド・ホワイト誌は、クリームを「その残酷さと卑劣さにかけては、同時代の殺人者に並ぶものなし」とした。同誌はさらに、残虐を極めた切り裂きジャックですら、殺しの対象を責め苦に遭わせ、その死をネタに利益を得ようとはしなかったが、クリームは、じわじわと苦しみながら死にいたるとわかった上で、ストリキニーネを選んだと指摘した。知らないうちにドクター・ブロードベントとドクター・ジョセフ・ハーパーへの恐喝行為に利用されていたデイリー・クロニクル紙は、クリームの犯行は「浅ましい欲望と下卑た狡猾さ、冷酷な暴力性と狡猾な残虐性」

が忌まわしくも融合したものだとの記事を載せた。

クリームの残虐な犯行は精神面に問題があったからなのか。イギリスで心神耗弱の法的解釈が固まったのは、当時からさかのぼること五〇年前のことである。時の首相、ロバート・ピールの暗殺を計画したダニエル・マクノートンの裁判で、被告が妄想に支配され、重篤な精神疾患である証拠が求められたころでもあった。マクノートンには人の命を奪った認識があるか、殺人は悪いことだと理解しているかが論点となった。予防措置として、サー・チャールズ・ラッセル法務長官はクリームの裁判に精神医療の専門家を呼び、必要に応じて証言できるよう対応した。友人やカナダの家族や親戚に対するクリームの常軌を逸した行動、ジョリエット刑務所での心をむしばむような日々、ほかの受刑者が精神を病むほど過酷な懲罰房への収監など、ゲイガンが神経耗弱を指摘できる証拠はそろっていた。斜視も彼の精神に大きな影響を与えた可能性がある。クリームの目を診察したロンドンの眼科医、ジェイムズ・エイチソンによると、彼は生まれたときから視力に問題を抱え、慢性的な頭痛に悩まされていた。そのためモルヒネに依存し、結果、「クリームの倫理観は、不快で驚きを禁じ得ないものへと変化した」との見解を示した。そのころロンドンから地球を半周したところに位置するシカゴでは、一八八〇年に殺人罪に問われたクリームの弁護人として勝訴した弁護士、アルフレッド・トルードが、クリームの精神状態が裁判で言及されなかったのは意外だと語っている。このインタビューが掲載された冊子は、後日イギリスで復刊された。インタビューでトルードは「彼が殺人に度を超した愛着があると証言できる人物はシカゴにごまんといた。私もそのひとりだ」と語っている。

だが、精神耗弱の申し立てには無理があったかもしれない。マクノートン・ルールは医学的な精神耗弱の定義と一致しない法的基準を課すものと認識されていた。「自らの行動に責任がまったく持てないほど精神が錯乱した被告を有罪とみなしてもよい」とは、ある法学者の解釈である。クリームが手がけた殺人と脅迫の奇妙な手口は、狂気のなせるわざとも考えられる。理性がかけらでも残っていれば、自分が殺人者だと告白する手紙を自筆するはずがない。ただ、彼の犯行は精神に異常をきたし、衝動が抑えきれなくなって起こしたものではなかった。クリームは無作為に獲物を選んでいるようだが、殺害には一定の法則があり、動機があるとするなら金である。医師として得た毒物の知識を利用し、ストリキニーネを飲ませる手際も時を経るにつれ洗練されていった。本人には自分が罪を犯しているとの自覚があった。他人に罪を着せようとしたり、逮捕を逃れようと巧妙に動いたりと、殺人が悪だと認識していた何よりの証拠である。ニューゲート刑務所所属医が裁判前日に提出した報告書には、四か月にわたる収監中、クリームが「精神に異常をきたした兆候が一切」なかったと、検事らにはっきりと示してあった。この事件を注視してきた結果、権威あるブリティッシュ・メディカル・ジャーナルは、クリームの精神状態がマクノートンが定義する健全な精神の範囲内にあると結論付けた。同誌の執筆陣はこう述べている。「ただ、道義的には常軌を逸しており、法を守ろうという意識がないほど正気を失っているのは間違いない」

クリームは前代未聞の怪物とみなされていた。それどころかクリームは「著しく道徳心を欠き」、恐るべき犯罪を重ねてきたのだと、タイムズ紙は警告した。「この男の生涯の目標は、自らの邪悪な欲望を満たすことにあり、完遂させるためなら仲間の苦しみなどものともせず、罪の意識も、後悔の念もない」クリームの所業を的確に示す概念――サイコパスとシリアルキラー――が一般に知れわたるまであと数十年を要した。ロンドン警視庁のメルヴィル・マクナーテン警視監は、クリームは「血に飢えた」性の偏執狂に相違ないとみなした。デイリー・ニュース紙の社説は、クリームが自分の殺人行為が世間の注目を浴びるよう書状を送るという異常行動を指摘したマクナーテン警視監の見解に同意し、このような記事を寄せた。「クリームは、自分の犯行が世間を騒がせることに執着した。たとえそれが自分を破滅に追い込む行為であっても」

クリームの絞首刑執行が一一月八日に決まると、彼の弁護士団はついに心神耗弱というカードを切り、刑の減軽を提案した。内務省はクリームの精神状態を明確にする上で有力な証拠となる、血縁者や友人による宣誓供述書がカナダから届くまで処刑を延期することに同意した。当時の内務大臣、のちに首相となるハーバート・ヘンリー・アスキスが死刑求刑を減軽し、クリームを触法精神障害者として精神病院に送致すると判断する可能性が出てきた。死刑執行は一週間延期された。

かくも無情な殺人鬼の命乞いに手を貸すことにならないかと、このころの新聞報道は精神鑑定への言及を避けている。ポール・モール・ガゼット紙は「断じてニール（・クリーム）に情けをかけたわけではない」との立場を守った。ロンドンのスペクター紙は「この男は複数の被害者を手にかけ、可能性をことごとく奪ったといえよう」と、もったいぶった語り口の記事を書いた。スタンダード紙も、クリームは死刑に相当するとの姿勢を崩さなかった。同紙は「クリームが

『人間のクズ』であることに変わりはなく、こうした人物をとらえて再発防止に努めるのが、あ

あらゆる文明社会に課せられた義務である」との立場を明確にした。毒などと卑怯な手を使った凶悪犯は絞首刑にすべきだという見解が主流だったようだ。ロンドンのイラストレイテッド・ポリス・ニュースの記事にはこうある。「ニール（・クリーム）はどうしようもない鼻つまみ者だ。エナリー・オーキンス（ヘンリー・ホーキンスのこと）に声援を送ろう」

処刑までの間、クリームに許された空間は、奥行き四メートル、幅二・五メートル弱の独房だった。底冷えする床から足を守るよう、ヤシマットが敷いてあった。貸与されたのは小さなテーブル、背もたれのない椅子、聖書と賛美歌集のみ。窓は壁の高い位置にあり、受刑者は刑務所の中庭も、死刑囚が絞首刑に処される小屋も見ることはできなかった。一一月一五日午前九時、クリームはこの小屋で死刑になることが決まった。

「吊るせるものなら吊るしてみたまえ！」判決が出るや、クリームは看守に言い放った。絞首刑執行人の目を盗んで自死を試みないよう、クリームには監視が付けられた。金縁の眼鏡は没収され、べっ甲縁のものに取り替えられた、飲み込んだり、金属片で自らを傷付けたりして、自死にいたる行為を回避するためだ。木の食器で与えられた食事を取った。何か書かせてくれと訴えて

も、金属製のペンではなく羽ペンが渡された。毒殺事件の捜査にあたった警官の中には過剰な対応と受け取った者もいた。ある記者が強い口調で語っている。「あの男は人の命をあれほど軽んじてきたのに、自分の身を守ることには殊《こと》に神経質である」

クリームは一日一二時間も眠り、毎日与えられる食事は一リットル弱の黒ビールと一緒に流し込んでいた。独房を出られるのは運動場で散歩を命じられたときのみ。弁護士のジョン・ウォーターズとニューゲート刑務所の教誨師はこまめに面会に足を運んだ。クリームはサバティーニにも面会に来てほしいと連絡を取っていたが、彼女は一度も来ようとしなかった。日曜学校で教えた経験のある殺人者であるクリームには聖書の知識があり、マタイ伝をそらんじることもあった。クリームが穏やかに受刑者生活を送るのを見て、看守らは驚き、うろたえた。あるときクリームが「色欲やよこしまな行為にふける一方で宗教心を忘れずにいたなら、私はきっとここにはいなかっただろう」と漏らしたことがあった。被告答弁を阻止したホーキンス判事についても悪い印象を抱いていないようだった。クリームは「判事は私と真っ向から対立していた」とも語っている。「それは判事という立場からだろう」

マギル大学で医学を学んでいた当時から、クリームは、人は首を吊るとあっさりと死んでしまうのを知っていた。ウォーターズにも「最悪の場合、数秒程度もがき苦しんだら絶命するだろう」と語っている。それでも彼は、極刑を二度免れてきた自分は今度も助かると考えていた。処刑が一週間延びたと聞くと、彼は独房の中で歌い踊った。目撃者によると、彼は「いい兆候」とみなしたらしい。「自分はきっと死刑を免れると確信していました」

クリームの冷酷非道を裏付ける証拠が毎日のように新聞を賑わせた。クリームが獄中サバティーニに書いた手紙には――手紙はいったん当局が差し止めたが、審理を経てメディアに流した――匿名の国会議員が自分の汚名をそそぐ証人を二百名集めたと、元婚約者に自分の無実を訴えていた。証拠の隠滅や、自分に有利な嘘をつくよう手紙で指図していたことも明らかになった。「私に不利な宣誓証言を君がするまで、私の無罪は確定していたのに」と恨み言を書いたものもあった。クリームに代わって脅迫状を書いたという証言を撤回し、彼の筆跡と断定できないと証言しろとも迫っていた。警察にさらなる証拠を与えまいと筆跡を変えて手紙を書いたが、自筆の遺言状と筆跡の見本はサバティーニがすでにタンブリッジ警部補に渡していたのを、彼はこのとき知ることになる。元婚約者の裏切りに激怒したクリームは、サバティーニを脅した。「どんな形であれ、私を困らせたり、損害を与えたりするなら、君はひどい災難に見舞われるだろう」別の手紙では「君にどんな思いをさせてやろうかと考えていると、私は興奮してくるんだよ」と書いている。

ジョン・ヘインズが驚くべき事実を明らかにした。証言がほしかったのもそうだが、何より彼の自死をおそれたタンブリッジが手を回し、造船会社をやめて無職だったヘインズに、ロンドン警視庁から支援金が支払われていた。だが彼は謝礼目当てで新聞社のインタビューにも答えていた。自分に不利になるとの理由で法廷では言及しなかった一件を、ヘインズはつぶさに語った。

白昼堂々、娼婦らとこんな会話をするのはよせとクリームを叱責した——と。

「何ともはや！　社会のゴミをかなり始末してやったさ」

「娼婦を何人も殺したってほんと？」

「そうとも」クリームは答えた。「あんな階級《クラス》の女どもは殺されるためにいるようなもんだ！」

間もなくロンドンの街角で、新聞売りの少年らが「ドクター・ニールが完全自供したよ！」との特ダネを大声で伝えた。クリームがランベスの被害者三名中、エレン・ドンワース以外の毒殺を認めたとニューズ・オブ・ザ・ワールド紙が報じたのだ。だがこのニュースはすぐさま誤報と判明した。続いてロンドンのセントラル・ニュース・エージェンシーが、一八七〇年代末、クリームがカナダで「大勢の女性を」殺したと認めたという速報を配信した。クローヴァーと同様、彼女たちは「他殺を疑われることなく埋葬された」と。こちらも誤報であると確認されている。

世界各地のニュースを伝える最新鋭の通信網、電信線と海底ケーブルのおかげで、ランベスの毒殺事件は国際的な一大事件となった。クリーム裁判の速報がオールドベイリーからイギリス全土の新聞社に配信され、大西洋をわたって対岸のアメリカやカナダに伝わり、はるかかなたのオーストラリアにはモールス電信機がカタカタと音を立てながらニュースを送った。クリームの出生地に近いグラスゴーの新聞、ヘラルド紙の読者は、クリームが死刑の宣告を受けても動じなかったことを知る。「ニールは頭がおかしくなったのか？」トロント・グローブ紙は大見出しで疑問を投げかけた。クリームが医学の学位を取得したモントリオールのガゼット紙は裁判で判決が下った翌日の談話を詳しく載せ、ホーキンス判事の最終弁論を「明晰さと簡潔さにかけては名人芸といえる」と絶賛した。ミネソタ州の州都セントポール市では、目前に迫ったクリームの処刑に関する記事が第一面を飾った。イリノイ州の人口三千人の町、シカモアの地元紙、トゥルー・リパブリカン紙の記者は、有罪判決となったクリームは「己の運命をしかと受け止めるがいい」との見解を示した。オーストラリアでは、メルボルン・アーガス紙とアデレード・オブザーバー紙には、クリームが自供したとされる内容を短い記事にまとめたものが載った。彼の裁判のあらましはタスマニア島まで届き、地元紙のロンドンニュース紙に掲載された。

ニューヨークタイムズ紙は「ニールの人生の節目には必ず犯罪があった。裁判のやり直しなどありえないと誰もが確信しているはずだ」との見解を発表した。ニューヨークのもうひとつの地元紙、サンは、クリームは「剣呑で巧妙な手口を弄し、下劣極まりない」稀代の凶悪殺人者であり、「歴史にその名を残すだろう」とした。イリノイ州ベルヴィディアでは、一八八一年の検視陪審でブーン郡陪審員がクリームに死刑を求刑しなかったお粗末ぶりを嘆く声が上がった。ベルヴィディア・スタンダード紙の社説には「非道な男を葬り去る絶好の機会であり、ファイファー州知事も恩赦という手段で最悪の事態を招かずに済んだのだが」とある。少なくとも三名を殺害したクリームを当局が司法の場で裁けなかったシカゴでは、報道の焦点は地元警察と検察の不手際ではなく、殺人者クリームに向けられた。シカゴ・タイムズ紙は「この男の性格には欠点を補う長所はない。彼は医師として開業した直後から犯罪者だった」と断じた。一方、シカゴのとある地元紙の記者らは、非難の矛先を当局に向け、真相究明に向けて動こうとした。多くの新聞がクリームをアメリカ出身と書いたが、デイリー・インター・オーシャン紙は「彼はカナダ人であり、通常認められているかぎりにおいて、アメリカ人ではない」と念押しした。

クリームの悪評を使ってひと儲けを目論む者も現れた。有名人なら善悪を問わず、顔のレプリカを制作する工房をロンドンで営むH・J・ミーチは、「ドクター・ニール」と彼の手にかかって死んだマチルダ・クローヴァーの顔を、まるで生きているかのように再現した一級品」との広告を出した。クリームの死刑執行には記者の立ち会いが禁じられ、日程がこれ以上延期されないだろうと踏んだイラストレイテッド・ポリス・ニュースは、刑務所職員の証言をもとに処刑の様子を描いた一ページ大の挿画を一一月一九日号に掲載すると発表した。「通常をはるかに上回る売れ行き」が予想されるため、一枚一ペニーで挿画の写しを予約するよう読者に勧めている。「科学の進歩に寄与するため」、クリームの頭部骨相を観察して研究したいので、処刑前に頭部の鋳型を取らせてほしいと、骨相学者の間から内務省に許可を求める声が上がった。政府当局は「たわごと」として耳を貸さず、クリームへの面会は受け入れられなかった。クリームの衣服や所持品の入札をめぐってもひと騒動あった。二〇〇ポンドという金額にマダム・タッソーろう人形館が尻込みした結果、グラスゴーの興行師が落札した。受け取った金はクリームの弁護料に使われたと考えられている。クリームに死刑判決が出てから四日も経たぬうちに、マダム・タッソー館は大胆にも、彼そっくりのろう人形を恐怖の部屋に展示した。ろう人形館の入場料は一シリング

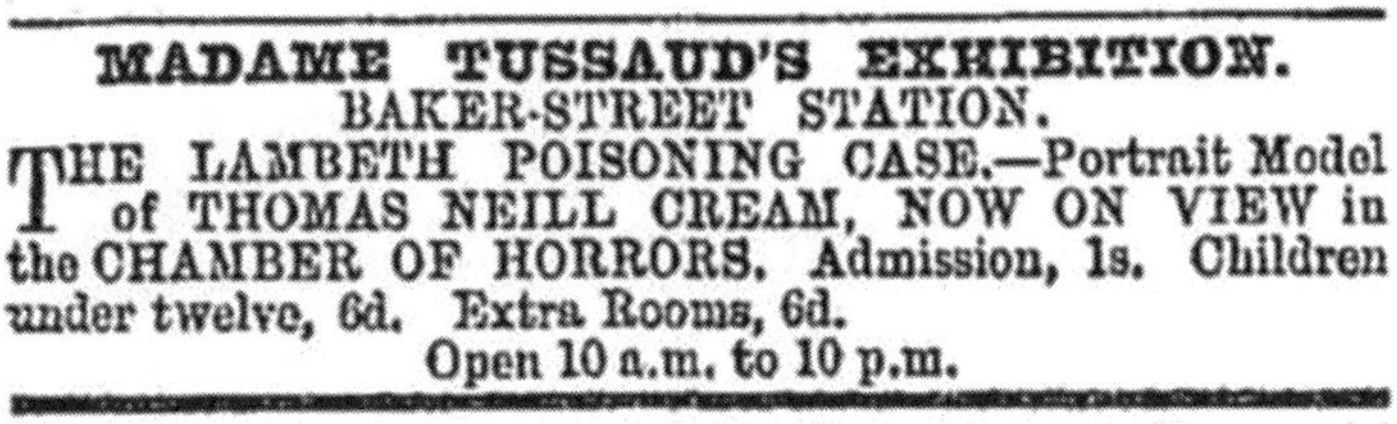
MADAME TUSSAUD'S EXHIBITION.
BAKER-STREET STATION.
THE LAMBETH POISONING CASE.—Portrait Model of THOMAS NEILL CREAM, NOW ON VIEW in the CHAMBER OF HORRORS. Admission, 1s. Children under twelve, 6d. Extra Rooms, 6d.
Open 10 a.m. to 10 p.m.

マダム・タッソーろう人形館はクリームの有罪判決が下った直後、「恐怖の館」に彼のろう人形を展示すると発表（レイノルズ・ニュースペーパー、1893年1月1日）

だが、一二歳以下の子どもたちは、ランベスの毒殺魔に一番近い姿形の人形を六ペンスで見学できた。

公判記録を丹念に取材したタイムズ紙の記事切り抜きや、ホーキンス判事が克明に書き留めた裁判証拠など、内務省には裁判に関する文書が山のように保管されていた。新聞の報道や、ジャーヴィス警部補がアメリカで見知った事実関係について書かれたメモに目を通していた内務省のゴドフリー・ラシントン政務次官は、「不道徳な行為に堕胎、そして殺人という、目も覆うばかりの犯罪歴」が記されていることに注目した。カナダから届いた血縁者と友人による宣誓供述書には、ジョリエット刑務所を出所後のクリームが重ねた奇矯な振る舞いがつぶさに書かれていた。「クリームをひとりでイギリスに渡らせても構わないと考えていたのなら、周囲の人物は彼の異常性を深刻にとらえてはいなかったのだろう」と、供述書を精査した内務省当局が指摘している。医学的な評価や医師の意見は求められなかった。手書きの陳情書を提出したクリームは、自分に不利な証拠の大半に異議を唱え、「殺人にいたった経緯をすべて」否定した。

アスキス内務大臣の決定が公開されたのは一一月一一日のことだった。「ニールが自身の行動にまったく責任を持てなかったとの見解を裏付ける論拠はひとつもない」と、大臣は幹部職員に述べた。「法の定めるがまま裁くように」

37 絞首台まで

一一月一五日、クリームは午前七時ごろ、ベッドから起きた。あまり眠れなかったのか、顔色は悪く、やつれていた。卵料理、パン、お茶の朝食をつまみ、裁判のときに着ていた黒い外套と茶色のズボンに着替えた。ボウタイをシャツの首元に巻こうとしたとき「俺だったら死刑執行の日にタイは結ばないな」と、看守が遠慮なく言った。クリームは少し考えたのち、ボウタイを投げ捨てた。

もうじき八時というところで白い式服をまとった教誨師が現れ、神の赦しを請うようクリームに言った。ガス灯が照らすうす暗い独房の中、教誨師とクリームは四五分間話し合った。当初は黙っていたクリームだが、ようやく沈黙を破った。告白めいた発言をしたようだが、詳細についての記録は残っていない。内務省が後日発表したところによると、「神に赦しを請うよう祈ったが、罪の軽減を願うようなことは言わなかった」という。

重々しい足音が刑務所内の廊下に響く。午前九時三分前、ほかの職員や看守を引き連れ、ニューゲート刑務所長が死刑執行室に到着する。ロンドンの死刑執行人、ジェイムズ・ビリントンが手慣れた様子で、クリームの両腕を革紐で後ろ手に縛った。縛られている間、クリームは「この二日間、皆さんのおかげで、人生でもっとも幸せな時間が過ごせました」と、所長や看守に礼を言った。

教誨師と看守が先頭に立ち、一行は暗い廊下を進む。絞首台への道と呼ばれる廊下だ。処刑された犯罪者は石畳の床の下に埋葬される。執行された死刑囚の名字のイニシャルをそれぞれひと文字、墓標代わりに壁に刻む。

法廷の向かい側に建つ処刑場までは徒歩で一分ほど。霧雨が降り、一行はびしょ濡れになる。ニューゲート刑務所の高い壁の向こう側では、一時間ほど前から人が集まりだしているが、彼らはクリームの最後の瞬間を見守ることはできない。その数は五千人まで増えた。公の場での絞首刑執行が禁じられた一八六〇年代以降、ロンドンでの絞首刑執行にあたって集まった数では最大級とされている。大半が「酔っ払った男たち」と「ふしだらな女たち」だったと、取材に来た記者が書き残している。渋滞を起こさぬよう、巡査が交通整理に動員された。近隣の住宅からは大勢の人々が窓から身を乗り出している。ロンドンの中心部でカーニバルが露店を出したかのような賑わいぶりだ。雨に濡れ、骨に染み入るような寒さに音を上げるような者はいなかった。「処刑場でさらし首になるより、外で雨ざらしになる方がずっとましだ」ある男性が、こんな気の利いたひと言を残している。

午前九時直前、左右を看守に挟まれてクリームが処刑場にやってきた。小屋の中には、梁《はり》にボルト締めされた丈夫な鎖につながれ、直径三センチメートル弱のインド大麻のロープが、ゆるく輪を結んだ状態で垂れ下がっていた。レンガ造りの部屋に入ると、教誨師がヨハネによる福音書の一節を唱えた。「私は復活であり、私は命である」ビリントンがクリームの脚を革紐で縛り、白布の頭巾を頭にかぶせると、ロープを首にかけた。刑務所のベルが鳴る。午前九時、付近のセントポール大聖堂と聖セパルカー教会の鐘が時を告げた。

教誨師は続けて聖公会祈禱書の一節を読んだ。「死のさなかにも私たちは死んでいるに等しい」ビリントンがレバーを引く。クリームの足下の落とし戸が音を立てて開き、その音はこだまとなって刑務所中に響きわたる。クリームの体は一・五メートルほど下に落ち、ロープがぴんと張り、首の骨が折れた。刑務所付き医師が処刑台の下に降り、クリームの左手首を持って脈を確かめた。すでに事切れていた。

刑務所の屋根の上、死刑が無事執行されたことを伝える黒い旗が揚がる。群衆の間から歓声と喝采、笑い声が上がる。「やっとあいつが吊るされたぜ！」との声。歓声は処刑小屋の中からも

イラストレイテッド・ポリス・ニュースは処刑から４日後、クリーム最後の様子を描いたスケッチを掲載（1892年11月19日）

聞こえた。クリームの遺体は吊り下げられたまま一時間ほど放置された。遺体は正午を待たずして埋葬され、絞首台への道の床に、またひとつイニシャルが彫られた。

　野次馬は三々五々と去っていく。雨の中を歩く人も少なくなった翌日、ニューゲート刑務所の鉄扉の外、鮮やかな青と黄色の紙に書かれた公式文書が掲示された。トマス・ニール・クリームの処刑を公式に告げる文書はすぐさま雨に濡れて読めなくなり、インクは流れ、文章はインクの点と縞模様と化した。ある新聞記事で「何人もの女性を手にかけた、忌まわしき殺人鬼」と言及された凶悪な事件は、この日をもって幕を閉じた。

38

「私がジャック……」

クリームに死刑の判決が下り、刑に処されたため、ロンドン警視庁は切り裂きジャック事件で一度失った信頼をふたたび失墜させずに済んだ。事件の終結を宣言したロンドン警視庁は、脅迫状を適切な部署に回さず、放置していたこと、無実の人物をエレン・ドンワース殺害被疑者と誤認したことなど、ランベスの毒殺事件の捜査を迷宮入り寸前にまで難航させた失態を内々に揉み消した。L部門のジェイムズ・ブラナン警視は、ロバート・アンダーソン副総監に提出した最終報告書の中で、「当代きっての残虐かつ狡猾な犯罪者」を特定して逮捕した警官らを褒め称えている。自分の部下は何週間にもわたり、夜も昼もなく事件に取り組んだとも語っている。多数の娼婦から話を聞き、ストランド街やランベスの目抜き通りを巡回しては、娼婦に毒を飲ませた男の特徴に合致する人物を探したとも書いてある。ブラナン警視の報告書によると、ワイアット検視官に送られた手紙の筆跡がクリームのそれと一致し、刑事がハーパー医師とその息子に行き着いた時点で「クリームが犯人であるとの確信を得た」という。だが警視は、その脅迫状はいたずらや頭のおかしい者が送り付けたものとしてロンドン警視庁が黙殺したことを報告書に書かなかったばかりか、それよりも深刻な大失態、すなわち、脅迫状に書いてあった、マチルダ・クローヴァーという女性が毒殺されたという事実を確認しようともしなかったことにも触れなかった。

アンダーソンは不祥事よりもまず、結果を出すことに目を向けようとした。クリームが処刑される数日前に、殺人者クリームを法の裁きのもとに引きずり出した刑事たちを称賛するメモを回覧している。ロンドン警視庁には大事件が解決すると報奨金を出す伝統があり、事件を究明に導いた労をねぎらい、タンブリッジ、ジャーヴィス、ハーヴェイの警部補三名、その他六名に、現在の米ドルで二七〇〇ドルに相当する総額二〇ポンドの報奨金を授与した。タンブリッジは主任捜査官としての功績が認められ、九名中最高額の五ポンドを報奨金として受け取った。「名采配により、かねてより高かったタンブリッジの評価はさらに上がった」と、アンダーソンは記している。一八九四年には警部に昇進し、三年後にはニュージーランド勤務に。汚職がはびこる同国警官隊改革の命を受け、国家警察の指揮にあたった。この任務を一九〇三年まで続けたのち、タンブリッジは定年を迎え、イギリスに戻った。

切り裂きジャック事件を迷宮入りにしたロンドン警視庁にとって、ランベスの毒殺事件を解決に導いたのは彼らにとって待望のお手柄であり、最高の瞬間だっただろう。一九二〇年代、「ロンドン警視庁ならではの不断の取り組み、危機を予感する優れた能力のなせる業だ」と、ジャーナリストのウィリアム・テインマウス・ショアは評価している。リーダーズ・ダイジェスト誌が一九七〇年代にロンドン警視庁の「大事件」をまとめた特集を組んだ際、クリームの事件は、その下劣さにかけては群を抜いていた。一方、ロンドン警視庁史の研究家、ダグラス・ブラウンは、クリームの脅迫状をファイルに綴じて隠蔽しようとした理由がわからないと語っている。「この手の事件は通常、追跡捜査を実施するものだが、どうやら行われなかったようだ」

ロンドン警視庁がクリームを死刑に追い込めたのを誇りに思うのにも理由があった。戸別の聞き込みや長時間の捜査活動が報われたからだ。スティーヴンソン博士がストリキニーネを検出した実験室試験のデータは、ロンドン名うての被告側弁護団の些末な質問にも十分対応できた。ジャーヴィスが足で稼いだ情報のおかげでクリームのアメリカとカナダでの犯罪の実情が明らかになった。「ウン警部補」と「カン巡査部長」の活躍で、タンブリッジはベンジャミン・プリーストの薬局を突き止め、クリームがうっかり筆跡を偽装せずにジョセフ・ハーパー医師に送った脅迫状も特定できた。クローヴァーの主治医であるロバート・ドクター・グラハムが死因をてんかんによる自然死と診断し、一八九一年秋に検視陪審が開かれなかったため、警察はクローヴァー死亡事件発生時に捜査上の過失責任を問われることはなかった。ドクター・グラハムの誤診は当然、処罰の対象となった。一八九三年一月、診断を誤った死亡診断書を発行したかどで、有罪が確定し、同様の失態がふたたびあった場合は罰金一〇〇ポンドを支払うようにとの命令が下った。ドクター・グラハムの裁判のあと、ある新聞が世間の医師たちに釘を刺す内容の記事を載せた。正確な内容の死亡報告書は「処罰されない犯罪を未然に防ぐ」上で必要不可欠である――と。

トマス・スティーヴンソン博士はクリームの事件で名を上げ、ストリキニーネなどの毒物を検知する実験室試験は広く信頼を得た。内務省は三十年あまりで少なくとも二四件におよぶ重大な毒物事件で、サンプルの分析や証言のためスティーヴンソン博士に出廷を求めたが、この件数はイギリス国内のどの分析官や化学者をも上回っている。一九〇四年にはナイト爵に叙され、一九〇八年に亡くなると、追悼記事には「毒物の発見者」や「毒物学の権威」という見出しが掲げられ、その功績を称えた。「イギリス司法界は、現代における毒物の謎を究明する上でもっとも有能な協力者を失った」と、彼の死を悼む記事が掲載された。それから二年後、スティーヴンソン博士の後継者で、イギリスでも有数の法医学者、バーナード・スピルズベリー博士がロンドンのセラーに埋められていた身体部位から有毒なスコポラミンを検出し、アメリカ人医師、ホーリー・ハーヴェイ・クリッペンの失踪中の妻との関連性が浮かび上がった。一九一〇年、クリッペンに有罪判決が下った劇的な裁判により、アルフレッド・テイラーの時代から苦難の道を歩み続けていた法医学に脚光が当たる。犯罪捜査で刑事と科学者が連携するのは今では当たり前のように行われているが、このころようやく安定した基盤ができた。

一方で認めたくない事実も一部残っていた。クリームの連続殺人にロンドン警視庁が数か月ほど気付かなかったこと、ドクター・グラハムの怠慢といった不祥事は、氷山の一角でしかなかった。体内からストリキニーネが検出されたかも確認せず、L部門はエレン・ドンワースが街で体を売る生活から逃れようとして自死を選んだと、早々のうちに片付けていた。クリームが口からでまかせで刑事の疑惑をかわし、同じ下宿のウォルター・ハーパーに罪を着せることなど、何の苦労もいらなかった。むしろ得意技と言ってもよかった。自分は無実で、ただ情報を慎重に集めているに過ぎず、とがめられるとしたら娼婦に入れ上げているぐらいだと警察の高官に思わせるには、医師の資格と薬品のサンプルが入ったケースがあれば十分だった。医師としての社会的地位があれば、またしても法の網の目をくぐり抜けることができたはずだった。

クリームを尾行した警官らは、「信頼できない」との理由でランベスの娼婦らの言い分を聞こうとはしなかった。ロンドンの上流階級層を脅迫した人物を捕まえようと策を弄したロンドン警視庁にも先入観があり、本音と建て前があったことが露呈した。ホーキンス判事も指摘したとおり、マチルダ・クローヴァーという「不幸な」女性がランベスで死んだかを確認する通常の取り調べでは、緊張感があまりにも欠如していた。一方で、クリームの容疑を固める際には女性四名の証言が決め手となった。エリザベス・マスターズとエリザベス・メイはクローヴァーがクリームと一緒にいるのを目撃した唯一の証人である。ローラ・サバティーニは、危うく自分が極悪非道の男と結婚しそうになった失意と屈辱にもめげず、勇気を振り絞って証言台に立ち、クリームの筆跡を特定したほか、クリームから強要され、脅迫状作成に加担したことを認めた。またルイーザ・ハーヴェイは、標的にした女性たちにクリームが毒を飲ませる手口を毅然とした態度で陪審員に述べた。彼の運命を決定づける重要な証言となった。

ロンドン警視庁も運に恵まれていた。切り裂きジャックとは違い、クリームはまるで自分から逮捕してくれと言わんばかりの行動を取っていた。特徴のある筆跡で脅迫状を書いていた。薬剤や毒物のサンプルを得意げに見せびらかしてもいた。パトリック・マッキンタイア巡査部長や、のちに刑事となるジョン・ヘインズと交友があった。別の人物が殺したと見せかけるにしても、偽装工作はあまりにもお粗末だった。何よりの謎は、ロンドン警視庁がこれほど長い間、ランベスの毒殺魔が目と鼻の先にいたのに気付かなかったことだ。娼婦と遊び回り、ストリキニーネを手に入れる機会があり、四人の女性がいたましい死に方をしたのをよく知っている、薬物に依存した医師のことを。

＊＊＊

「私がジャック……」

このひとことがきっかけで、クリームは切り裂きジャックではないかという議論が百年ほど続いた。クリームが処刑されてから一〇年後、ニューゲート刑務所の処刑小屋で足下《あしもと》の落とし戸が

死刑の求刑直後、イラストレイテッド・ポリス・ニュースはロンドンでのクリームの犯罪を振り返るスケッチを掲載（1892年10月29日）

開いた瞬間、これこそが彼の遺した最後の言葉だとする主張が急に起こった。最後まで伝えられぬまま本人は死んでしまったが、これは自分が切り裂きジャックだという告白だったのだろうか。

両者の犯行には明らかに共通点があり、ランベスの毒殺魔事件が起こった当時も、そのような指摘があった。どちらもロンドンの虐げられた女性たちを狙い、殺人衝動以外に動機がない。ポール・モール・ガゼット紙は、クリームに有罪判決が出たあと、「両者は著しく似ている」と認めている。だが切り裂きジャックが獲物を狙っていたそのとき、ランベスの毒殺魔はイリノイ州の刑務所に収監されていた。クリームには鉄壁のアリバイがあった。

だが、ほんとうに鉄壁だったのだろうか。クリームが賄賂を使って一八八八年までにジョリエット刑務所を出獄し、ロンドンに舞い戻っていたら？　一九七〇年代、カナダ人作家のドン・ベルがこの推理を進展させ、書証の証拠力を度外視して検討した結果、受刑者番号四三七四号は一八九一年まで一度も釈放されていなかったのを確認した。噂が噂を呼び、クリームは切り裂きジャック事件の容疑者リストの長い列に名を連ねることになったが、一八九二年に亡くなったクラレンス公アルバート・ヴィクターと同様、真犯人とはほど遠い容疑者である。さらに尾ひれが付き、クリームが収監されていたのを証明する刑務所記録には裏があるとの珍妙な新説が飛び出した。クリームには彼の代わりに刑期を勤め上げた代役がおり、本人は刑務所を抜け出して犯罪を重ねたというのだ。

処刑の直前に漏らしたとされる告白は一九〇二年一月、アメリカの新聞数紙が最初に報じた。

ロンドン・クロニクル紙のものとされる短い記事では、クリームの絞首刑執行人のジェイムズ・ビリントンが「私はジャック……」の告白を聞いたとし、彼こそが切り裂きジャックを絞首刑にしたとある。この記事が発表されたのはビリントンの死後だったことから、当時はほとんど注目されなかった。ビリントンの証言を裏付ける目撃者はいないが、この逸話はクリームの犯罪エピソードのひとつとして長年にわたって語り継がれた。

リッパロロジストこと切り裂きジャック研究家の大半がクリームを被疑者とみなさなかったのには、彼が一八八八年にアメリカの刑務所にいたからという以外にも理由がある。「手口も、犯行場所も、犯行の時間帯も、犯人も違う」とは、切り裂きジャック関連の文書や見解をまとめた書籍の編集者らの弁だ。「ナイフを振り回して内臓をえぐり取る殺人鬼と、慎重に犯行を重ねる毒殺魔が同一人物であるはずがない」

ヴィクトリア期の凶悪な連続殺人犯二名に共通点があるなら、娼婦を狙うという切り裂きジャックの手口が、大西洋の対岸にいたクリームに影響を与えたかもしれないということぐらいだ。クリーム最後の告白は、ホワイトチャペルの殺人鬼こと切り裂きジャックにまつわる神話の世界に身を置くうえで十分なものだった。現代のイギリスで、切り裂きジャックの足取りをたどる観光ツアーのガイドが犯罪者の名を予習したときには、リストの中にドクター・トマス・ニール・クリームの名が見つかるかもしれない。

エピローグ——〝殺人が蔓延した〟時代

「一九世紀末を研究テーマに選んだ未来の歴史家がこの時代について触れるとき、殺人が蔓延していたと必ず言うだろう」と、ブリティッシュ・メディカル・ジャーナル誌は論説記事で、こう予測した。ランベスで女性を次々と毒殺した事件は、切り裂きジャックがホワイトチャペルを震撼させてから三年も経たないうちに起こっている。クリームが判決を待っていた年の八月、マサチューセッツ州フォールリバー市では、リジー・ボーデンという若い女性が父親と継母を斧で切りつけて殺害した罪に問われた。一八九二年の幕開け早々、世界じゅうの新聞が、オーストラリアでフレデリック・ディーミングに死刑判決が下って処刑されたニュースを第一面で取り上げた。イギリス出身でガス工事業を営むディーミングは、メルボルン在住の女性一名を殺害。また母親二名とその子ども四名の死に何らかの形で関与したかどで殺人の罪に問われた。だが、クリームと同類の殺人鬼がイギリスでふたたび牙を剝くまで、あと一〇年を要することになる——ロンドンで女性三人を毒殺したジョージ・チャップマンは、一九〇三年に絞首刑に処された。それからさらに数十年後、作家のジョージ・オーウェルは、イギリス大衆の話題をさらった殺人事件に欠かせない要素にはどんなものがあるかと考えていた。動機は欲望とセックス、あるいはその両方。凶器は毒だ。オーウェルが挙げた殺人者列伝の中にクリームの名がある。「彼の悪評は時を経ても不変である」との記述もある。

一九五〇年代当時、世間を騒がせた殺人事件を集めたある短編集では、同一人物が続けざまに人を殺す行為を「連続殺人《シリーズ・マーダー》」や「大量殺《マルチサイド》」と、どうもしっくりこない名で呼んでいた。連続殺人者《シリアルキラー》という表現が使われるようになったのは一九八〇年代からで、その厳密な定義をめぐって、学者や司法当局者の間で今も議論が続いている。アメリカ連邦捜査局は解釈の幅を広げ、複数回凶行におよび、ふたり以上を殺害した人物はすべて、シリアルキラーであるとみなしている。殺人者は金のため、セックスのため、または他人に害をおよぼすことで快感を覚える倒錯的な欲望を満たすために人を殺す。銃弾を雨あられと浴びせて殺す大量殺人者とは異なり、シリアルキラーは獲物に狙いを定め、いつ、どこで殺すか綿密な計画を立ててから、数か月、ときには数年にわたって殺していく。クリームの殺人にもこうした傾向が一つひとつ当てはまるほか、シリアルキラーに共通する、青少年期に少なくとも一度は放火の犯歴があるという条件も満たしている。八回におよんだ彼の犯行には一定の規則性があった。処方箋を改ざんするか、薬にストリキニーネを少量混入させ、薬剤師や著名人が犯人だと告発する。被害者は皆、クリームから渡された錠剤や薬物に何の疑いを持つことなく飲んだ。彼は医師であり、「信頼のおける人物」であり、いったん他人に罪を着せて逃げようと策略をめぐらせば、皆、疑いを持つどころか、作り話を鵜呑みにした。

クリームの犯罪がおよんだ規模を正確に把握するのは難しい。一五年間で二度、殺人罪で有罪判決を受け、法廷で争うこと三度、さらに三人を殺した罪に問われた。四件の毒殺事件で重要参考人とされている。現存する裁判記録と報道資料によると、クリームは合計で一〇件の殺人事件で有罪が言い渡されていた。ルイーザ・ハーヴェイやその他の被害者に薬物を渡して服用させ、気分が悪くなったところを殺すという手口をよく取っている。犯罪歴は放火にはじまり、違法な中絶行為を経て殺人に手を染め、文書を偽造し、脅迫状を使って犯行の隠蔽を図るか、殺人をネタに金銭を脅し取ろうとしていたが、脅迫した相手から実際に金銭を受け取った証拠はなかった。再度ロンドンに住むようになった一八九一年以降、彼の犯行手口は一段と洗練されてきた。ストリキニーネをゼラチンのカプセルに封入すると薬の苦味がごまかせる上、彼が被害者のそばから離れるまで薬効を遅らせることができた。クリームは殺人マシンと化していた。十年ほどの服役生活がなければ、ロンドン警視庁がランベスの毒殺魔として彼を特定しなければ、クリームはさらに多くの人々を手にかけたに違いない。

クリームが殺害した、あるいは彼による殺害が疑われた一〇名中、九名が女性である。女性を軽んじ、偽善的なものの考え方が主流だった一九世紀末の社会情勢が、クリームの犯行に間接的に加担し、弱い立場で懸命に生きる女性たちが彼の魔手にかかった。カナダの学者、アンガス・マクラレンは一九九〇年代にロンドン警視庁の保管記録をつぶさに調べ、クリームが毒殺におよんだ理由と逮捕までの経緯を分析し、本格的な学術研究書を発表した。マクラレンはクリームを「社会の悪しき産物」とみなしている。結婚や離婚に関する当時のイギリスの法律は、男性が不当に有利になるよう定められていた。男性は成人であれば自由に離婚できたが、女性の場合は、脱走や虐待、強姦といった理由がないと、不幸な結婚から逃れることはできなかった。女性は一八七〇年まで、結婚当日から全財産を没収され、夫の管理下に置かれていた。売春行為が発覚すると、まるでたぶらかしたかのように、女性だけが処罰の対象となった。「体を売って金儲けをする目的で男たちを籠絡している」と、毎年ロンドンでは千人単位で娼婦が逮捕されたが、彼女たちの客が法的に罰せられるのはごくまれだった。イギリス警察は一八八〇年代半ばまで、軍に隣接した地域で治安維持に携わっていたが、売春行為を犯したとみられる娼婦を逮捕して強制的に取り調べたあと、性感染症の治療に回す権限を持っていた。伝染病法は兵士や船乗りを性感染症から守る目的で制定されたが、感染した男性を特定して蔓延を防止する措置は一切取られなかった。

男尊女卑の思想が根強い社会では娼婦や妊婦、未婚女性は孤立し、社会の周縁に追いやられていた。当時は違法だった人工中絶手術を求める女性、不名誉の烙印から逃れようと中絶を誘発する薬を求める女性、また婚姻外妊娠で「生き地獄」に苦しむ女性がクリームの医院を訪れた。未婚女性は貧困に苦しみ、働き口はかぎられているため、自分から体を売るか、足下を見られて娼館に売り飛ばされた。こうした女性たちを新聞記事は「不運な」とか「堕落した女性」と形容し、憐憫や軽蔑の対象とした。ただクリームは、娼婦に不快感を抱いたり、不道徳ぶりを嘆いたりするのとは別の、ゆがんだ感情を抱いていた。あいつらは人間以下だ——「家畜」は殺すもの、「男の沽券を脅かす」存在は根絶やしにすべきだと考えていた。サウス・ロンドン・クロニクル紙は、クリームが手にかけたランベスの女性たちは「劣悪な環境で庇護を受けることもなく、やむにやまれず娼婦となった」と、良心の呵責にさいなまれた記事を載せた。女性たちに救いの手を伸ばす者は、まずいなかった。クリームを追っていたロンドン警視庁の刑事の中には、被害者の「性格」や「性癖」を個人的に非難する者もおり、警察の捜査が一段落したところで娼婦叩きの側に回った。

クリームの被害者としてその名が挙がった、または殺されたとみられる女性たちには、それぞれ苦難に満ちた戦いや絶望の日々があった。望まぬ妊娠をしたフローラ・ブルックスは結婚を焦った結果、生涯の伴侶として選んだ男に命を奪われた。キャサリン・ガードナー、メアリ・アン・フォークナー、アリス・モンゴメリーは、メイドや給仕など低収入の仕事で地道に働いてきた若い女性で、自分が妊娠したことに気付いた。中絶を誘発する麦角の処方をクリームに依頼したエレン・スタックもやはり、妊娠したと思い込んでいたようだった。二七歳でアルコール依存が慢性化していたマチルダ・クローヴァーは、ひとりで子どもを育てていた。暮らしを支えてくれる気前のいい男性とめぐり会えたと喜んだ矢先のできごとだった。アリス・マーシュはメイドの仕事をやめ、友人のエマ・シリヴェルとロンドンに移り住み、表向きはビスケット工場の労働者として働いていたが、夜は体を売っていた。ランベスで暮らす前、まだ一八歳のころ、シリヴェルは一年ほど男性と同居していた。エレン・ドンワースは一六歳で妊娠したが、子どもは出産直後に失っている。工場で瓶にラベルを貼る仕事を失うと、彼女は娼婦に転じた。その身を守り、境遇を理解して心を寄せられるべき立場にあったのに、顧みられることもなく、恥辱にまみれた暮らしに耐えてきた、九名の女性たち。九つの命がはかなく消えた。

シリアルキラーはその後も、性産業従事者、路上生活者、短期滞在者、薬物依存者、一〇代の家出人など、社会の周縁にいる人々を狙った。世の中に絶望し、危険にさらされて生きている人々ばかりで、そのため警察を警戒し、攻撃されても身を守る手段がなかった。彼らが姿を消しても――たとえ失踪届を出す人がいても――警察には捜索の糸口がないに等しく、捜そうという意欲も薄れる。社会的意義や価値がなく、中流階級に属する主流派の市民よりも、その死が軽んじられた人々を、アメリカの犯罪学者スティーヴン・エッガーは「軽視される死者」と呼んだ。切り裂きジャックによる殺害事件が続いたさなか、ロンドンのタイムズ紙は、記者宛に届いた「イーストエンドから悪しき住人を一掃する」殺人鬼を称える内容の書簡を公表した。クリームが殺した相手も切り裂きジャックと同様、命が軽んじられている人々である。こうした殺人鬼が世間を騒がせた時代背景について、歴史家のハリー・ルーベンホールドは「発言力がなく、社会的権力も持てず、貧困にあえぐ女性たちは、怠惰で堕落しているとみなされた。女性でしかも貧しいとなると、社会でもっとも不遇な層に属する」と述べている。貧しい女性を狙った殺人事件はその後も続いた。一九七五年から八〇年にかけて、イギリス北部でピーター・サトクリフが一三名（あるいはそれ以上）の女性を殺害した。「ヨークシャー・リッパー」ことサトクリフの毒牙にかかった多くが性産業に従事する女性だったが、彼の犯罪が警察の知るところとなり、社会の怒りを買うようになったのは、サトクリフが「社会的地位のある」女性を狙うようになってからだ。ヴィクトリア期の先人たちと同じく、人を殺すことで自らの欲望を満たそうとする人物が今の時代も暗闇に身を潜めている。また、犯罪者と彼らを追う捜査陣にまつわるスキャンダラスな噂話に夢中になる世間の風潮を見ていると、クリームの衝撃的な犯罪の記憶が呼び覚まされる。DNA判定や犯罪者のプロファイリングなど、法医学の分野は数々の発展を遂げてきたが、シリアルキラーは依然として「軽視される死者」を狙う。一見動機のない無差別殺人から単独の犯人を引き出そうと、捜査官もまた苦心している。

シリアルキラーの立件が円滑に進むようになると、クリームの事件は予期せぬ方へと波及した。殺人重犯の事件、攻撃や襲撃に連続性が見られる事件で類似事実立証を認める際、クリームのロンドンでの裁判で検察側が決定的な証拠として提示した証拠を判断基準となった。一八九三年、オーストラリアでわが子殺害の罪に問われた夫妻の裁判では、ヘンリー・ホーキンス判事の決定を引用している。この夫妻が以前居住していた家から別の赤ん坊の遺体がいくつも発見されたことから、類似事実による犯人性の立証を許容できるとされた。妻をバスタブで溺死させた罪に問われたジョージ・ジョセフ・スミスがオールドベイリーで裁判にかけられた一九〇五年、クリームが同様の手口で女性二名の遺体を遺棄した証拠事実が検察側に認められた。「浴槽の花嫁事件」で知られるスミスは死刑が宣告され、絞首刑に処された。類似事実立証は、伝聞法則が認められているアメリカ、イギリス、カナダなどコモンローが適用される諸国では、現在も刑事事件の証拠として有効である。

＊＊＊

ヴィクトリア期の医師が毒殺魔に転じたウィリアム・パーマーやエドワード・プリチャードの事件など、センセーショナルな刑事裁判を集めた『イギリスの名裁判』シリーズに、オールドベイリーでのクリームの裁判記録が紹介された一九二三年、彼の悪行があらためて世に問われることとなる。本書の編纂を務めたW・テインムス・ショアは冒頭の論説で、「彼の犯罪を総括すると、さながらエリザベス時代の恐怖悲劇の筋書きのようである」と述べた。ショアはまた、「哀れな女性たちを思うがままに殺すことに狂気にも似た歓びを覚えたのだろう。人の運命を決める力を手に入れたのだと」との見解も示している。また、クリームが心神耗弱状態か否かの議論にいち早く目を向けた実録犯罪ドキュメント作家がふたりいる。リジー・ボーデン事件の顛末を追った著作で有名なアメリカの作家、エドムンド・ピアソンは、クリームの殺人は非常に周到な計画のもと実行されており、心神耗弱状態では不可能な犯行であると断言した。一九二七年、彼はその根拠として「犯行におよぶ間、彼は冷静沈着に行動していた。今度も法の裏をかき、刑罰から逃れられるとの自信がなければ、殺人など犯すわけがない」と述べている。イギリスの殺人事件について多数の著作がある、アルフレッド・テニスンの又姪にあたるF・テニソン・ジェシーは、クリームの犯罪は「一見すると狂気の沙汰だが、秩序だった犯行計画がある」と指摘している。さらにショアは「彼は自らの医学知識を駆使して目的を達成しており、かつ、その行為が違法であることも強く認識している」とし、クリームには人を殺したとの自覚があり、それが悪いことだとも認識しているため、心神喪失状態での犯行ではない場合の法的基準を満たしているとの見解を明確に示した。

クリームの犯行には、自分が神であるかのように振る舞うサディストが意識的に取る行動がみられる。「クリームには、自身を神だと信じ込む躁病の傾向がうかがわれる」とは、一九五〇年代のオーストラリア人作家、フィリップ・リンゼイの評価である。「自らの見えない手で人が死ぬさまを想像すると、ひたすら快楽を覚えるのだ」とも語っている。マギル大学で医学を学んでいたクリームを、講師のひとりが「人間離れした有能さだ」と絶賛したことがあった。医療従事者として人間離れした才能を人助けではなく、生殺与奪の権を握るために行使したというわけだ。彼は行きずりの女性を殺したり殺さなかったりと、その日の気分で決めていた。ずさんな中絶手術のあと、メアリ・アン・フォークナーを放置して死にいたらしめた。キャサリン・ガードナーの事件では、彼女が死ぬまで顔にクロロホルムを当てていた。こうした手口はクリームの殺害パターンからは逸脱している。被害者の多くは、致死性の薬を錠剤に加工したものをクリームに飲まされている。彼は被害者が長時間苦しんだ末に死ぬよう計算していた。神の見えざる手で時限爆弾を操作するかのように。

クリームの事件簿は、その後も実録犯罪をまとめた書籍で紹介されたほか、特集記事として新聞や雑誌をときおり賑わせたりもした。ダニエル・ストット殺害でクリームに有罪判決が下った裁判で検視官として活躍したフランク・ホイットマンは、一九四〇年、パルプ雑誌『コンプリート・ディテクティブ・ケース』に手記を発表した。彼がねつ造した話もあれば、当時から語り継がれてきた作り話もあった。実話だとしたらできすぎている〝私がジャック〟の告白を、どうしても書きたかったのだろうか、事実として何度も繰り返し言及されている。フローラ・ブルックスに銃を突き付けられ、クリームが渋々結婚に応じた話、彼が父親の莫大な財産を相続した話にはいくつものパターンがあり、いずれもまことしやかな口調で語られている。処刑直前、クリームが最後の頼みとしてストリキニーネの小瓶をひとつほしがったという、お涙頂戴もののエピソードを書き足した作家もいた。

クリームをモデルにした小説も登場した。一九七〇年代に出版された『シカゴから来た紳士（ジェントルマン・フロム・シカゴ）』では、処刑を待つクリームがいかにも書きそうな、センセーショナルで利己的な告白が描かれている。カナダの劇作家デイヴィッド・フェナリオは、オペラ仕立ての戯曲を書き――音楽好きだったクリームが興味を持ちそうな取り組みである――「殺したい、とにかく殺したい」と歌詞付きで娼婦たちが歌うシーンもある。イギリスの作家兼脚本家のデイヴィッド・ピリーは、アーサー・コナン・ドイルと彼の恩師、ジョセフ・ベル博士がコンビを組んだ小説『患者の眼』を世に送り出した。本作は『コナン・ドイルの事件簿 シャーロック・ホームズ誕生秘史』というタイトルでドラマ化され、二〇〇〇年にBBCで初回放送があった。このふたりが、エディンバラの医学校時代の知人であるクリームを追うエピソードがある。作中のコナン・ドイルには、こんなせりふがある。「『邪悪』という形容詞がこれほど似合う奴はいません」

シルクハットをかぶり、作り笑いを浮かべた邪悪なまなざしの謎めいた人物。クリームはヴィクトリア期の典型的な悪役像である。切り裂きならぬ、毒盛りジャック。ヴィクトリア期版ハイド氏。人の姿をした邪悪と堕落の象徴。ネットフリックスで二〇一五年に配信されたミニシリーズ『リバー』では、エディ・マーサン演じる不気味な「死の天使」クリームが、同僚の死から立ち直ろうとするロンドンの刑事を精神的に追い詰める。ランベスの不気味な毒殺魔が、ヴィクトル・ユゴーの名言を引用する。「強盗も殺人者もおそれるに足らぬ。あいつらが恐ろしいのは表向きなもので、取るに足らない。おそれるべきは私たちの内面にある。ほんとうの恐怖は人間の内側にあるのだ」

＊＊＊

ロンドンのマダム・タッソーろう人形館。悪名高き殺人鬼が並ぶ〈恐怖の部屋〉に、クリームのろう人形が展示されるようになって七十年以上の月日が経った。クリームのドッペルゲンガーは、片手にペン、片手に紙を持ち、のちに彼を絞首台に送ることになる脅迫状を書いているようなポーズを取っている。フレデリック・ベイリー・ディーミングやジョージ・チャップマンら、悪名高きイギリスの殺人者たちと肩を並べて立っていた。この部屋を訪れる大勢の来場者がクリームと彼の犯罪の記憶をあらたにしていたが、一九六八年、クリーム像は展示から外され、次世代の殺人マニアに場所を譲った。

クリームの面影をしのぶ建築物で、現存するものはほとんどない。ケベックシティのチャルマーズ教会は現存し、教会区の記録を調べていると、ウィリアム・クリームの「不運にしていわく付きの息子」が礼拝に通い、日曜学校で教えていたという記述が目に入ってくる。ブルックス・ハウスはもうないが、ケベック州ウォータールーのフランス系住民が「イギリス墓地《イングリッシュ・セメタリー》」と呼ぶ区域を取り囲むひし形の金網フェンスのすぐ内側に、フローラ・ブルックスの墓石がある。卒業生が傍迷惑な注目を集めることになったが、モントリオールのマギル大学卒業生名簿にクリームの名が残っている。彼が医院を開き、殺人を繰り返したシカゴ市のウエスト・マディソン・ストリート周辺は、再開発の波があらゆる痕跡を洗い流してしまっていた。ただ、ダニエル・ストット殺害の罪に問われた検視陪審の舞台、ブーン郡裁判所は、イリノイ州ベルヴィディアの丘の上に今も建っている。ジョリエット刑務所は二〇〇二年に閉鎖された。守衛がいなくなった壁、誰もいない独房は、クリームを外の世界に出し、さらなる殺人を犯した愚行の記念碑としての役割を果たしている。

第二次世界大戦中、ロンドンは空襲に見舞われ、また長い時間が経過していることから、クリームがいたころのランベスの面影を残す建物は大半が取り壊されている。聖トマス病院はロンドン大空襲で破壊されたあとに改築した。ただ、一八七〇年代にクリームが学んだ医学部は劣化が進み、廃屋と化してはいるが、今も同じ場所に建っている。ウォータールー駅と向かい合って建つウェリントン・パブとホテルは、通りの反対側で倒れたエレン・ドンワースの最期を見届けた無言の証言者として、今も同じ場所にある。パブのメイソンズ・アームズも健在である。ここから四軒先には、マチルダ・クローヴァーが息を引き取った下宿だった建物が、見る影もなく荒れ果てたまま残っている。クリームが下宿していたランベス・パレス・ロード103番地のタウンハウス、ロンドンで殺されたクリームの犠牲者残り三名が住んでいた建物は、すでに取り壊されていた。だが、クリームの足跡を訪ねてハーキュリーズ・ロードを歩き、クリームがマチルダ・クローヴァーと待ち合わせたところをエリザベス・マスターズとエリザベス・メイに目撃された場所に立つこともできれば、ウエストミンスター橋を渡り、パトリック・マッキンタイア巡査に呼び止められても背を向け、スコットランドヤードへの出頭を拒んだ光景を想像することもできる。ウィリアム・テインマウス・ショアが一九二〇年代、「ランベスの辛気くさい街角を歩いていると、今もなお、かの邪悪な男、クリームの影を感じる」との記事を残している。事件から百三十年ほど経った今、クリームの足取りをたどりながら、彼の犯した罪がこの街に残した消えない爪痕を思うと、暗澹《あんたん》たる気分になる。

ロンドンの中心部、クリームがエリザベス・マスターズに飲み物をおごったルドゲートサーカスの店は、現在おしゃれなレストランに姿を変えている。彼がルイーザ・ハーヴェイを殺そうとする前、彼女と一杯のワインを分け合って飲んだ、ノーザンバーランド・アームズ・パブリックハウスは、今もパブとして健在である。現在は〝シャーロック・ホームズ〟と改称し、二階の部屋には、偉大なる探偵ホームズが暮らしたベーカー街のフラットに置いてありそうな工芸品が飾られている。ニューゲート刑務所が一九〇二年に閉鎖される直前、中央刑事裁判所（現在のオールドベイリー）の建築用地として明け渡すため、死刑囚の遺体は掘り起こされ、ロンドン中心部から北東に位置するマナー・パークの市営墓地に移された。クリームの遺体は現在、無名墓地の三三九区画に安置されている。切り裂きジャックの手にかかった二名の犠牲者、キャサリン・エドウッズとメアリ・アン・ニコルズも、同じ墓地の広大な敷地で眠っている。二〇一五年、スコットランドヤードの黒博物館《ブラックミュージアム》所蔵品の一般公開に際し、クリームがアメリカから持ち帰った薬剤のサンプルと小瓶に入ったストリキニーネも展示された。

だが、強風が吹き付けるイリノイ州ガーデン・プレイリーの墓地に出向くと、クリームが手を染めた犯罪の衝撃に背筋が凍るような思いをするだろう。ダニエル・ストットの死からかなり経ってから、彼の友人が作ったとされる墓石は風雪にさらされ、闇にまぎれている。墓石にはこう刻まれている。

「彼の妻とドクター・クリームの手によって毒殺される」

イリノイ州ガーデンプレイリーで風雨にさらされたダニエル・ストットの墓石（著者撮影）

謝辞

一八八二年夏、フレデリック・スミス・ジャーヴィス警部補は単身、アメリカとカナダでシリアルキラーの動向をたどる旅を続けた。トマス・ニール・クリームの犯罪と彼の半生をたどる私の作業は、アメリカ、イギリス、カナダの公文書館職員や図書館の司書、博物館の学芸員、裁判所職員、研究者の多大な支援によって達成した。

ケベックシティでは、シャルマーズ・ウェズリー・ユナイテッド・チャーチのデイヴィッド・ルークとマット・バーチャー、モリン・センターのケベック文学と歴史協会図書館のマネージャー、デボラ・ヴァン・ダー・リンデには、クリームの青少年期を執筆する際にお世話になった。モントリオール市マギル大学アーカイブのメリッサ・コモとイザベル・モリセット、マギル大学オスラー図書館のクリストファー・リヨンズとリリー・シュツィギエルは、クリームの医学生時代の記録を集めてくれた。モントリオール・マッコード美術館のリズ・ダマンサ・ファレーズは、医学生時代のクリームがノットマン・スタジオで撮影した写真を提供してくれた。ケベック州立図書館・文書館のナタリー・ヴェランクール、シルヴィー・ベダール、イヴァン・カレット、ルナール・レサール、ジョアニー・ラヴァスール、エリック・ボーディン。ルナール・レサールは私からの記録や画像の手配をテキパキとこなしてくれた。クリームが生きた時代のウォータールー地域調査にあたっては、地元の博物館二館のスタッフから協力を得た。ケベック州ブロム郡ラック＝ブロム（ノールトン）のブロム郡歴史協会のアーレーヌ・ロイア・アヨッテとカリ・エンシオ、そして、ラ・オート＝イヤマスカのグランビーズ歴史協会にセシリア・カポッチに感謝したい。

クリームがオンタリオ州ロンドンで過ごした時期に関する記録は、ウェスタン大学文書館所属のテレサ・レイナー、アン・ダニエル、コニー・スザランド、ロンドン公立図書館のアーサー・マクレランド、ロンドン・ミドルセックス歴史協会のジェニファー・グライナーとジェニファー・ロバートソンの協力を得た。ありがたいことに、郷土史家のダニエル・ブロックはロンドンに取材に行った私の案内役を務め、また、その後の情報提供依頼にも対応してくれた。トロントのオンタリオ州文書館のスタッフ、またシャーロッキアンの聖地、トロント公立図書館のアーサー・コナン・ドイル・コレクション責任者、ペギー・パーデューにお礼を申し上げたい。

イリノイ州ベルヴィディアのブーン郡巡回裁判所事務局のジュリー・クリーブを訪ねると、彼女の机の上に、一八八一年、クリームがダニエル・ストット殺害の件で起訴された際の裁判記録ファイルが置いてあったのには驚いた——彼女も裁判所の歴史を調べていたところで、ほんとうに偶然だった。ベルヴィディアでの取材では、巡回裁判所の事務官、リンダ・J・アンダーソンとアンナ・ピヴォラス、ブーン郡歴史博物館のロンナ・メントレイにもお世話になった。シカゴでは公文書館のダグラス・ビックネス、イリノイ州では同じく公文書館のジャスティン・コクラン、ポール・ヒューズ、ウィリアム・ボイトキエビッチが、クック郡巡回裁判所文書課のフィル・コステロは、裁判記録と取り調べ記録の追跡調査に協力してくれた。シカゴ歴史博物館リサーチセンター、ハロルド・ワシントン・ライブラリー・センター、ニューベリー図書館のスタッフは、新聞記事、画像などの情報へのアクセスを許可してくれた。クリームの裁判所記録と刑の減軽についての記録を所蔵するイリノイ州スプリングフィールド公文書館のジョン・ラインハルトに感謝の意を申し上げる。

ロンドン郊外の町、キューにあるイギリス国立公文書館、および大英図書館とロンドン市立公文書館のスタッフは、私がロンドン取材中の問い合わせに対応してくれたほか、貴重な助言を得た。ランベス文書館のジョン・ニューマン、ゾーイ・ダラーニ、ステファニー・アンダーソンはクリームが生きたヴィクトリア期のランベス界隈の様子を再現し、殺害現場の特定で必要なストリートガイドや地図を提供してくれた。聖トマス病院でクリームが医学研修を受けた記録はキングズ・カレッジ・ロンドン文書館のジョエル・ハーレイ・アダム・コックス、ダイアナ・マニパッドの協力を得て入手した。ロンドンのイングランド王立外科医師会のジェラルディン・オドリスコルは、クリームがイギリスで医師免許を取得できなかった事実を確認してくれた。クリームの医師免許についての詳細情報は、エディンバラ王立外科大学ではアーロン・フレミングから、王立内科大学ではエステラ・デュカンとデイジー・カニンガムから、エディンバラ大学図書館ではアリス・ドイルから得た。クリームが眠る墓地探しでは、ロンドン市の死別サービス担当官、リチャード・バトーに助けてもらった。画像の入手については、イギリス国立公文書館のヒュー・アレクサンダー、大英図書館のクリス・ローリングス、アンドリュー・ゴフ、ゾーイ・スタンセル、サイエンス&ソサエティ・ピクチャーライブラリーのジャスティン・ホブソン、トレーシー・トラン、ジャスミン・ロジャースの協力を得た。

新聞報道を取りまとめ、整理する作業では、チャールズ・アンドレ・ナドー、そしてキングズ・カレッジの研究員、エマ・メルドラム、レベッカ・クック、コリー・ファンクの力を借りた。オンタリオ州での記録文書の調査とクリーム家の調査で、ジェイミー・ガエッツのお世話になった。ハリファックスでは、キングズ・カレッジ図書館のパトリシア・チャーマーズ、ダルハウジー大学キラム記念図書館のヘレン・ヴォイチクが稀覯書の検索に協力してくれた。地図はメアリ・ロスタッドが制作してくれた。このほか、シャーロック・ホームズ・ジャーナルのロジャー・ジョンソン、犯罪博物館の学ポール・ビックリー学芸員、作家のアダム・セイツァー、ポール・ウィレット、トレヴァー・コール、シャーロック・ホームズ研究で知られるマティアス・ボーストレム、マダム・タッソーろう人形館のノナ・スタンチェワ、セディ・ククウィキラ、クレア・トレイシーにもお世話になった。

私のエージェント、ウエストウッド・クリエイティブ・アーティストのヒラリー・マカホンからは、世界中のどのライターよりも手厚い支援と協力を得た。アルゴンクイン・ブックス・オブ・チャペル・ヒルのエイミー・ガーシュは、編集者としてこれ以上ないほど私を助けてくれた。クリームの生涯を書くにあたって、私はエイミーのおかげで発想をいい形に転換できた。彼女の助言、本質を見抜く力、友情に感謝したい。本書の制作に携わったアルゴンクインの皆さんにもお礼を申し上げたい。エリザベス・シャーラット、アビー・ミューラー、ブランソン・ホール、ジュード・グラント、スティーヴ・ゴッドウィン、アン・ウィンズロウ、マイケル・マッケンジー。本書が出版にいたったのも、彼らのおかげである。ハーパーコリンズ・カナダの担当編集者、ジム・ギフォードとジャニス・ザワーブニー、カナダ版の編集にあたったノエル・ジッザー、アラン・ジョーンズ・マイケル・ミラーにも感謝の意を表したい。

単身アメリカ大陸に渡ったジャーヴィス警部補とは違い、私はさまざまな人々の力を借りながら、クリームが犯した罪、彼に法の裁きを受けさせるまでの長き道のりを丹念に拾っていった。ケリー・オリヴァーはリサーチから校閲までのあらゆる工程に携わり、本書を出版まで導いてくれた。ケリーの熱意、私の執筆活動を絶えず支えてくれたことに、何より感謝の気持ちを伝えたい。

訳者あとがき

二〇二二年六月初旬、女王エリザベス二世の在位七〇年祝賀行事の中継録画を観ながら、このあとがきを書いている。君主として歴史上最長の在位を記録したエリザベス二世に次ぎ、六四年間女王として在位したのが、一九世紀末にイギリスを統治したヴィクトリア女王である。ヴィクトリア女王の在位中、首都ロンドンを震撼させたのが、下町ホワイトチャペルで五名の女性を殺した切り裂きジャック《ジャック・ザ・リパー》だ。だがこのころ、カナダ、アメリカ、イギリスと三か国で合計一〇名と、切り裂きジャックの倍の犯行に及んだ連続殺人犯《シリアルキラー》がいた。

〝ランベスの毒殺魔〟こと、医師のトマス・ニール・クリームである。

クリームは一八六〇年、スコットランドはグラスゴー近郊の町で、アイルランド系移民であるウィリアム・クリームの第一子として誕生した。一家は間もなく、自治領として独立したばかりのカナダに移り住み、ウィリアムはケベックシティで木材業を興す。裕福な家庭で何不自由ない少年時代を送ったトマスは、モントリオール市のマギル大学医学部に進み、当時最先端の医学技術を習得、アイルランドで医師国家試験に合格する。

オンタリオ州ロンドンでささやかな医院を開いた直後、クロロホルム中毒で死亡した妊婦の遺体が発見される。クリームは重要参考人として取り調べを受けるが、証拠不十分により無罪。オンタリオ州の医師免許を取得しておらず、医療法違反で罰金刑となった。

追われるようにカナダを去り、シカゴに渡ったクリームは四件の殺人罪に問われ、検視陪審で終身刑が言い渡されたのち、当時のイリノイ州立刑務所、通称〈ジョリエット〉に収監された。父ウィリアムは長男の恩赦に向け動き出す。社会的影響力のある人物に減刑嘆願書への署名を求めたほか、共和党選出のイリノイ州知事を味方に付けるための根回しも周到にこなし、クリームは一〇年で刑期を終えて出所。国外追放を命じられた彼は、ロンドンへと向かう。

当時のロンドンは、ウィルキー・コリンズの『月長石』や、アーサー・コナン・ドイルの『シャーロック・ホームズ・シリーズ』といった小説が大人気を博していた。人々は探偵が活躍する冒険小説に熱狂し、〝探偵熱〟に浮かされた。新聞は犯罪を面白おかしく取り上げ、扇情的な見出しを付ければ付けるほど、飛ぶように売れた。そのころロンドン警視庁は創設から五〇年が経過していたが、捜査にはいまだ手抜かりや怠慢が多く、その失態ぶりをあげつらうような記事も多かった。ロンドンっ子はため息をつく。警察よ、なぜ、シャーロック・ホームズのように明快な推理で事件を解決できないのか――と。

こうしてドクター・クリームは切り裂きジャックと並び称される時代の寵児となった。四件の殺人罪に問われて開廷した裁判の行方が逐一報道されたのはもちろん、自分が犯した罪を他者に着せ、脅迫状を送りつけるという、一風変わった承認欲求の表出方法も話題を呼んだ。筆跡鑑定で身元が割れようがお構いなし、注目を浴びたい、話題の中心でありたいという姿には、現代のソーシャルネットワークで炎上を繰り返すアカウントとの共通点があると感じた。認められたいという気持ちは多かれ少なかれ誰でも持っているものだが、クリームのそれは、あまりにも特異なものだった。

さて、何がクリームを連続殺人へと駆り立てたのだろうか。

著者は本書のエピローグで、当時の社会構造がクリームの殺意に大きな影響を与えたと考察している。未婚の女性が社会的成功を得るのは難しく、メイドや工場労働者といった低賃金労働では生活が立ち行かないため、通常の数倍の報酬が得られる性産業に転じる女性が後を絶たなかった時代である。裕福な家の長男、キリスト教保守派と共和党の後ろ盾があり、医師という職業に従事するという、支配者階級にあったクリームが標的に選んだのが、アメリカの犯罪学者、スティーヴン・エッガーが「軽視される死者」と称した、社会の周縁に生きる女性たちだ。クリームの目に彼女たちは同じ人間には映らず、性衝動を満たし、鬱憤を晴らす対象でしかなかった。著者が言うところの「自分が神であるかのように振る舞うサディスト」であるクリームがいくら罪を重ねようとも、裕福な父親の後ろ盾があり、賄賂を積めば政治家や弁護士が刑の減軽に動き、場合によっては無罪となった。クリームが絞首刑に処されてから一三〇年が過ぎたが、アメリカでは理由を問わず人工妊娠中絶を禁ずる法案が複数の州で提出されるなど、リプロダクティブ・

ヘルス・ライト（生殖をめぐる意志決定を下す権利）は今もまだ、女性は不利な立場にある。社会格差も拡大傾向にある。

著者ディーン・ジョーブは一九五八年生まれ。ジャーナリストとして三五年のキャリアを持ち、現在はカナダ・ノバスコシア州ハリファックスのキングズ・カレッジ教授として、修士課程の学生にジャーナリズムとノンフィクション・ライティングを教えている。二〇一五年に発表した著作、Empire of Deception: The Incredible Story of a Master Swindler Who Seduced a City and Captivated the Nationは二〇一六年、カナダの著名なミステリ賞であるアーサー・エリス賞ノンフィクション賞を受賞。二〇一八年からは『エラリイ・クイーンズ・ミステリ・マガジン』でStranger Than Fictionというコラムを連載中で、二〇二一年七月号では本書の第二章〈探偵熱〉の一部が掲載されている。

最後になりましたが、本書の企画段階では株式会社亜紀書房の内藤寛さん、訳出にあたっては担当編集者の高尾豪さんにお世話になりました。この場を借りて御礼申し上げます。

安達眞弓

ディーン・ジョーブ Dean Jobb

1958年生まれ。新聞記者・ジャーナリスト歴は通算35年。現在はカナダ・ノヴァ・スコシア州ハリファックスのキングズ・カレッジ教授。大学院課程でノンフィクションライティングを教える。専門は犯罪ノンフィクション。2018年よりEllery Queen's Mystery Magazineで、19世紀末から20世紀初期の犯罪を紹介するコラム“Stranger Than Fiction（事実は小説より奇なり）”を連載中。

安達眞弓 Mayumi Adachi

宮城県出身。実務・文芸翻訳を手がける。訳書はベル『死んだレモン』『壊れた世界で彼は』（以上、創元推理文庫）、フランス『僕は僕のままで』、ヴァン・ネス『どんなわたしも愛してる』（以上、集英社）、カーマン『オレンジ・イズ・ニュー・ブラック　女子刑務所での13ヵ月』（共訳／駒草出版）など多数。

亜紀書房翻訳ノンフィクション・シリーズⅣ-4

ヴィクトリア朝《ちょう》の毒《どく》殺《さつ》魔《ま》

殺人《さつじん》医《い》師《し》対《たい》スコットランドヤード

2022年9月5日　第1版第1刷　発行

著者　ディーン・ジョーブ

訳者　安達眞弓

発行者　株式会社亜紀書房
〒101-0051　東京都千代田区神田神保町 1-32
電話　03-5280-0261（代表）
03-5280-0269（編集）
https://www.akishobo.com

装丁　木庭貴信＋青木春香（オクターヴ）

DTP　山口良二

印刷・製本　株式会社トライ
https://www.try-sky.com

Printed in Japan　© Mayumi Adachi, 2022
ISBN978-4-7505-1756-8 C0022

乱丁本・落丁本はお取り替えいたします。
本書を無断で複写・転載することは、著作権法上の例外を除き禁じられています。

亜紀書房翻訳ノンフィクション・シリーズ
好評既刊

IV-2
捕食者
全米を震撼させた、待ち伏せする連続殺人鬼

モーリーン・キャラハン
村井理子：訳

本体2200円＋税

◆

III-9
黄金州の殺人鬼
凶悪犯を追いつめた執念の捜査録

ミシェル・マクナマラ
村井理子：訳

本体2500円＋税

◆

II-3
殺人鬼ゾディアック
犯罪史上最悪の猟奇事件、その隠された真実

ゲーリー・L・スチュワート／スーザン・ムスタファ
高月園子：訳

本体2700円＋税